从数字生活到知识经济

内容分享平台中的激励机制

张明月 ◎著

企业管理出版社

图书在版编目（CIP）数据

从数字生活到知识经济：内容分享平台中的激励机制 / 张明月著. -- 北京：企业管理出版社，2024.6.
ISBN 978-7-5164-3081-1

Ⅰ. F49

中国国家版本馆 CIP 数据核字第 2024X613P0 号

书　　名：	从数字生活到知识经济：内容分享平台中的激励机制
书　　号：	ISBN 978-7-5164-3081-1
作　　者：	张明月
责任编辑：	徐金凤　黄爽
出版发行：	企业管理出版社
经　　销：	新华书店
地　　址：	北京市海淀区紫竹院南路 17 号　　邮　　编：100048
网　　址：	http://www.emph.cn　　电子信箱：emph001@163.com
电　　话：	编辑部（010）68701638　　发行部（010）68414644
印　　刷：	北京亿友数字印刷有限公司
版　　次：	2024 年 6 月第 1 版
印　　次：	2024 年 6 月第 1 次印刷
开　　本：	710mm×1000mm　　1/16
印　　张：	19.5
字　　数：	280 千字
定　　价：	68.00 元

版权所有　翻印必究　·　印装有误　负责调换

前言

随着我国平台经济的快速发展及注意力碎片化时代的到来,能够契合用户个性化知识需求和承载各式内容交流的内容分享平台已经发展成为千亿级别的市场,例如知乎、喜马拉雅和百度知道等。国家发展改革委等多个部门明确提出要坚持推动平台经济的规范和健康发展,其中,知识分享平台上自发的用户内容贡献已成为互联网生态的重要支撑,是平台经济健康发展的关键生产要素。然而,不健全的激励机制放任了低质量内容野蛮生长,平台充斥着较多冗余、失真、滞后的内容,严重影响了用户的知识搜索效率,阻碍了平台的可持续发展,威胁了互联网的健康发展。因此,探索有效的激励机制以促进用户持续、高质量地贡献内容极具紧迫性和必要性。

传统管理决策长期采取的是强假设范式,大部分决策分析模型都需要较强的假设作为依托。平台在设计激励元素及研究者在分析激励机制的影响效果时,也大多建立在譬如游戏化徽章的累加性和外显性、用户的同质性、行为决策完全理性、经济刺激的外部性和偶发性等一系列假设上,并且这些假设长期以来被平台管理者作为设计各种激励元素的基本条件。然而,在知识分享平台的激励机制实践中,已经逐渐出现一些打破经典假设的新型激励机制,但在宽假设条件下的众多核心研究问题(如是否长期有效及如何影响用户的内容贡献行为等),学术界还较少触及。

本书分别针对免费知识分享平台和付费知识平台下的激励机制进行探讨,以宽假设条件为突破口展开研究,运用管理科学、数据科学、行为科学等多学科理论和方法,挖掘宽假设条件下不同类型的激励机制对用户主动贡献的影响路径和长期效果,包括重评估机制、潜在的数字线索、同伴激励、内部知识定价、印象管理等,并基于心理学和营销学相关理论分析形成这种变化的内在机制。最后，结合人工智能新技术对人工创造的知识、内容及有效性带来的冲击做一些讨论，并探讨用户对AI生成内容的态度及未来可能的研究方向。这些内容大多为本书作者近年来的研究成果，希望能让更多的读者了解不同知识分享平台情境下激励机制的影响机理和用户行为，并力争为知识分享平台形成持续、优质的内容提供最新的理论依据和决策指导。

本书承蒙国家自然科学基金（72272101）资助，在此对研究基金的大力资助深表感谢。感谢上海外国语大学的朱田成、徐裕、梁珮瑶、余敏等同学参与本书部分章节的研究工作。其中，第1章由上海外国语大学张明月完成；第2章由张明月、上海交通大学的魏煊等完成；第3章由张明月、朱田成、徐裕等完成；第4章由张明月、余敏等完成；第5章由张明月、北京外国语大学的张继龙等完成；第6章由张明月、梁珮瑶等完成；第7章由张明月、徐裕等完成。同时，感谢我的家人，感谢他们对我研究工作的支持，使本书得以顺利出版。最后，由衷地感谢企业管理出版社在本书编辑和出版过程中所做的各项工作。

由于作者水平有限，加之时间仓促，本书难免有疏漏，恳请广大读者批评指正。

张明月
2024年4月

目录

第1章 数字生活与知识经济的浪潮
1.1 知识经济与用户生成内容 ... 2
1.2 知识经济下的内容分享平台 ... 6
1.2.1 免费知识分享平台 ... 6
1.2.2 付费知识分享平台 ... 10
1.3 激励机制的分类及其影响效果 ... 14
1.3.1 声誉激励 ... 16
1.3.2 经济激励 ... 19
1.4 技术视角下激励机制的设计 ... 21
1.5 现阶段研究总结及发展动态分析 ... 23
1.6 本书主要内容 ... 25

第2章 免费知识分享平台：重评估机制
2.1 引言 ... 30
2.2 相关工作现状分析 ... 34
2.2.1 无需评估的用户激励机制 ... 34
2.2.2 问责制理论 ... 35
2.3 理论分析与研究假设 ... 37
2.3.1 用户生成内容的贡献水平变化 ... 37
2.3.2 用户生成内容的意见极性变化 ... 38
2.3.3 用户生成内容的表达方式变化 ... 39

i

2.4 重评估机制对用户行为的影响 40
2.4.1 数据收集与变量定义 40
2.4.2 探索性分析 44
2.4.3 短期效应与长期效应 46
2.4.4 稳健性检验 54
2.5 本章小结 57

第3章 免费知识分享平台：潜在的数字线索
3.1 引言 62
3.2 相关工作现状分析 64
3.2.1 用户贡献动机 64
3.2.2 显性激励与隐性激励 66
3.2.3 数字线索及对个人行为的影响 68
3.3 理论分析与研究假设 72
3.3.1 整数效应与用户贡献行为 72
3.3.2 显性激励的调节作用 75
3.3.3 "整数"的边际递减效应 76
3.4 基于二手数据的实证研究 78
3.4.1 数据来源与实证模型 78
3.4.2 整数效应在免费知识分享平台中的影响结果 85
3.4.3 稳健性检验 91
3.5 数字线索的影响机制探索 99
3.5.1 整数效应的模式 99
3.5.2 不同类型特权激励所起的作用 104
3.5.3 用户行为实验 107
3.6 本章小结 110

第4章 免费知识分享平台：来自同伴的激励

- 4.1 引言 116
- 4.2 相关工作现状分析 120
  - 4.2.1 悬赏机制与内容贡献 120
  - 4.2.2 时间稀缺性与内容贡献 122
  - 4.2.3 同伴影响的相关研究 122
- 4.3 理论分析与研究假设 123
  - 4.3.1 发布悬赏与否带来的影响 124
  - 4.3.2 悬赏机制中金额大小的作用 125
  - 4.3.3 悬赏机制中时间稀缺性的作用 126
- 4.4 基于二手数据的实证研究 128
  - 4.4.1 数据来源与实证模型 128
  - 4.4.2 关于赏金金额和时间稀缺性的影响结果 132
  - 4.4.3 稳健性检验 137
- 4.5 信息质量发挥的作用 139
- 4.6 本章小结 141

第5章 付费知识平台：新手用户和专业用户的消费满意度

- 5.1 引言 146
- 5.2 相关工作现状分析 149
  - 5.2.1 专家用户的推荐 149
  - 5.2.2 在线知识付费的模式 151
  - 5.2.3 消费者专业度 152
- 5.3 理论分析与研究假设 153
  - 5.3.1 知识产品的当前价格对不同专业度用户的影响 153
  - 5.3.2 知识产品的历史价格对不同专业度用户的影响 155

- 5.3.3 历史满意度对不同专业度用户的影响 156
- 5.4 消费者专业度的度量 157
- 5.5 基于二手数据的实证研究 162
  - 5.5.1 数据、变量及实证模型 162
  - 5.5.2 消费者在线知识付费满意度的影响因素 166
  - 5.5.3 消费者专业度所扮演的角色 169
  - 5.5.4 稳健性检验 171
- 5.6 本章小结 177

第6章 付费知识平台：印象管理重要吗

- 6.1 引言 182
- 6.2 相关工作现状分析 185
  - 6.2.1 用户付费行为的研究现状 185
  - 6.2.2 印象管理的研究现状 188
- 6.3 基于文本和图片信息的印象管理对用户付费行为的影响 191
  - 6.3.1 任务—技术匹配理论与研究假设 191
  - 6.3.2 研究设计 194
  - 6.3.3 针对形象一致性的结果分析 198
  - 6.3.4 稳健性检验 200
  - 6.3.5 进一步探索：文本信息量与微笑形象 207
- 6.4 基于声音信息的印象管理用户付费行为的影响 212
  - 6.4.1 启发式—系统式信息处理模型与研究假设 212
  - 6.4.2 研究设计 215
  - 6.4.3 针对声音的语速、响度、音调的结果分析 219
  - 6.4.4 稳健性检验 221
  - 6.4.5 响度与音调的相互作用 226
- 6.5 本章小结 231

第7章　人工智能技术下的挑战
7.1　大语言模型带来的冲击 ………………………………………… 236
7.2　用户对AI生成内容的态度 ……………………………………… 243
7.3　总结与展望 ………………………………………………………… 247

参考文献 ………………………………………………………………… 250

第1章
数字生活与知识经济的浪潮

1.1 知识经济与用户生成内容

随着我国数字和平台经济的兴起，知识分享平台也蓬勃发展，优质内容和知识的价值逐渐被认可，通过用户的内容贡献而形成的知识资本已经成为互联网生态的重要支撑。艾瑞咨询报告指出，泛知识内容行业已经发展成为千亿级别的市场，且线上泛知识内容平台移动端网民渗透率平均已超过 86%。对于个人而言，身处当今注意力碎片化的时代，知识分享平台作为一种社交媒体化的低成本信息获取渠道，能契合用户个性化知识需求和承载各式内容的交流。同时，从企业发展角度看，数字和平台经济的兴起催生了一批知识分享平台，例如百度知道、知乎、搜狗问答及各类 IT 问答网站等，为众多企业积攒了知识资本，也进一步促进了互联网生态的繁荣。对于社会而言，知识分享平台依赖自发群体智慧的用户内容贡献，极大地提高了社会生产力，成为我国数字和平台经济健康发展的关键生产要素。新冠疫情的冲击进一步凸显了线上传播知识的重要性；由于人们的线下社交、线下教育受到限制，使在线学习、在线获取知识的需求急剧增加，包括互联网信息服务和数字社区在内的数字经济将成为我国发展新征程的助推器。

然而，由于激励机制的不健全，高质量的知识分享依旧稀缺，低质量内容野蛮生长，网络充斥着无效信息，互联网上的知识与内容经常被挂上浅薄低俗、标题党、缺乏深度、文化沙漠等标签。在数字与平台经济背景下，知识分享平台生态健康发展的最核心问题是平台参与者能够持续地贡献更多优质的内容，才能使平台在众多同类竞争者中脱颖而出，吸引用户以维持长久发展（Burtch 等，2018；Lou 等，2013；Sun Y 等，2017）。

具体来说，尽管知识分享平台上的数据爆发式增长、海量集聚蕴藏了巨大的价值，但这些内容却普遍面临以下问题：①生成内容的质量参差不齐。知识分享平台中虽然信息丰富，却充斥着较多冗余、失真、滞后的回答,严重影响了用户的知识搜索效率和体验满意度。②数据生成数量分布不均衡。知识分享具有公共品的属性,常存在"搭便车"现象(Goes等,2016;Burtch等,2018),新的数据趋势显示知识分享平台中通常只有1%的用户会贡献新的内容。③存在强者越强的"马太效应"。一方面体现在用户之间的寡头集中化,由于平台的社交功能、反馈机制等的设置导致流量涌向平台上的巨头内容生产者,造成新用户的留存率较低;另一方面也体现在平台之间的赢者通吃,低质量的内容和对用户的粗放式管理导致一些平台逐渐走向失败,如国外评论网站Epinions和国内问答社区悟空问答。因此,探索何种机制设计能够持续激励用户进行高质量的内容贡献显得尤为重要。

针对以上现实问题,知识分享平台通常设计多种声誉激励或经济激励机制来刺激用户不断贡献优质的内容。近些年学术界针对激励机制的相关研究也呈爆发式增长,主要探索激励机制对用户贡献水平和贡献质量的影响程度。声誉激励策略包括游戏化元素(Richter G等,2015)、社交网络(Moqri等,2018)、徽章(Goes等,2016)等;经济激励策略包括直接的金钱奖励(Stephen等,2012;Garnefeld等,2012;Burtch等,2018)、优惠券(Fradkin等,2021)、产品折扣(Cabral等,2015)、虚拟货币奖励(Zhao L等,2016)等。

然而,激励机制的现实应用和相关研究仍然面临以下挑战。①基于强假设,与现实脱节。传统管理决策长期采取的是强假设范式,大部分决策分析模型都需要较强的假设作为依托。平台在设计激励元素及研究者在分析激励机制的影响效果时,也大多建立在譬如游戏化徽章的累加性、用户的同质性、行为决策完全理性、经济刺激的外部性和偶发性等一系列假设上,并且这些假设长期以来被平台管理者作为设计各种激励元素的基本条件。然而,在现实的线下环境中这些假设并不总是成立的,例如用户掌握的知识领域具有异质性、用户可能由于消极或低质量的知识传递而造成声誉受损(非累加性)等。②激励效果不明确。大量的平台实践表明,基于声誉或经济激励的方式都存在一定的消极影响（Stephen 等，2012；Khern-am-nuai 等，2018；Burtch 等，2018），或只能在一段时间内激励用户产生优质内容（Qiao 等，2020；Goes 等，2016），激励效果受到用户的个人特质的影响较大，其短期效果和长期效果也存在不一致的情况。③视角单一。一方面，积分系统、反馈机制、优惠券等常用的激励手段大多是平台统一制定和施加给用户的，用户只能被动接受而不能主动选择，缺乏从用户视角出发的激励机制实践；另一方面，相关研究主要从单一平台出发，用户的跨平台内容贡献行为也较少被考虑。④"马太效应"日益严重。平台上的激励机制对于内在动机已经很强的用户会起到较强的作用，而对于"潜水者"往往收效甚微，造成"强者更强"的不均衡效果。

在大数据环境下，管理决策对于理论假设的依赖大幅降低（陈国青等，2020）。大数据所提供的新途径、新手段能够帮助我们识别经典假设与现实情况之间的差异，并且也有助于放宽或消除那些为了简化问题而设置的经典假设。在知识分享平台的激励机制实践中，已经逐渐出现一些打破经典假设的新型激励机制；但在宽假设条件下的众多核心研究问题（如是否长期有效及如何影响用户的内容贡献行为等），学术界还较少触及。以下首先介绍几类经典的假设。

（1）累加性。传统以徽章为代表的声誉激励机制大多建立在声誉的累加性质上，即一旦通过内容贡献行为获得某种徽章便不再失去。这导致用户可能会在达到目标后产生补偿心理，反而导致内容贡献的数量和质量都有所下降（Goes 等，2016）。为应对这一现象，一些平台推出了重评估机制，打破传统声誉激励累加性的限制，通过定期对用户的内容贡献行为进行衡量和评估来决定用户是否能在下一阶段继续拥有之前获得的声誉标签；但这一机制的许多层面还不得而知，如是否能真正有效地激励用户持续贡献优质内容。

（2）外显性。已有声誉激励元素如徽章、排名、地位和排行榜等游戏化元素大多旨在提供关于用户个人立场及用户行为表现的及时反馈，因此往往作为一种明显的标志展示在用户的个人资料中，即显性激励。这些激励元素往往具有明确定义的目标，例如规定了获得徽章或者奖励所需完成的任务；并且赋予用户显性的收益，如荣耀、头衔、特权、视觉符号和有形物品等。而一些隐性的激励元素却往往较少受到关注，这些因素在平台设计时并不是出于激励用户进行内容贡献的目的；但由于用户的认知偏差和非理性行为的存在，一些隐性元素如数字、时间等也会在某些特殊取值时起到激励的效果。因此，有必要探索隐性元素是如何改变用户行为的，以及与显性激励元素是否存在交互作用以加强或减弱其激励效果。

（3）同质性。同质性激励机制是指用户通过提问、回答、评论、点赞等一系列内容贡献行为获得一定的积分或荣誉，该规则由平台统一制定并适用于所有的知识贡献行为，例如用户每回答一个问题或者进行一次点赞就能获得一定的声誉值而与具体问题无关。非同质性（即个性化）激励机制是指平台需考虑到用户的异质性，如专业领域不同、内在动机不同、寻求知识的目的和迫切性不同等因素，来设置合理的激励方式或者允许用户自行设置激励水平。例如，有些平台推出了虚拟赏金机制，由想要在知识分享平台上寻求答案的用户根据问题的难度和迫切性自行设定奖励，从自己的声誉值中分配一定的分值给某个问题以吸引高质量的回答；这样，额外的高悬赏声誉值对平台其他用户产生更强的吸引力，但同时问题难度的增加及潜在竞争用户的存在导致的收益不确定性也可能劝退其他用户。因此，打破传统的同质性假设，将激励的主动权交给个体用户，这一方式是否能够达到预期效果，以及具体的作用机理是怎样的，是本项目关注的另一个核心问题。

（4）外部性。这一传统假设主要是针对免费知识分享平台所施加的经济激励而言的，包括直接的金钱奖励、优惠券、产品折扣等，这些经济激励都是偶发的外部刺激，且有研究表明经济激励存在挤出效应，会破坏用户的内在动机，从而产生消极影响。随着知识分享平台中付费模式的兴起，这一假设被放宽甚至打破——内容贡献者可以自行决定所提供的知识的价格，这一特殊的经济激励成为知识产品的固有属性而不再是额外施加的刺激。知识定价如何影响不同类型的知识消费者的满意度，从而通过其购买和评价行为进一步影响知识提供者的未来内容贡献行为尚不清楚。

（5）被动性。知识分享平台中的参与者通常是被动接受平台所设置或赋予的激励元素，即当其表现达到平台规定的某一层级时会自动获得某些特权、徽章或排名。然而，在付费平台上，知识贡献者有着强烈的动机去主动吸引知识消费者从而获取金钱收益。因此，除了平台根据其表现被动赋予的声誉值外，知识贡献者可以采取哪些主动行为来提高其吸引力成为重点。具体地，我们将关注印象管理这一视角，用户会通过披露个人信息建立理想的形象、增强可信度。但主动进行印象管理是否有效，以及如何进行印象管理（如披露何种信息，与知识类型等情境因素是否相关）才能促进知识消费者的购买意愿，从而进一步推动贡献者的后续贡献行为尚不清楚。

因此，本书将针对知识经济浪潮下用户生成内容的激励机制在实践应用和学术研究中的挑战，重点放宽和突破传统假设条件，立足于现实场景，从平台和个体的多个视角出发，展开对激励机制的影响机理的研究，致力于解决知识分享平台中内容贡献所存在的数量、质量及分布不均衡的"马太效应"等实际问题和科学瓶颈。

1.2 知识经济下的内容分享平台

1.2.1 免费知识分享平台

随着互联网社区的逐步发展，越来越多在线社区的发展依赖于用户生成内容（User Generated Content，UGC）（Zhang M Wei 等，2020），这类网站取之于用户，用之于用户，包含各种各样的类型，如书评、影评、消费者评论、IT技术内容，以及众包服务信息等。在线知识分享平台最初往往对公众免费开放，需要用户主动自愿地去贡献知识、分享经验。平台存在的意义不仅仅是存储知识，更为用户提供了一个社交平台，提升了用户的社会参与感（Kuang等，2019）。一个平台能否持续发展取决于用户积极参与的程度，那些在知识分享上较为活跃的用户往往是出于某种动机去分享，而大多数用户往往缺乏动机（Goes等，2016；Sun Y等，2017）。研究表明，极少数（不到10%）用户贡献了平台大多数内容（>90%）（Garnefeld等，2012；Zhang M Wei等，2020），"搭便车"现象（Chen W等，2018）和用户流失现象（Kuang等，2019）成了这类平台普遍面临的问题。

学者主要围绕用户在知识分享平台上进行内容贡献的影响因素展开研究，可总结为：①基于社区情境的影响因素（Ma M等，2007；Xia等，2012）；②基于个人特征的影响因素（Choudhury等，2014）；③基于心理动机的影响因素（Burtch等，2018；Li H等，2020）。相关研究总结如表1-1所示。

表1-1 用户内容贡献的影响因素的研究总结

研究视角		相关研究内容	理论	文献
基于社区情境的影响因素	网站功能设计	用户在线时长、身份标签、自我陈述和详细介绍能增强用户社会身份的认知，从而影响知识贡献行为	社会身份理论	（Ma M等，2007）
		知识贡献的反馈、社会曝光、口碑营销和互惠规范对用户持续的知识贡献行为有积极的影响	社会认知理论；身份传播理论	（Guan等，2018）

7

续表

研究视角		相关研究内容	理论	文献
基于社区情境的影响因素	成本收益	用户从社区中获得"收益"和用户在社区中付出的"成本"共同决定用户在P2P音乐分享网站中的分享行为	社会交换理论	（Xia等，2012）
	互惠性	个体感知互惠收益根据情景变化而变化，当虚拟社区中互惠氛围较强时，个体更倾向于贡献知识	社会交换理论	（Shen K N等，2010）
基于个人特征的影响因素	自我认知	自我效能、结果期望和信任都会影响用户的知识分享行为	社会认知理论	（Hsu等，2007）
	需求层次	用户在知识分享平台中的行为受社会交往需求、利他主义需求和认知需求所驱动；而且用户的声誉等级越高，那么用户在社区中停留的时间会越长，用户的社交需求与知识贡献直接正相关	马斯洛需求理论	（Choudhury等，2014）
基于心理动机的影响因素	内部动机	获取关注是用户持续贡献知识的主要动机，而社会化学习是知识贡献行为的激励因素	社交资本理论	（Jin等，2015）
		从社会心理学的角度分析了用户贡献行为是一种无偿服务社会的行为，这一行为也被称为"亲社会"行为，研究发现利他主义是用户自发进行内容贡献的强大动机	社会规范；责任理论	（Burtch等，2018；Zhang M Wei等，2020）
		用户可能因为过去在平台上受过他人的知识帮助而产生"负债感"，因此需要做出内容贡献以回报他人	互惠理论	（Li H等，2020）

续表

研究视角		相关研究内容	理论	文献
基于心理动机的影响因素	外部动机	Stack Overflow平台中技术流派的用户进行知识分享的动机主要是寻找新工作；当获得工作以后，他们的贡献活动显著减少	—	（Xu L 等，2020）
		用户出于享受竞争的感觉、商业动机和对分数的追求而进行内容贡献，如被视为学识渊博、乐于助人的人，以满足心理成就感	社会交换理论	（Sun Y 等，2017）
	内在化的外部动机	从内部动机和外部动机两方面联合讨论了维基百科用户的内容贡献和社区参与行为	自我决定理论	（Xu B 等，2015）

在用户动机视角探究知识分享平台的采纳、持续使用和内容贡献等方面的相关研究中，通常将动机分为内部动机（Intrinsic Motivation）和外部动机（Extrinsic Motivation）（Burtch 等，2018；Kuang 等，2019），也有学者进一步将内在化的外部动机（Internalized Extrinsic Motivation）这一概念加入研究（Chen W 等，2018）。内部动机一般有享乐、社会认同、信任等，外部动机一般包括有用性、物质性奖赏、地位的提高、声誉的提升等方面。涉及的理论包括自我决定理论（Xu B 等，2015）、互惠理论（Chen Y 等，2010；Goes 等，2016；Li H 等，2020）、公平理论（Kuang 等，2019）、目标导向理论（Goes 等，2016）、动机挤出理论（Garnefeld 等，2012；Sun Y 等，2017）、社会偏好理论（Chen L 等，2019；Huang N 等，2019）、社会交换理论（Sun Y 等，2017；Chen L 等，2019）、责任理论（Zhang M Wei 等，2020）等。

小结：通过文献回顾，笔者发现免费知识分享平台上以用户的参与意愿、分享动机的相关研究为主，用户的内容贡献行为容易受到社区情境因素的影响，且与个人特征有关。相关研究存在以下局限性：①仅从单一视角出发展开的研究，如从社区平台因素或从个人特征因素进行探讨，缺乏综合考虑平台与个人交互的综合视角的研究；②以静态研究为主，而在实际应用中用户可能随着学习阶段、参与时长的改变而使分享动机、参与意愿产生动态变化。因此，本书拟关注多种激励机制下的用户动态心理动机变化，并探讨平台激励因素与个人因素交互下对用户贡献行为的影响效果，从多个视角完善知识分享平台的激励机制研究。

1.2.2 付费知识分享平台

《中国在线知识问答行业白皮书》认为知识付费是"内容创造者将书籍、理论知识、信息咨询等知识与自身认识积累融合，并对其进行系统化和结构化梳理，转化成标准化的付费产品，借助知识付费平台所搭建的付费机制与业务模式传递给用户，以满足用户自身认知提升、阶层归属、丰富谈资等需求的创新产业形态"。付费知识分享平台主要有三种运作模式：①单次付费模式；②订阅合辑付费模式；③基于打赏的付费模式。其主要内容和相关研究如表1-2所示。

表1-2 知识付费模式的几种形式及相关研究

知识付费模式	主要内容	代表产品	文献
单次付费模式	主要以问答形式出现，提问者和回答者之间以一对一的方式进行付费问答，用户能够在短时间内较为便捷高效地获取个性化的信息服务	在行一点、值乎、微博问答等	（Zhao Y Zhao等，2018；Yang X等，2019；严建援等，2019）

续表

知识付费模式	主要内容	代表产品	文献
订阅合辑付费模式	主要通过开设在线课程或者主题专栏为用户提供知识服务，用户可以根据自身需求来选择是否订阅。该模式能够让用户对某一内容有初步的了解	得到、喜马拉雅FM、知乎Live、豆瓣时间等	（Zhang J 等，2019；Cai 等，2018）
基于打赏的付费模式	用户查看内容后自愿选择是否为内容付费，付费金额也由用户自愿选择	微博长文、微信公众号等	（Wang Y 等，2019）

相较于传统的免费分享模式，知识提供方和需求方这两个角色在新的商业模式和运作机制中需要被重新审视，二者的参与动机也要比传统模式中单一的需求驱动更复杂。目前，现有文献对于知识付费的研究分别从知识需求方的付费意愿（Cai 等，2018；Liu X 等，2018）和知识供给方的行为模式（Bodoff 等，2016；Hsieh 等，2010）两个方面展开，涉及的理论基础包括计划行为理论、社会资本理论、感知价格理论、社会交换理论等（Hsieh 等，2010；Wang Y S 等，2013；蔡舜等，2019）。通过对文献的梳理，笔者发现需求方对知识付费的采纳与付费意愿主要会受到供给侧、需求侧、平台服务端和社会因素四个方面的影响；而对供给方的行为模式研究还较少，集中在对其内容贡献行为（Hsieh 等，2010）和知识定价行为（Sun J 等，2018）的探索。相关研究如表 1-3 所示。

表 1-3　付费知识分享平台的相关研究总结

研究视角		主要研究内容	文献
知识需求方的付费意愿	供给侧	知识供给侧的个人简介及行为信息，如粉丝数、回答问题数、发布文章数、是否标注专业领域、是否实名认证，会对需求侧用户的知识付费行为具有显著的正向影响	（赵杨等，2018）
		知识供给者的知名度、专业性、交互性、同质性也会影响需求侧用户的信任，从而影响付费意愿	（Zhao Y Zhao 等，2018；Chen W 等，2020）
	需求侧	内容收益、自我提升、娱乐享受等因素会显著直接或间接正向影响用户的付费意愿	（Hsiao，2011）
		用户的个体需求和心理状态会影响用户付费意愿，当需要解决较为困难的事实型问题时，用户更愿意付费；用户的免费心态（即认为知识内容应当是免费的）会对付费行为意向产生显著的负向影响	（Hsieh 等，2010；Li Z 等，2014）
	平台服务端	①付费平台的使用体验：该服务有用性、易用性、及时性、便利性、安全性感知程度会影响用户对平台的态度。②对该平台与其他同类平台的感知价值差异进行考量	（Horng，2012）
		在线内容的获取及使用的复杂性、付费内容的兼容性会显著负向影响用户的付费态度	（Dutta，2012）

续表

研究视角		主要研究内容	文献
知识需求方的付费意愿	社会因素	知识内容被其他用户"点赞""喜欢"的数量、平均评分，以及知识消费者与提供者之间的社交互动程度都会正向影响需求方的付费意愿	（Cai 等，2018）
		用户为内容付费的意愿与用户在社区中的参与程度、社会影响，以及知识提供者的社交资本密切相关	（Liu X 等，2018）
		打赏模式中，需求方的主动定价行为主要受用户对内容贡献者的情感依附及用户对社交功能的依赖的影响，包括用户认同感、社交互动及信息价值	（Wan 等，2017）
		打赏模式中，发现社交因素如披露平台上其他用户的定价行为对于用户打赏意愿具有重要影响	（Wang Y 等，2019）
知识供给方的行为	内容贡献行为	供给者对封闭式问题给出的解释会更详细，价格越高供给者给出的解释也会更多	（Bodoff 等，2016）
	知识定价行为	研究了付费知识的动态定价模型的优化问题，通过量化知识的内容及知识提供者的社会资本信息，以实现在不同阶段动态设置合理价格的目的	（Sun J 等，2018）

小结：现有文献对于知识付费的研究主要集中在需求方对付费模式的采纳、付费意愿的影响因素方面，从知识供给者角度来研究的相对较少。如何激励供给者贡献更多更优质的内容，尤其是结合知识个性化定价这一

经济刺激，探讨定价与内容贡献之间的交互影响，还有待研究。因此，本书将立足知识供给方的视角，并综合考虑需求方与供给方的交互影响，探究用户自主定价这一内部化的经济刺激如何影响需求方的内容采纳行为，从而进一步影响供给方的内容贡献行为。

1.3 激励机制的分类及其影响效果

许多知识分享平台面临着内容供应不足（Sun Y 等，2017）或贡献不大的问题（Burtch 等，2018），若平台不能提供充足、有趣、有价值的内容，其服务能力受到影响，用户就很有可能转向其他平台（Schaedel 等，2010）。因此，在深入探讨免费与付费知识分享平台中内容贡献动机、行为动态变化的同时，学者们进一步研究了如何设计激励机制以维持和增加用户的贡献（秦芬等，2018；徐扬等，2018）；激励效果更是平台和企业关注的焦点。

图 1-1 展示了用户在平台上的参与过程及与激励机制的互动关系。免费平台上的用户既是知识贡献者，也是知识消费者，可以根据具体情境自由转换；而付费知识分享平台上的用户逐渐分化成贡献者和消费者两个比较明确的群体，但也并不是一成不变的。为刺激用户不断贡献优质的内容，平台通常设计多种声誉激励或经济激励策略。激励机制与用户产生交互并互相影响，从知识分享平台的管理决策来看，一方面希望了解已有激励机制对用户内容贡献行为产生的影响和激励效果；另一方面也希望利用平台上产生的数据记录深入挖掘用户行为模式，并据此设计更好的激励策略，形成良性循环。

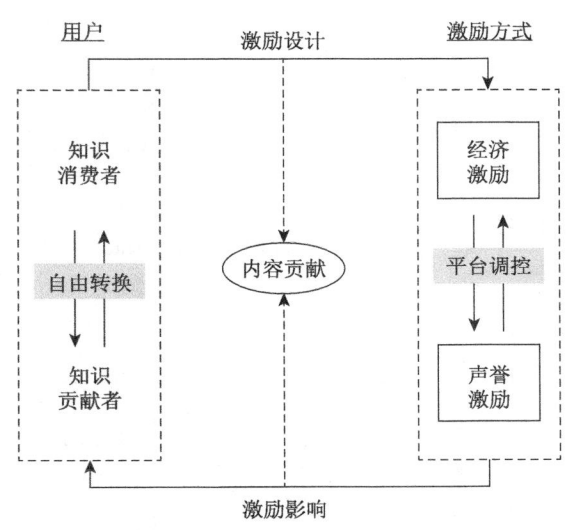

图 1-1　知识分享平台中的用户与激励类型

激励方式主要可以分为声誉激励和经济激励两大类。激励效果主要从内容贡献的数量和质量的维度进行衡量。表 1-4 总结了已有文献中关于激励机制的影响效果的主要相关研究。

表 1-4　激励机制的影响效果相关研究

激励方式		与激励效果相关的因素	激励目标	文献
声誉激励	声誉积分系统	分数分配规则、积分计算方法等	用户回答问题和提问数、评论数、生成内容价值、评论效价	（Farzan 等，2008；Von Rechenberg 等，2016；Goes 等，2016；DeAngelis 等，2014；Jain 等，2014）
	徽章与等级的划分	距下一目标的距离、进度显示的设计、身份等级、徽章价值、排行榜等	生成内容频率、内容质量	（Easley 等，2016；Goes 等，2016；Shen W 等，2015；Von Rechenberg 等，2016；Liu X 等，2016）

续表

激励方式		与激励效果相关的因素	激励目标	文献
声誉激励	可视化方式	内容、关注者相关状态的显示；是否公开贡献者信息；社会关系等	生成内容数量和质量	（Levina 等，2014；Hennig-Thurau 等，2004；Goes 等，2014；Cha 等，2010；Forman 等，2008；Li H 等，2020）
经济激励	金钱激励	实施激励前用户的积极性、奖励的竞争性、奖励的分配方式等	内容发布频率、内容质量（长度、感知有用性、主题多样性）、贡献者的努力水平	（Kuang 等，2019；Garnefeld 等，2012；Sun Y 等，2017；Qiao 等，2020；Burtch 等，2018；Li Z 等，2012）
	折扣或优惠券	奖励的贵重程度和易得性	内容贡献数量、评分、内容质量	（Fradkin 等，2021；Cabral 等，2015）

1.3.1 声誉激励

知识分享平台主要通过网站功能的设计如积分系统、徽章与等级、关注、点赞等声誉激励的方式，利用贡献者的利他主义或对声誉的追求，内化其收益，以实现激励目的。

第一类是声誉积分系统，通常包含级别、实现某一级别需要的积分及积分规则，用户可以分为追求最高等级的、致力于排名靠前的和关注下一级别的三类用户。这三类用户贡献内容的动机不尽相同，前两类的主要动机是获得荣誉，而第三类用户仅为获得积分这种外部奖励（Farzan 等，2008）。在此类基于声誉的激励方式中，学者发现主要是目标梯度理论（Goal Gradient Theory）对用户内容贡献的行为起到了主要作用，即越接近目标的最终状态，用户的贡献水平越高（Von Rechenberg 等，2016；Goes 等，2016）。在这一过程中，积分的计算方式（DeAngelis 等，2014）和获得规则（Jain 等，2014）都会影响激励效果。例如，若内容贡献者获得的积分为从该内容中获益用户社会影响的函数，则更能体现互惠激励，且比基于成就的激励更受用户喜爱（DeAngelis 等，2014）；若只有最佳答案可以获得积分，则前后答案之间的关系会影响用户的贡献行为（Jain 等，2014）。

第二类是徽章与等级的划分，通常和声誉积分是关联在一起的，即当积分积累到一定数值后用户可以上升一个等级、获得某种徽章。研究发现，徽章价值（Easley 等，2016）、距离下一个徽章等级的距离（Goes 等，2016）、排行榜设计（Shen W 等，2015）等都会影响用户的内容贡献行为。用户在获得徽章之前的几天内会加速贡献知识（Goes 等，2016），在得到徽章当天问答数达到峰值（Von Rechenberg 等，2016）；但获得徽章后，其贡献水平显著下降，并且这种负面影响在关注下一等级的用户中体现得最明显（Farzan 等，2008）。而排行榜的存在会加剧用户的关注度、注意力竞争，从而导致很多策略性行为。例如，Shen 等（Shen W 等，2015）发现在产品评论平台上，排行榜的存在会使评论者避免评论拥挤度高的产品，以求降低关注度竞争。此外，研究也发现随着用户声誉的提升，所贡献内容的平均质量不断下降；也就是说，基于声誉激励的累积效果是短暂的，并且随时间而下降（Liu X 等，2016）。

第三类是可视化方式的声誉激励，包括显示与内容相关（如喜欢该内容的人数、点赞人数等）或与贡献者相关（如粉丝数）的状态标记（Levina 等，2014）。"关注"代表了关注者对被关注者有一定程度的信任，只要被关注者可以观察到关注者的存在，即使不产生任何互动，也能产生激励作用，影响被关注者的内容贡献行为（Hennig-Thurau 等，2004）。Goes 等（2014）研究了粉丝数量反映的社会资本是如何影响用户内容贡献的数量及质量的，发现随着用户社会资本增多，内容贡献的数量会增多，内容更加客观，评分变得更负向且方差更大。在微博平台上，Cha等（2010）发现粉丝数量、社区中的订阅者或关注者数量都是表明用户影响力的有效信号，会对用户的内容贡献频率产生激励作用。另外一种可视化声誉激励的方式是公开贡献者的信息，Forman等（2008）的研究发现公开贡献者的信息能激励用户创造更有用的内容，这是因为用户愿意公开信息可能是希望获得社区的身份认同或者获得其他社区成员的认可，因此公开信息的用户贡献优质内容的动机更加强烈；Li等（2020）发现用户身份的披露能增强用户对平台上内容互惠性的感知，从而加强互惠性的正向激励作用，即收到的其他用户贡献的答案越多，则该用户后续内容贡献水平将会越高。

综上可以看出，关于声誉激励的研究主要聚焦于由平台统一制定的"同质性"的声誉积累规则，对于个性化根据具体问题分配声誉分值的激励方式鲜有研究。虚拟赏金分配机制是由经济激励（即奖金）演化而来的，允许知识分享平台上的提问者根据问题迫切性自行设置声誉分值作为虚拟赏金，以吸引更多、更优质的回答，是一种特殊的声誉激励措施（Berger P等，2016）。已有文献集中于真实的货币赏金对众包任务的激励作用（Zhou J等，2020；Hata等，2017），却较少研究虚拟赏金对用户内容贡献行为的影响效果。近年来，Berger等（2016）率先讨论了Stack Overflow平台中设置的虚拟赏金分配的问题与响应时间的关系，发现悬赏问题与常规问题表现截然不同，并基于问题的标签、话题等特质尝试为预测不同问题的响应时间建立模型。Zhou等（2020）使用描述性分析方法研究了虚拟赏金对问题解决可能性和解决时间的影响，发现较没有悬赏的问题来说，悬赏问题有更多的浏览量和更高的解决可能性，但是并不能帮助问题更快解决。对于这一类特殊的声誉激励机制，目前还缺乏深入、系统的研究，尤其是对于虚拟赏金机制中具体要素所起的作用的讨论，这为本课题所要研究的内容提供了思路。

小结： 从上述文献可以看出，以积分和徽章为代表的声誉激励大多是建立在"累加性""外显性"和"同质性"的假设之上的，且已有研究也发现基于声誉的激励效果是短暂的。其中，①累加性：用户在不做出任何行为的情况下一般不会失去已获得的声誉值。②外显性：具有明确定义的目标，并赋予用户显性激励。③同质性：激励元素和规则由平台统一制定，用户无法自行根据问题的难度或内容寻求的迫切性设置激励元素。因此，本书试图分别拓宽这几类经典假设，探索长期有效的声誉激励方式。

1.3.2 经济激励

经济激励对用户内容贡献的影响是近几年学界关注的热点话题（Burtch 等，2018；Qiao 等，2020；Sun Y 等，2017）。经济学理论认为，理性人是效用驱动的，这意味着经济激励可能会对个人行为产生影响（Burtch 等，2018）。通常，经济激励是作为一种直接的、平台可参与调控的、刺激用户内容贡献的手段出现的。在以往的研究中，关注的经济激励的形式主要有：直接的金钱奖励、优惠券、产品折扣等。

已有研究主要围绕经济激励的直接效果展开。①从短期来看，平台提供的经济激励具有一定的积极作用，Kuang 等（2019）基于公平理论（Equity Theory）提出用户在受到经济回报时可能会对知识分享平台产生负债感，同时会自愿利用空闲时间在平台贡献知识内容，避免被认为只是单纯地为了获得经济回报。②短期内的经济激励也存在溢出效应（Kuang 等，2019），可以同时提升活跃用户和不活跃用户的参与度（Garnefeld 等，2012）、增加贡献频率（Sun Y 等，2017）、丰富评论涉及的主题（Qiao 等，2020），但对评论长度没有影响，对评论的感知有用性和贡献者的努力水平具有负面影响（Burtch 等，2018；Sun Y 等，2017）。③经济激励不仅会影响用户贡献内容的频率及努力程度，还会影响其他用户对用户生成内容的可信度和对有趣性的感知（Yu G 等，2015），进而降低用户生成内容对购买决策的影响力。在众包平台上，奖励的小幅度增长反而会降低回答者的努力程度，这是因为增加奖励会加剧竞争。但当涨幅较多时，解决方案的数量和质量都会有所提升（Huang Y 等，2012）。

此外，作为一种外在动机，经济激励与内在动机的相互影响也受到学者关注。一般认为，当经济规范存在时，会削弱用户社会规范方面的内在动机。如 Burtch 等（2018）在产品在线评论的研究场景下，发现经济激励相比于社会规范能够提升用户写评论的数量；但可能降低用户的内在动机，进而降低用户评论内容的质量。尤其是对于活跃度较高的用户来说，经济激励这一显性激励的存在会破坏用户的内在动机，降低他们的长期目标，存在长期的挤出效应，会降低他们的忠诚度（Sun Y 等，2017）。Garnefeld 等（2012）探究了在社区中实施金钱奖励前后用户贡献内容的变化，以及用户在社区中的朋友数量的调节作用。研究发现，金钱奖励对朋友少的用户的内容贡献行为具有激励作用，但会使朋友多的用户失去动力；而且，取消奖励后，实施奖励之前积极贡献的用户贡献程度会降低。产生该结果的主要原因是经济激励降低了贡献者的利他主义和内部动机（Qiao 等，2020），使其产生"交易思维"（Sun Y 等，2017），从而导致长期的过度合理化效应。

小结：①从来源上看，文献中主要关注知识分享平台中外部的、偶发的经济刺激，如金钱、折扣、优惠券，用户无法自行设定刺激水平，也无法预料到经济刺激的作用时间、刺激水平等；②从效果上来看，由于经济激励的偶发性导致了其只能在短期内有效，无法多次反复实施，并且可能会破坏用户内在动机。随着知识付费模式的出现，用户对分享的内容进行自主个性化定价成为一种新型的经济激励方式，由"外部施加"转为"内部定价"，由"被动接受"转为"主动管理"，由"偶发刺激"转为"长期共存"；然而，这一经济激励方式是否有效、何时有效还存在研究空白。对于个性化定价行为、印象管理、知识需求方的满意度、预期收益、知识供给方的未来内容贡献这几个方面的交互机制的研究还亟待补充。

1.4 技术视角下激励机制的设计

从技术视角下探索激励机制相关问题的研究主要围绕知识领域挖掘、专家用户发现和推荐展开，这些研究的主要目的都是通过提升算法的准确率给用户提供更好的服务，以激励用户持续地产生优质内容。将专家用户推荐给知识寻求者，能加速互动，激励专家用户贡献知识，提升平台的活跃度。

在知识领域挖掘方面，学者们致力于从用户的查询日志（Query Log）等在线行为数据中挖掘用户的学习任务和熟练掌握的领域。Jones 等（2008）发现用户在知识分享平台中的学习内容是相互交叉的，并使用分类器将用户的查询序列划分成不同的学习任务。Liu 等（2015）设计了三阶段的控制实验，通过同时考虑用户在内容上的停留时间、所处阶段和任务类型预测用户掌握的知识领域。Wang 等（2013）将跨会话查询任务挖掘问题表述为半监督的聚类问题，其中对任务中查询之间的依赖性结构进行了显式建模，并提出了一组自动注释规则作为弱监督。尽管文献中提出了多种方法来提取平台上用户行为数据中所反映的学习任务，但大部分仍然是粗粒度的内容挖掘，缺乏在更细化的知识领域维度上的建模。

在专家推荐的相关研究方面，学者们一般利用自然语言处理技术对用户的显性反馈信息进行分析，来定位用户的擅长领域，并采用基于用户知识特征（Zhang J 等，2007；Pal 等，2012）或基于用户互动网络特征（Hong 等，2009）的方法来发现专家用户。例如，Zhang 等（2007）通过统计用户提问数、答题数、获赞数等数据构建了 z-score（标准分数）指标，认为用户在某一领域答题越多越意味着其具备较强的专业知识，提问越多则表明其缺乏该领域知识，通过指标评价法发现领域内的专家。Zhao 等（2018）结合了话题相关性、社会关系、领域专业性等，使用机器学习方法进行专家推荐。Hong 等（2009）通过构建知识贡献者和消费者的互动网络并利用经典网络挖掘算法找出关键节点用户。具体地，他们利用概率潜在语义分析构建了内容主题相关的 PageRank 算法（Google 提出的一种算法），并将其应用于专家发现。龚凯乐和成颖（2016）以知识问答社区为对象，提出基于"问题—用户"传统网络的专家发现方法，为建立用户激励机制、完善专家推荐方法提供了借鉴。以"问题"和"用户"为节点，"答题关系"为有向边，构建"问题—用户"权威值传播网络，利用答案质量改进加权的 HITS 算法（利用超链接的主题搜索）。提出的算法可以较好地兼顾用户的答题数量与答案质量，能够选择出活跃度高、知识渊博的用户作为专家。此外，更多的研究综合利用信息检索、网络分析和机器学习等领域的研究成果来进行专家用户的识别和推荐。例如，Liu 等（2005）将擅长解答某一问题的专家定义为回答过相似问题的用户，通过分析全体用户的答题记录抽取出相应的词项形成专家画像，将待回答问题作为检索词、专家画像作为文档，利用查询相似度模型、关联模型和基于聚类的语言模型来发现潜在专家。Pal 等（2012）进一步引入答题能力与积极性的概念，抽取用户特征进行度量，并使用机器学习算法预测潜在专家。Cheng 等（2015）针对 LDA（线性判别式分析）识别短文本的不足，提出了一种基于标签词的主题模型，将其应用于判别用户所属的领域，并通过机器学习算法根据用户答题的反馈情况对其排序，列举出某一问题的潜在专家。Patil 等（2016）通过分析专家与非专家的用户行为，构建基于用户活动特征、答案质量特征、语言特征和时间特征的专家判别模式。在近些年兴起的知识付费模式中，Zheng 等（2018）创新性地考虑了知识消费者的购买动机、社会影响力、知识产品的价格等要素，构建知识领域库，并设计了基于马尔科夫链的推荐方法，以帮助知识消费者匹配到最具有成本效益（Cost-Effective）的专家用户。

小结：①从任务上看，已有研究通常将知识领域挖掘和专家用户推荐作为两个独立的任务。在进行专家用户推荐时，大多采用比较浅层次的特征，如在某一领域的答题数量来刻画用户的知识特征，缺乏将这两个任务同时建模并优化的研究。②从使用的行为数据角度看，文献中主要使用显式反馈数据，如问题、回答的文本内容等，而对于"非累加"的隐式反馈行为，如删除内容、取消点赞则较少使用，导致对显式反馈较少的不活跃用户的推荐效果不佳。③从算法设计角度看，文献中仍然是粗粒度的内容挖掘，缺乏在更细化的"非同质"的知识领域维度上的建模。

1.5 现阶段研究总结及发展动态分析

从以上国内外研究现状分析中可以看出，关于知识分享平台中的激励机制的研究方兴未艾，虽有初步成果，但是仍然存在诸多理论和实践上的不足。具体而言，我们将目前已有文献中尚未解答的重点问题整理为以下几点：

（1）免费知识分享平台中以用户的参与意愿、分享动机和声誉激励的效果相关研究为主，视角单一，大多是静态研究。而付费分享平台中目前的研究主要从需求侧出发，关注知识消费者的付费意愿受到哪些因素的影响，缺少从供给侧角度对知识贡献者的分享意愿的影响因素的研究，尤其是考虑知识产品的个性化定价这一与免费平台的根本区别在激励内容贡献中所起的作用还不甚明确。此外，与免费平台上用户可在知识贡献者和消费者之间自由转换相比较，付费平台上用户定位明确，贡献者较活跃，而消费者的行为数据稀缺。如何解决消费者数据稀缺的问题，合理、准确地对消费者进行用户画像，也是平台未来关注的重点方向，目前还缺乏相关的研究。

（2）在声誉激励的影响效果方面，主要局限于"累加性""外显性"和"同质性"这几个经典假设。具有累加性的声誉值一旦获得便不会失去，从而导致了声誉激励有一定的消极影响，或只能在一段时间内激励用户产生优质内容，存在长期效果不佳的现象；显性激励具有明确定义的目标，并且赋予用户显性的收益，忽略了时间、数字等平台上固有的隐性线索对用户贡献行为带来的影响；由平台统一制定的同质性激励元素适用于所有的知识贡献行为，而用户往往需要根据知识寻求的紧迫性、问题难易程度、知识领域的受众范围等自行设置声誉激励大小，已有文献中则缺乏从个性化视角对声誉激励中具体要素的影响效果的探讨。因此，探讨是否能放宽传统假设，是否存在长期有效的声誉激励方法，以及对于异质性知识贡献者的激励效果如何，将成为平台未来关注的重要课题。

（3）在经济激励的影响效果方面，以往文献中所关注的大多是在免费知识分享模式下由平台直接施加的、短期偶发的、统一调控的"外部性"经济激励。但是在知识付费模式中，价格对于知识产品提供者也是一种经济激励；它是知识产品的固有属性而非额外施加的刺激，并且产品价格是由用户自己定义的，具有异质性和个性化的特征，这使其与免费知识分享平台中的经济激励区分开来。而知识定价是如何影响不同类型的知识消费者的满意度，从而通过其购买和评价行为进一步影响知识提供者的未来内容贡献行为尚不清楚。此外，参与者通常是被动接受平台所设置或赋予的激励元素，即当其表现达到平台规定的某一层级时会自动获得某些特权、徽章或排名。然而，在付费平台上，知识贡献者有着强烈的动机去主动吸引知识消费者从而获取金钱收益，这些主动管理行为是否会对其未来内容贡献的数量和质量产生影响还不得而知。

（4）在激励机制设计方面，已有文献主要是从平台用户的显性反馈信息入手进行专家用户的推荐，如发布内容、回复、评论、点赞等行为数据，分析活跃用户的内容偏好、专业领域、知识需求等。而诸如"非累加"的隐式反馈行为，如删除内容、取消点赞则被利用得较少，并且缺乏在更细化的"非同质"的知识领域维度上的建模。一方面是因为隐性数据很难获得，另一方面是建模学习用户的知识领域的难度也会更大。这样的弊端是平台上"马太效应"越来越明显，只有贡献了许多显式反馈信息的活跃用户才会被推送和展示给更多的用户，从而激发他们继续贡献更多的内容，而对于平台上的潜水者却没有起到应有的激励作用。因此，如何基于用户隐性反馈信息对细粒度知识领域建模、学习行为模式，并依此进行个性化服务设计以激励潜水者进行内容贡献将是激励机制设计的一个难点，也是缓解平台内容的"马太效应"的一个重要方向。

1.6 本书主要内容

内容分享平台上自发的用户内容贡献已成为互联网生态的重要支撑，是我国数字和平台经济健康发展的关键生产要素。探索行之有效的激励机制以促进用户持续、高质量地贡献内容具有紧迫性和必要性。本书针对我国数字与平台经济蓬勃发展下对泛知识行业中高质量内容的重要需求，结合内容分享平台中激励机制在实践应用和学术研究中的挑战，重点放宽和突破传统假设条件，运用管理科学、数据科学、行为科学等多学科理论和方法，挖掘宽假设条件下不同类型的激励机制对用户主动贡献的影响路径和长期效果，力争为知识分享平台形成持续、优质的内容贡献提供最新的理论依据和决策指导，以提升平台的整体知识内容水平，维持平台的长久发展，推动我国平台经济的健康发展。

围绕总体目标，具体研究目标包含以下几点：

（1）从平台视角出发，揭示放宽传统的"累加性"和"外显性"后的声誉激励对用户贡献行为的影响机理及用户的心理动机变化，探究声誉激励从短期有效到长期有效的方式，以应对用户的目标达成后的补偿效应，从而降低贡献水平的现象，为平台是否放宽声誉激励的累加性以及关注相关隐性元素的设计提供科学的指导。

（2）从个体视角出发，通过探究由平台用户自己制定的个性化激励元素，如悬赏金额、悬赏时间等对于内容贡献的影响，优化、补充免费知识分享平台中"同质性"激励机制的功能，从而指导平台用户自主设定激励水平和其他元素，帮助知识寻求者更快地解决问题，从个性化（非同质性）角度丰富基于声誉的激励机制的相关理论。

（3）针对经济激励方式，探索付费知识平台上由用户自主定价的"非外部"经济激励的作用机理和影响效果，从免费与付费知识分享平台的关联出发，通过对用户在不同平台上的行为模式迁移进行建模，合理度量用户在不同领域的知识专业性，探究知识专业度在经济激励下的调节作用，从而指导用户合理定价，提高平台利润，确保知识分享平台形成持续的内容生产力。

（4）基于印象管理视角，放宽"被动性"接受激励元素的假设，探索不同类型的付费知识平台上，知识贡献者对自我形象的主动管理行为是否能提高消费者的付费意愿，通过对文本、图片、声音等多个维度的形象管理数据分析，帮助知识贡献者制定合理的形象管理策略。

围绕上述研究目标，本书在国内外已有的研究成果基础上，密切结合免费和付费知识分享平台的实际运作情况，以宽假设条件为突破口展开研究，力争形成对激励机制问题较为全面的知识体系，全书的内容结构如图1-2所示。

本书第2章聚焦于放宽声誉激励的"累加性"这一经典假设，以问责制理论为基础分析平台统一制定的激励元素——重评估机制的激励效果。通过构建测度以度量内容贡献的观点极性和表达方式，探究基于"非累加性"的重评估机制对内容贡献水平和内容风格的影响；并且以评估周期和评估次数为关注点，探究短期和长期效果的不同。

第3章放宽声誉激励的"外显性"假设，关注积分系统中隐性的数字线索对UGC平台知识获取者感知的影响，以"整数效应"作为主要关注目标，探究"整数"对用户知识贡献行为的影响，同时引入显性激励机制作为调节变量，探究其和"整数"的共同作用，并讨论了"整数"的边际作用。

```
                    传统假设              突破传统假设的研究问题
    ┌─┬─────────────────────────────────────────────────┐
    │免│  ┌──────┐    ┌────────────────────────────────┐ │
    │费│  │ 累加性│    │第2章——重评估机制的有效性研究    │ │
    │知│  └──────┘    └────────────────────────────────┘ │
    │识│  ┌──────┐    ┌────────────────────────────────┐ │
    │分│  │ 外显性│    │第3章——潜在数字线索中"整数"的激励作用│ │
    │享│  └──────┘    └────────────────────────────────┘ │
    │平│  ┌──────┐    ┌────────────────────────────────┐ │
    │台│  │ 同质性│    │第4章——来自同伴的个性化悬赏机制的激励效果│ │
    └─┴─────────────────────────────────────────────────┘
    ┌─┬─────────────────────────────────────────────────┐
    │付│  ┌──────┐    ┌────────────────────────────────┐ │
    │费│  │ 外部性│    │第5章——内部知识定价不同专业度消费者的影响│ │
    │知│  └──────┘    └────────────────────────────────┘ │
    │识│  ┌──────┐    ┌────────────────────────────────┐ │
    │平│  │ 被动性│    │第6章——主动印象管理的影响机制    │ │
    │台│  └──────┘    └────────────────────────────────┘ │
    └─┴─────────────────────────────────────────────────┘
                            ↓          ↓
    ┌────────────────────────────────────────────────────┐
    │        第7章——人工智能技术下的挑战                 │
    │  ┌──────────┐         ┌──────────┐                │
    │  │用户生成内容│ ──────→ │AI生成内容 │                │
    │  │ （UGC）   │         │ （AIGC）  │                │
    │  └──────────┘         └──────────┘                │
    └────────────────────────────────────────────────────┘
```

图1-2 本书的内容结构

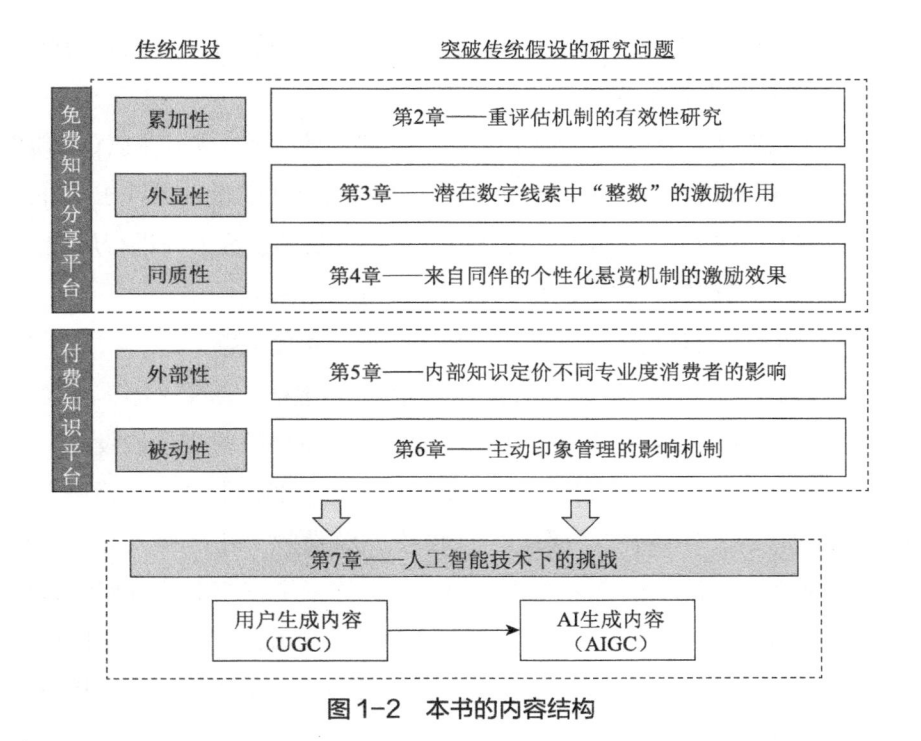

第4章聚焦于放宽声誉激励的"同质性"这一经典假设，关注允许平台上用户以同伴身份个性化设置声誉分值的悬赏机制情境，进一步延伸声誉激励的内涵，讨论同伴视角下个性化激励元素的影响效果和作用机理。

第5章聚焦于放宽经济激励的"外部性"这一经典假设，关注付费模式中个性化知识产品定价这一激励元素，结合平台的反馈评价体系，将知识付费模式中的知识消费者满意度作为因变量，通过关联免费与付费平台的用户行为，使用文本挖掘构建消费者的知识专业度测度，并探究价格这一非外部性对不同专业度的消费者的经济激励的影响效果。

第6章以付费平台上知识提供者的形象作为主要研究目标，探究形象对于用户知识付费行为的影响。一方面探究知识提供者披露的个人信息是否会与情境因素相结合来影响用户付费意愿，引入"形象一致性"的概念，即知识提供者通过披露个人信息所展现的形象与知识寻求者寻找的知

27

识特征之间的一致性；另一方面探究披露的个人信息特征之间是否会有相互作用的关系，进而影响用户付费意愿。

第7章探讨人工智能技术对知识分享平台带来的挑战，尤其是以ChatGPT为代表的大语言模型对人工创造的知识、内容及有效性带来的冲击，并对未来围绕UGC和AIGC，以及二者的交互可能开展的研究方向进行展望。

相比于已有研究，本书的特色主要体现在以下两点：

（1）以大数据环境下决策范式转变为导向，角度新颖。

大数据环境下，新型管理决策范式在信息情境、决策主体、理念假设、方法流程等决策要素上发生了深刻的转变。本书针对理念假设这一转变，突破激励机制已有研究中对声誉或经济激励的经典假设，包括声誉激励的"累加性""外显性""同质性"和经济激励的"外部性"与"被动性"，识别经典假设与现实情况之间的差异，探索了在拓宽传统假设条件下的激励机制的影响效果，这是大数据环境下的决策范式转变在激励机制研究中的重要体现，也为后续相关研究在提升激励效果的切入点上提供了新颖的视角和思路。

（2）融合多学科的技术与研究方法。

本书内容综合运用管理科学、数据科学、行为科学等多学科理论和方法，使用计量模型、实验室实验、机器学习等分析方法对多种情境下的激励效果展开研究。例如，第3章在使用固定效应模型对客观数据进行实证分析的基础上，还使用实验室实验对因果关系进一步验证，能够探究用户行为的本质和原因，这在一定程度上有助于深入了解激励机制的影响机理，丰富相关的理论；第5章结合了深度学习模型Doc2vec和计量模型，能够更加准确地进行用户画像，抽取相关变量，也使得计量模型中的估计结果更加准确，为后续相关模型在变量测度上提供了一个相对创新的视角和思路。

第2章

免费知识分享平台：重评估机制

知识分享网站如 Stack Overflow、知乎和 Quora 已经被广泛认为是促进知识寻求、创造性内容提供、社会联系等的有效平台（Chen W 等，2018；Kuang 等，2019）。在大多数情况下，知识共享平台面临着一个固有的公共产品问题，即生成的内容可以在所有用户之间自由分享，他们不需要付出任何努力来享受他人的贡献（Goes 等，2016）。这类平台严重依赖用户自愿贡献的事实也加剧了这一问题，在没有任何激励或干预的情况下，自愿贡献可能在开始时相对较高，但会逐渐衰减直至较低水平（Chaudhuri 等，2017；Isaac R M 等，1988）。

2.1 引言

如今，越来越多不同类型的网站，例如电子商务网站、社交网站、博客、视频和图片分享网站，都在很大程度上依赖用户生成内容。在这些内容分享平台中，产品评论网站是最常见的平台之一。典型的产品评论网站有 Yelp、Tripadvisor 和 Rotten Tomatoes，它们都是非商业性的评论网站，在过去的几十年里变得越来越受欢迎（Luca 等，2016）。越来越多的证据表明，这些网站上的在线评论会显著影响消费者的选择和产品销售（Berger J 等，2010；Chintagunta 等，2010；Hu 等，2014；Luca，2016；Sun M，2012；Zhu F 等，2010）。社区的自愿贡献是产生在线评论、保留现有用户和吸引新用户的核心力量（Li Z 等，2012）。考虑到用户贡献的重要性，为什么用户会在 UGC 网站上投入宝贵的时间和精力来自愿贡献新的内容并帮助陌生人是一个重要的问题。

实际上，自愿贡献并不总是自然发生的，UGC 网站存在潜在的"搭便车"现象（Chen Y 等，2010）；现有文献表明，根据帕累托原则，大部分内容是由一小部分用户生成的。为了激励用户贡献更多、更高质量的内容，UGC 网站建立了各种激励机制，旨在增加用户在内在动机之外的努力收益（Ba 等，2003）。例如，亚马逊公司在 2007 年推出了 Amazon Vine 计划，在该计划中评论者可以通过撰写诚实和公正的产品评论换取获得免费或折扣产品小样的资格（Fayazi 等，2015）。eBay 用户可以通过购买后的反馈获得返利（Cabral 等，2015）。除了经济奖励，基于声誉的激励也被广泛采用。例如，通过在知识共享平台上回答问题，用户可以获得虚拟积分，从而在同行激励体系中获得更高的等级（Goes 等，2016）。其他网站针对用户活动的不同方面提供不同的徽章（Li Z 等，2012；Anderson A 等，2013）。

激励机制的激增吸引了学术界的关注，学者们试图探索这些激励机制是否能够有效地诱导用户贡献更多、更高质量的内容。虽然各种激励类型（即经济或声誉）已经被深入研究，但现有研究大多集中在没有对用户表现进行重新评估的情况下。对于基于声誉的激励措施，例如徽章和积分，它们通常是永久的（Goes 等，2016；Anderson A 等，2013）。评论者或其他类型的内容生产者在获得荣誉徽章或积分后可以一直保留这些荣誉徽章或积分，即使存在他们可能会停止贡献的情况。当激励措施为返利等经济奖励时，现有文献也未关注对用户绩效的评估（Li L，2010；Li L I 等，2014）。例如，无论生成的内容是积极的还是消极的，无论生成内容的体量和蕴含的信息量有多大，卖方都会提供返利来弥补买方所付出的努力成本（Li L，2010）。"重评估机制"作为一种激励用户贡献更多、更高质量内容的潜在方法，在很大程度上尚未得到充分探索。特别是，重评估机制意味着需要根据用户的内容贡献的表现定期对其进行重新评估，以维持其所获得的外部利益——无论是经济利益还是基于声誉的利益。在这种机制下，用户承受着失去之前获得的声誉或经济利益的压力。这在 Yelp 等 UGC 网站中很常见。Yelp 精英小队（Yelp Elite Squad）计划于 2005 年启动，并作为识别在 Yelp 社区活跃的评论者和网站内外榜样人物的一种方式。精英评论者可以获得比同行更高的声誉，并享受一些相关的额外福利。该计划是一个年度计划，被评选为精英小队的评论者每年都需要接受重新评估，以决定下一个自然年度是否仍然为精英小队的成员。

在本章中，我们重点研究了当激励措施是一种需要根据用户表现来定期重评估的场景。这与传统的徽章、积分累积计划或金钱奖励（以下简称传统设置）有本质区别。直观地看，在重评估机制下，用户需要继续贡献更多、更高质量的内容，以维持已获得的利益；而在传统设置下，用户没有失去已获得利益的压力。需要注意的是，具有重评估机制的激励措施可以是经济奖励，也可以是非经济利益，例如更高的声誉。这意味着重评估机制的存在并没有限制我们的研究范围；相反，它适用于各种激励措施，包括经济奖励或非经济利益。鉴于这一广泛、重要且研究不足的研究场景，我们迫切需要系统地检验具有重评估机制的激励措施是否及如何影响用户行为。此外，若重评估机制能够显著影响用户行为，我们还将进一步探索用户的短期行为和长期行为是否存在差异。

为了填补上述研究空白，本章从短期和长期两个方面研究了 Yelp 精英小队中的评论者（即内容贡献者）在受到具有重评估机制的激励措施（即成为 Yelp 精英）后的行为变化。在本章的研究情境中，评论者作为已购买相关商品的消费者，基于自己的经验和感知撰写评论。这些评论可以作为产品质量的关键信息来源，显著影响其他消费者的选择和产品销售（Hu 等，2014；Berger J 等，2010）。在所有评论者中，这些网站内外的榜样人物被奖励加入"精英小队"。他们 Yelp 主页上的"精英"标志将表明他们在同行中享有更高的声誉。此外，成为精英还会带来一些经济上的好处，比如受邀参加当地企业举办的私人聚会（Kim C 等，2015）。最重要的是，该平台要求每年对精英评论者的贡献行为进行重新评估，并以此结果来决定其是否能留在"精英团队"中。值得注意的是，在本研究背景下，我们并没有试图将经济激励效应与声誉激励效应分开；相反，我们关注的是当需要进行重新评估时评论者为了维持利益（无论是经济奖励还是非经济利益）的行为变化。因此提出以下研究问题：

（1）具有重评估机制的激励措施如何影响内容贡献者的行为？包括贡献水平（即评论频率和评论长度）、他们表达的意见（即平均评分、评分的方差和极端评分的比例），以及他们表达的方式（即评论质量）。

（2）如果具有重评估机制的激励措施对评论者的行为存在影响，那么长期影响和短期影响是否存在差异？

回答上述研究问题具有一定的挑战性，例如对于贡献水平有两种可能的对抗观点。一方面，进入精英小组可能是内容贡献者的潜在目标，因此，在达到目标（即成为精英）后，由于"自满"效应（Complacency Effects），评论者的贡献水平可能会显著下降（Goes 等，2016；2014）。另一方面，精英标志醒目地展示在精英评论者的简介中的名字旁边，以及他们撰写的所有评论的旁边。因此，它标志着精英评论者在社区中的声誉，并将他们与同行区分开来。根据前景理论（Kahneman 等，1979），评论者害怕次年被精英小组淘汰，因为这很容易被其他人观察到。因此，另一种可能的行为变化是，他们以更高的质量和频率进行评论来保持声誉和相关福利，这在某种意义上与先前的文献一致，即声誉和同行认可能够激励人们以更好的方式进行内容贡献（Goes 等，2014；Milinski 等，2002）。

为了系统地回答所提出的研究问题，本章收集了 Yelp 平台上的精英评论者的个人信息，并分析了他们从成为精英前一年到成为精英第一年（即短期效应），再到成为精英第二年（即长期效应）的行为变化。此外，为了解释由于评论者的自我选择而导致的潜在内生性问题，我们还收集了非精英评论者的资料，并结合倾向得分匹配（Propensity Score Matching，PSM）和双重差分（Difference-in-Differences，DID）方法来开展进一步的实证分析。

2.2 相关工作现状分析

2.2.1 无需评估的用户激励机制

为了激励用户贡献更多的内容，UGC 网站经常会建立各种激励机制来增加用户的外在动机（Ryan 等，2000a），且大部分激励措施都无需对用户的后续贡献行为进行评估，相关利益一旦获得，不会失去。激励措施可能是经济奖励，例如免费礼品（Fayazi 等，2015）、返利（Cabral 等，2015）和额外报酬（Roberts 等，2006），也可能是基于声誉的奖励，如更高的社会地位（Goes 等，2016；Roberts 等，2006；Wasko 等，2005）、社会比较（Chen Y 等，2010；Jabr 等，2014）和成就徽章（Li Z 等，2012；Anderson A 等，2013）。对于基于声誉的激励措施，值得注意的是，大多数电子化交易市场广泛使用声誉系统来缓解信息不对称带来的问题，不同网站的设计因利益相关者是卖家、买家还是评论者而异（Ye S 等，2014；Fradkin 等，2017）。在 eBay 等在线交易市场中，卖家和买家建立了信誉系统，通过反馈机制促进陌生人之间的可信交易（Cabral 等，2010；Resnick 等，2002；Zhou M 等，2008）。在专业的评论网站，例如 Yelp 和 Epinions 中，评论者的声誉可以通过他们之前评论的数量、朋友或追随者的数量来衡量（Luca 等，2016；Goes 等，2014）。一些网站为评论者建立声誉系统，允许他们在做出贡献时获得积分，或者授予他们各种荣誉或证书，以在同行面前表彰他们。在不失一般性的前提下，本章中的"声誉"是指评论者（即内容贡献者）的声誉。

以往研究表明，在各种情境下，用户的贡献行为受到激励机制的强烈影响（Jabr 等，2014；Gneezy 等，2011）。①在开源软件社区中，Roberts 等（2006）基于内在动机和外在动机理论，研究了经济激励和非经济激励对用户贡献的影响。他们发现，有偿贡献与用户的地位动机正相关，但与他们的用户价值动机负相关，因此，这导致了高于平均的贡献水平。②在在线问答社区或知识交流社区中，Goes 等（2016）基于目标设定理论和地位层级理论，研究了用户在垂直激励等级上达到连续的等级之前和之后的贡献行为。另一个例子是 Wasko 等（2005）的研究，他们发现，根据集体行动理论，当用户认为自己的知识可以提升自己的职业声誉时，他们就会贡献自己的知识。同样，Li 等（2012）也发现了在问答社区中赢得新徽章的短期积极效应。③在产品评论网站或电子商务网站中，评论是一个重要的组成部分，Goes 等（2014）研究了当存在订阅机制（即用户可以订阅另一个用户，以便实时收到该用户的动态信息）时，评论者受欢迎程度对其评论行为存在影响。他们发现这种订阅机制在诱导评论者的努力方面是有效的；也就是说，评论者越受欢迎（即订阅者越多），就会贡献更多的评论及更客观的评论。Li 等（2014）通过实验室实验检验了在电子商务平台上返利激励对市场效率的影响。他们发现，返利机制下的市场效率随着卖家提供返利概率的增加而增加。Qiao 等（2017）认为，在评论平台中提供金钱激励会极大地损害评论者原本的利他动机和内在动机，导致短期内评论质量下降，有用性降低。

总之，先前的研究已经讨论了在无需评估情况下的经济激励或基于声誉激励的影响结果。考虑到当存在对用户表现进行重评估的机制时，几乎没有数据证据表明这种机制下激励的有效性，因此本章的研究内容关注具有重评估机制的激励措施如何影响用户的行为，旨在填补这一空白。在本章的研究背景下，Yelp 上的精英评论者每年都需要接受重新评估，以保持其较高的声誉（即精英）以及相关的福利。我们期望在重评估机制下，评论者的行为会有所不同，该研究将有助于为重评估机制下的激励效果提供新的视角。

2.2.2　问责制理论

在本小节中，我们将简要回顾为所提假设奠定理论基础的相关文献。问责制理论（Accountability Theory）最初由 Lerner 和 Tetlock 提出（1999），随后被广泛应用于心理学、哲学、伦理学和组织行为学等多个领域（Vance 等，2015）。该理论认为一个人有潜在的义务向另一方解释自己的活动，而另一方可以对这些活动做出判断和评估，并将潜在的积极或消极后果作为对这些活动的回应（Bovens，2014）。该理论还提出了激发责任观念的两个关键因素：对评价的公开预期（Overt Expectations of Evaluation）和对监控的意识（Awareness of Monitoring）。

随后，Vance 等（2015；2013）将问责制理论延伸到信息系统（IS）场景下，并开发了四种用户界面设计工具，以提高用户对系统内问责制的认识。具体来说，可识别性（Identifiability）、对评估的预期（Expectation of Evaluation）、监控意识（Awareness of Monitoring）和社会临场感（Social Presence）这四个方面将提高用户的责任意识。第一，可识别性指的是一个人"知道她/他所做出的行为能够被识别与她/他相关"，从而揭示出她/他的真实身份（Williams 等，1981）。因此，所感知到的可识别性越高，用户对自己的行为会越负责（Lerner 等，1999）。第二，对评估的预期是指一个人相信自己的活动会受到他人的评估和评判，并带来一些隐性的后果（Lerner 等，1999）。这种意识会引起社会期望的行为（Hochwarter 等，2007）。第三，监控是跟踪某个人活动的过程。监控意识会提高用户认为自己是负有责任的预期。第四，当个体意识到系统中存在其他用户时，他们会表现出更多的从众行为，即社会临场感。基于这一理论，大量文献也对问责感知增强的结果进行了研究。特别是，感知到自己对系统有责任的用户更有可能增加亲社会行为（Fandt 等，1990），增加对预期行为的顺从性（Tetlock 等，1989），增加保守性（Staw，1976），并规避风险行为（Schlenker 等，1991）。

2.3 理论分析与研究假设

在这部分中，我们将从三个方面提出主要假设：一是用户生成内容的贡献水平变化，即揭示评论者贡献水平的评论数量和长度；二是用户生成内容的意见极性变化，包括反映评论者意见的数值评分信息；三是用户生成内容的表达方式变化，这里采用了衡量文本表达方式的重要指标——评论的可读性。

2.3.1 用户生成内容的贡献水平变化

Yelp 精英小组计划的重评估机制使用户产生一种问责感，从而影响精英评论者的贡献水平。具体来说，精英评论者对下一个自然年度能否成为精英成员有明确的评价预期。这种预期是问责制的重要组成部分（Vance 等，2015；2013）。此外，精英评论者需要公开真实姓名，并在个人资料中发布真实照片，这让他们感受到更多的可识别性和个体化（Vance 等，2015）。这一事实进一步使他们感到自己受到监控，特别是当他们意识到每年需要对自己在平台上的表现进行重新评估时。可识别性和监控意识都会增加问责感（Bovens，2014）。精英小组成员在虚拟社区中也比普通评论者更容易被认可，并且在社交网络中占据结构性优势地位（Zhu L 等，2014）。因此，评论者成为精英后，对公众的曝光机会（即社会临场感）更高。综上所述，Yelp 精英小组计划的重评估机制增加了精英评论者对系统的责任感。根据问责制理论（Vance 等，2015），具有责任意识的精英评论者会以社会期望的方式行事。与同行相比，我们很自然地会期望精英评论者贡献更多、更长的评论。

精英评论者以某种社会期望的方式行事的另一个原因是，他们希望维护作为精英所能得到的利益。除了高声誉外，Yelp 精英团队计划还与精英评论者的经济激励有关。例如，精英评论者可能会被邀请参加当地商家举行的私人聚会。对于其他一些精英评论者来说，相关的高声誉可能是其成为精英的动力，这与在线评论网站上广泛认可的声誉寻求行为相一致（Wasko 等，2005；Hennig-Thurau 等，2004）。由于重评估机制的存在，现有的精英评论者需要采取一定的行为方式来维护已获得的精英声誉和其他利益，而撰写更多、更长的评论是贡献水平最直接的衡量标准。

从长期来看，在评论者刚进入精英小组的时候，其维护利益的责任感和动力应该更强（Goes 等，2014）。当使用评论长度作为贡献水平的衡量指标时，其增长率会逐渐降低，直到达到一个稳定的状态。同时从长期来看，评论的数量将会减少，因为评论者在通过第一次重新评估后（即成为精英后的第二年），可能会产生一定的"自满"效应。因此我们提出以下假设：

H1：(a) 在获得重评估机制的激励后，评论者将在短期内增加评论次数和评论长度等贡献水平；(b) 从长期来看，评论者评论的次数将减少，而评论的长度将保持稳定。

2.3.2　用户生成内容的意见极性变化

除了内容贡献数量之外，评论者发表的意见极性也可能受到成为精英成员的影响，这可以通过评论的评分信息反映出来。在这里，我们关注评分的三个方面：平均评分、评分方差和极端评分比率。如前文所述，承受重评估压力的精英评论者会产生对评价的预期，并且比非精英评论者有更高的可识别性、监控意识和社会临场感。这将导致问责感的增强（Vance 等，2015）。基于对所处的信息系统平台的责任感，评论者将增加保守性（Staw，1976），并进行风险规避（Schlenker 等，1991）。因此，精英评论者会给出更少的负面评分以降低风险，从而导致更高的平均评分。

评分极端值是指与所有评论的平均评分偏离的程度（Zhu L 等，2014；Baek 等，2012；Cao 等，2011；Pan 等，2011），我们在主要分析中关注极端负面评价（即一星）的比例。这主要是因为大多数在线产品评论遵循非对称的 J 形双峰分布，因此五星评分通常不被认为是极端评分。先前的研究发现，不偏激的信息可以增强来源可信度（Mudambi 等，2010），而极端评分则会削弱评论者的可信度（Zhu L 等，2014）。因此，精英评论者将以 Yelp 平台期望的方式撰写更少的极端评分和评论，以提高可信度。鉴于评分方差与极端评论的比例正相关，因此当一个评论者成为精英后，其评分方差也会减小。

从长期来看，精英评论者由于重评估要求的存在，仍然具有较高的责任心，这与传统的永久徽章制度中的目标驱动过程有所不同（Goes 等，2016）。因此，评论者将保留所有的数值评分行为以降低风险。数值评分的边际效应会逐渐降低，直到稳定为止。对此，提出以下假设：

H2：(a) 在获得重评估机制激励后，评论者会在短期内撰写具有显著不同观点的评论，保持较高的平均评分、较低的评分方差和较低的极端评分比率；(b) 从长期来看，这些数值评分的行为将趋于稳定。

2.3.3　用户生成内容的表达方式变化

此外，为了衡量文本的表达方式，一个常用的度量标准是评论内容的可读性（Goes 等，2014）。获得精英小组认可的评论者可能会得到一种标志，表明他们具有某种鉴赏力或专业知识，这可能会满足他们的自我提升需求（Hennig-Thurau 等，2004）。精英评论者还会得到一些相关的福利，比如受邀参加当地商家的品鉴会。鉴于获得这些利益的资格需要在每年进行重新评估，精英评论者倾向于以更高的质量来进行内容贡献以保持利益。责任感的增强也会促进评论者对社会预期行为的遵从（Tetlock 等，1989），从而在短期内写出更高质量的评论。与数值评分行为类似，可读性的边际效应会逐渐减小，直到保持稳定。因此，我们假设：

H3：(a) 在获得具有重评估机制的激励后，评论者会在短期内写出可读性更高的评论；(b) 而从长期来看，评论的可读性将趋于稳定。

2.4 重评估机制对用户行为的影响

2.4.1 数据收集与变量定义

鉴于 Yelp 平台重评估声誉激励机制的成熟应用，本章选取 Yelp 这一评论分享平台作为数据来源。以 Yelp、大众点评等为代表的专业产品评论网站作为知识分享平台的一种，同样高度依赖于平台用户的主动内容贡献。本研究的成果预期可以为国内知识分享平台的激励机制设计提供理论与实践参考，同时，厘清国内外激励机制的异同也有助于加强对激励机制的深入理解。具体地，为了激励用户贡献，该平台推出了"精英小组"激励计划，用于表彰在社区中活跃的评论者。用户可以通过自我提名或被他人提名的方式申请进入精英小组，平台将通过对用户的活跃程度（如内容贡献的数量、频率、质量等方面）评估是否允许用户进入精英小组。被评估合格的用户将获得一个"精英"徽章，作为高声誉的体现。但与以往传统的声誉激励不同的是，和徽章一同展示的还包括拥有该徽章的时间段，用户需要以自然年为周期接受平台的重新评估，来决定下一年度是否继续拥有该徽章。因此，该场景中的重评估机制为本研究提供了契合的数据来源。

为了对上述假设进行实证检验，我们于 2018 年 10 月收集了 Yelp 网站上评论者的信息。由于无法在整个网站上检索到所有评论者的信息，我们将重点放在美国的 Phoenix（菲尼克斯）和 Tucson（图森）这两个城市，并采用滚雪球策略进行数据的获取。对于每个城市，首先从虚拟社区管理员（Community Manager）作为起始点，收集他/她在同一个城市的第一级朋友。值得一提的是，社区管理者是 Yelp 的员工，他们生活在评论者的城市里，通过回答问题、举办活动和吸引人们参与，帮助自己所在社区从 Yelp 中获得最大的收益。许多评论者与相应的社区管理者建立了朋友关系，以获取最新消息并寻求帮助，尤其是精英评论者。因此，从社区管理者开始收集数据是合理的。

然后对收集到的用户重复类似的数据爬取过程（即通过朋友网络进行抓取），直到我们得到六度（Six Degree）朋友。根据六度分隔理论可知，从一个用户出发，经过六层朋友关系就可以几乎遍历该网络中所有的用户。图 2-1 和图 2-2 分别将 Phoenix 和 Tucson 的精英和非精英评论者的数量可视化为社区管理者的度（Degree）的函数。我们可以观察到，大多数精英评论者都是社区管理者的一度和二度朋友，并且在六度之后网络中不再有新的评论者。因此，可以肯定地说，我们已经收集了这两个城市的几乎所有的评论者，包括精英和非精英评论者。最后，我们获取了 Phoenix 城市中 963 名精英和 118314 名非精英评论者，Tucson 城市中 572 名精英和 53392 名非精英评论者。值得注意的是，精英评论者只是 Yelp 中的少数群体——在我们收集的数据集中，精英评论者只占不到 2%。

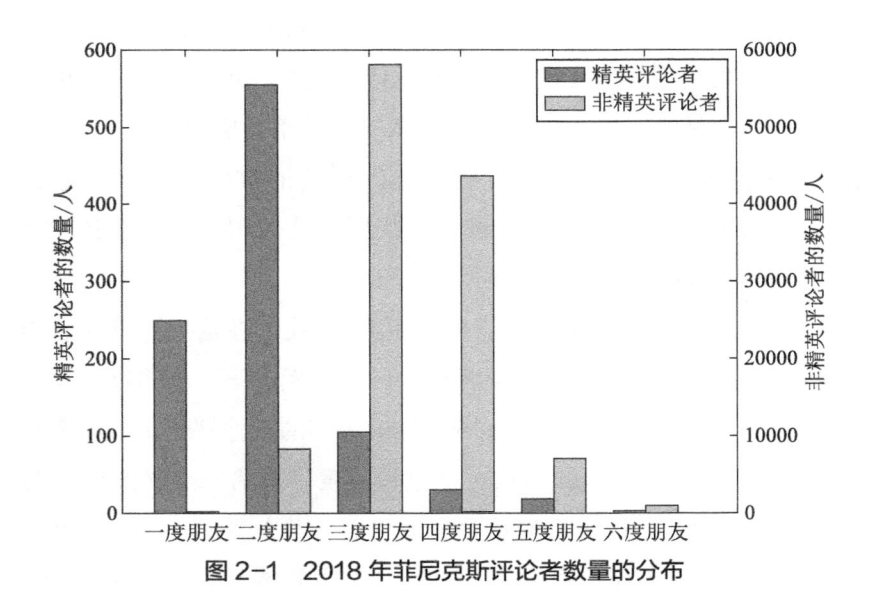

图 2-1　2018 年菲尼克斯评论者数量的分布

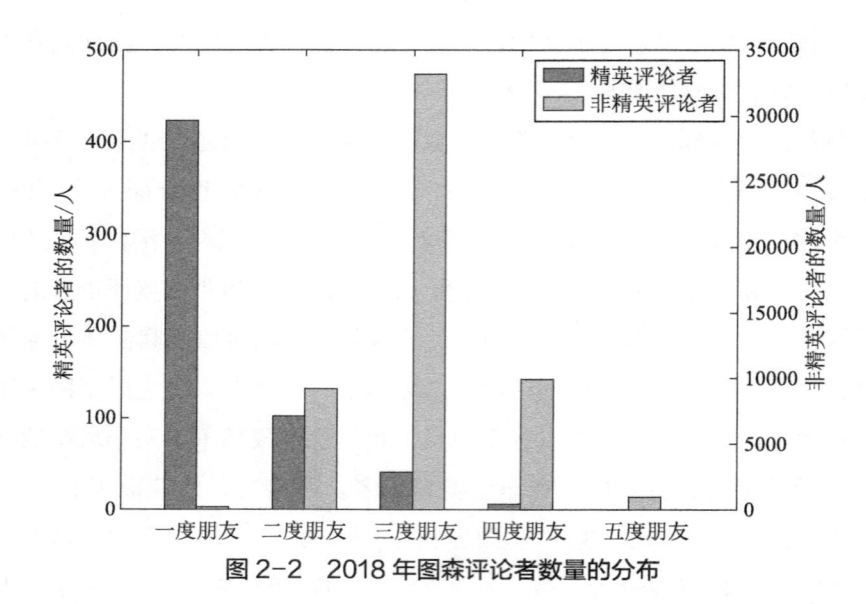

图 2-2 2018 年图森评论者数量的分布

对于每个评论者,我们收集了以下信息:

(1)控制变量相关信息:用户 ID,注册平台的时间,获得"精英小组"徽章的年份列表,所在城市,朋友数量,关注者数量、家乡,以及该用户与社区管理员的"距离"(即是社区管理员的第几层朋友)。

(2)内容贡献相关信息:所有发表的评论的数值评分、评论文本内容、图片数量、评论日期和该条评论收到的其他用户的投票数(包括 useful、funny 和 cool 三种类型的投票数)。

关于每个评论者与社区管理者的"距离",我们在这里将其命名为度(Degree)。度数 n 意味着这个评论者是社区管理者的第 n 度朋友。我们引入这样一个变量,是因为受同行影响,接触更多的其他评论者可能会改变评论者自身的行为(Centola,2010),这使"度"成为一个必要的控制变量。因此,对于 Phoenix 城市的数据集,我们总共获得了 546505 条评论,其中 155995 条由精英评论者撰写,390510 条由非精英评论者撰写。对于 Tucson 城市的数据集,我们总共获得了 182064 条评论,其中 67276 条由精英评论者撰写,114788 条由非精英评论者撰写。

由于我们需要分别对用户在该重评估声誉激励下的内容贡献水平、观点极性、表达风格等方面的短期变化和长期变化进行度量，所以我们构造了以下因变量。

①内容贡献水平：包括评论数量和评论文本长度。对用户在一段时间内发布的评论数量计数，以及对用户发布评论的文本长度计数并计算其平均长度得到。

②观点极性：包括数值评分行为。将分别使用平均评分（ $(1/|R_i|)\sum_{t=1}^{|R_i|}r_{i,t}$ ）、评分方差（ $(1/|R_i|)\sum_{t=1}^{|R_i|}(r_{i,t}-avg\{R_i\})^2$ ）和极端评分的比例（这里定义为分值为1分的评论占该用户发布的所有评论的比例）进行度量。

③表达风格：即文本可读性。这里使用了一个被广泛使用的指标：词汇密度（Lexical Density，LD）。该指标来源于先前的研究，它与可读性呈负相关，即LD测量文本中包含的信息量。更高的词汇密度表明文本包含更多的信息，更难以阅读。计算公式如下：

$$Lexical\ Density(LD) = \left(\frac{Number\ of\ Unique\ Words}{Number\ of\ Words}\right) \times 100\% \qquad (1)$$

所收集数据的描述性统计结果如表2-1所示，其中Registration time表示注册时间，Elite duration表示成为精英的任期，#friends表示好友数量，#followers表示追随者数量，Numerical ratings表示数值评分，Review length表示评论长度，Review LD表示评论词汇密度。在接下来的部分中，我们使用Phoenix的数据集进行主要分析，并使用Tucson的数据集进行稳健性检验。

表 2-1　数据集的描述性统计

	Registration time	Elite duration	#friends	#followers	Numerical ratings	Review length	Review LD
Phoenix（总计 119277 个评论者，546505 条评论）							
均值	NA	0.023	74.07	0.16	3.90	108.73	77.85
标准差	NA	0.32	109.82	1.39	1.38	104.40	12.04
最小值	Apr. 2006	0	1	0	1	0	0
最大值	Sep. 2018	10 years	3687	168	5	1035	100
Tucson（总计 53964 个评论者，182064 条评论）							
均值	NA	0.025	65.65	0.104	3.88	106.72	77.95
标准差	NA	0.297	93.71	0.949	1.37	100.13	11.88
最小值	Apr. 2005	0	1	0	1	0	0
最大值	Sep. 2018	10 years	1397	160	5	1003	100

2.4.2　探索性分析

这一小节先介绍了如何构建数据集及如何度量短期效应和长期效应。基于观察到 Yelp 精英小组计划是一个自然年度计划，我们为精英评论者构建了一个为期 4 年的面板数据集。具体来说，由于精英评论者不一定在同一年进入精英项目，因此需要通过对齐评论者成为精英小组成员的年份构建数据集，其中包含精英地位获得前 2 年和后 2 年的信息。此外，我们将用户成为精英后的第一年作为短期，将成为精英后的第二年作为长期。

接下来进行了一些探索性分析，通过与计量模型无关的直观性证据展示评论者成为精英后的行为是如何变化的。具体来说，我们以一个月为时间单位，绘制了他们在成为精英成员前后一共 48 个月里的行为变化，其中这些用户在第 24 个月成为精英（注意：这里是对齐后的时间）。根据上文假设，我们开发了以下因变量，并将他们的动态变化绘制在图2-3中：①评论数量；②平均评论长度；③平均评分；④评分的方差；⑤一星评论比例；⑥可读性（LD）。

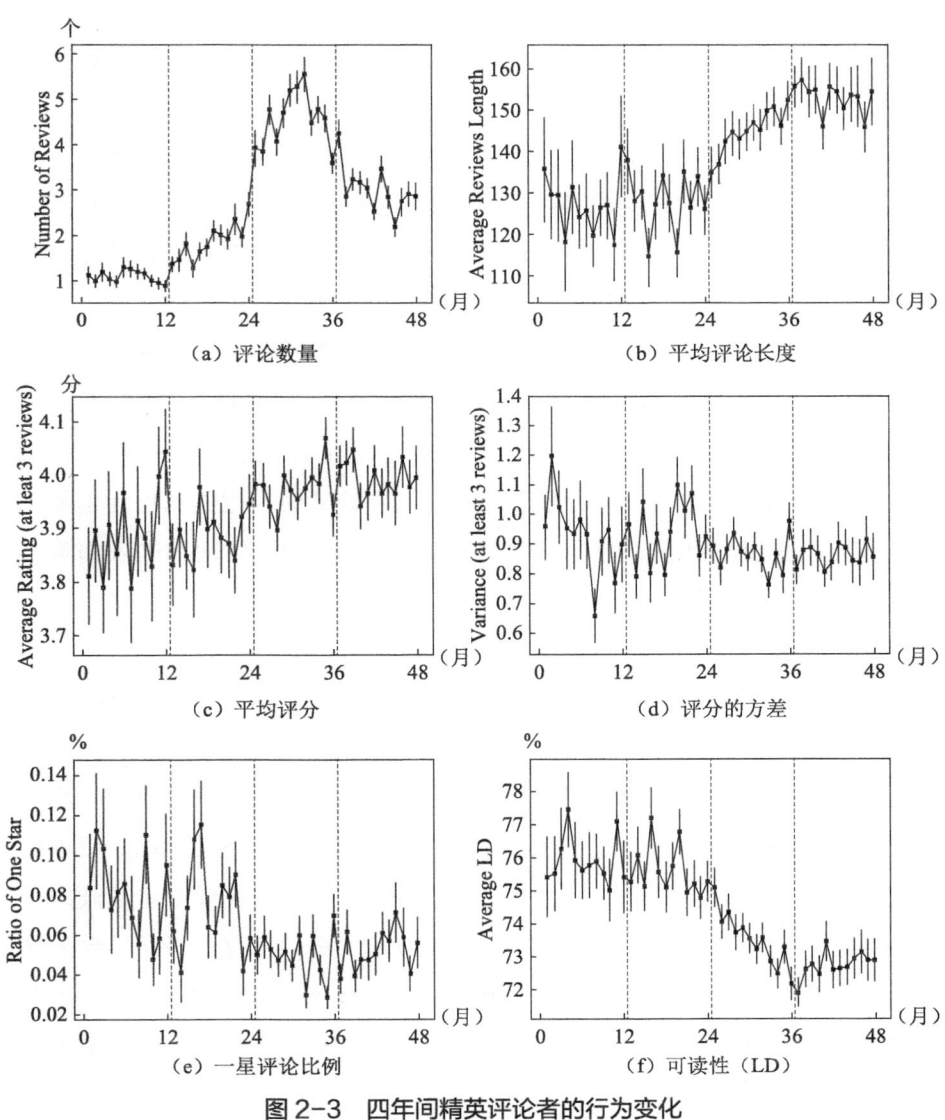

图2-3 四年间精英评论者的行为变化

当评论者的评分数量很少时，计算评分的平均值和标准差可能没有意义，因此我们将评分数量少于 3 个的评论者过滤掉，再计算平均评分和方差，如图 2-3（c）和（d）所示。在接下来的主要分析中也进行了类似的数据处理。同时，我们还使用不同的最少评价数量（如 3 个、4 个、5 个等）来计算平均值和标准差，从而来检验结果的稳健性，并得出类似的结论。

从图 2-3 可以清晰地看出，上述六个因变量的变化趋势大致与我们的假设一致。例如，在成为精英（第 24 个月）后，评论数量在短期内显著增加，然后在长期内下降。贡献水平的另一个指标，即平均评论长度，在成为精英后立即增加，然后在第二年保持稳定。对于所表达的意见，平均评分在短期内增加，而评分的方差和一星评论比例在短期内明显下降。从长期来看，这些数值评分保持在同一水平。最后，评论的可读性在成为精英的一年内增加（注：LD 降低表明可读性增加），然后在第二年保持稳定。这些数据表明，当评论者是平台的普通评论者时，他们的行为是相当不稳定的——这些因变量在前 24 个月频繁上下波动。然而，进入精英小组后，他们的行为趋于收敛和稳定。

2.4.3　短期效应与长期效应

（1）数据的匹配（Matching）。

虽然之前的探索性分析表明，评论者在进入精英小组后会改变自己的行为，但这可能会被认为是评论者固有的特征（即自选择偏差），而不是从精英小组中获利后的结果。也就是说，内在动机越强的评论者越倾向于提名自己进入精英小组。为了解决由于平台上用户的自我选择而导致的潜在内生性问题，我们收集了非精英用户的行为数据作为"控制组"，用以模拟一个准实验（Quasi-Experimental）环境，并拟结合倾向得分匹配和双重差分方法进行因果检验。

在构建"控制组"时，要求其中的评论者从未进入精英小组，但与实验组的评论者在进入精英小组前有着相似的评论行为。首先，为了避免可能存在的反向因果关系和联立性偏误（Simultaneity Bias），在进行倾向得分匹配时仅采用用户在成为精英小组用户之前的行为数据。其次，由于每个用户首次获得精英声誉激励的时间不同，所以并没有一个统一的实验开始时间，我们将以各个用户首次获得该激励的时间点对齐。

这里首先描述如何进行匹配来检验重评估机制的短期效应。由于短期被定义为进入精英小组后一年，并且我们需要用该用户成为精英前一年的数据进行匹配，所以我们筛选了精英评论者，将那些在成为精英之前和之后至少有一年评论记录的人作为实验组。正如前面提到的，匹配的一个挑战是精英评论者不一定同时进入精英项目。因此，我们将这些精英评论者按其成为精英小组成员的年份对其进行了排列。然后，我们分别汇总了每个评论者在成为精英前一年（t=0）和成为精英后一年（t=1）的评论信息。对于每个实验组成员（即精英评论者），我们需要根据"treatment 开始时间"（即成为精英的时间）之前一年的评论历史，将她/他与对照组成员（即非精英评论者）匹配。

为了构建一组候选的对照组成员，我们过滤掉了评论记录少于两年的非精英评论者——第一年的数据进行匹配，第二年的数据进行比较，并通过以下步骤来检验短期效应。图 2-4 展示了为检验重评估机制的短期效果的匹配示意图，由此可构造一个两年期的面板数据。与实验组类似，我们汇总了每个候选人每年的评论信息。然后，使用标准 probit 函数来预测每个评论者进入精英小组的概率，并进行最近邻匹配。用于匹配的年度层面特征包括平均评论长度、评论数量、平均评分数值、评分方差、极端评分比率、平均 LD、平均投票数和好友数。配对成功后，为对照组的评论者定义"treatment 开始时间"；并保留下一年的评论信息，用于后续的双重差分估计。最后，成功配对 721 组（Phoenix 数据集），并基于此构建关于实验组和对照组在"treatment 开始时间"前后为期两年的面板数据集。

精英小组用户（实验组）：

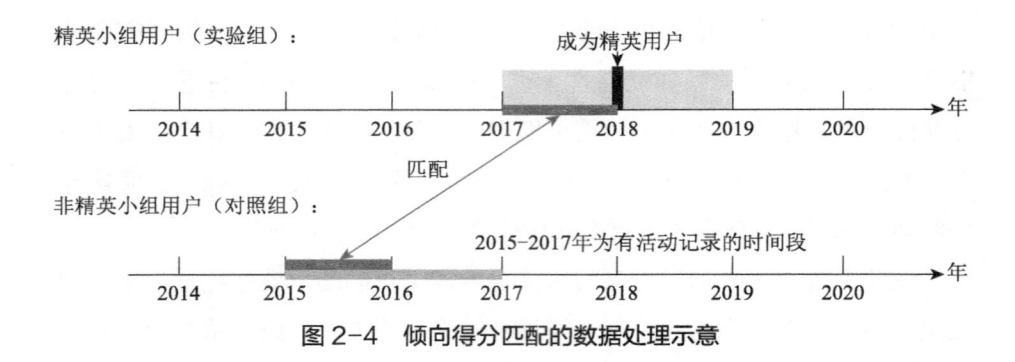

```
                                    成为精英用户
    2014   2015   2016   2017   2018   2019   2020   年
                        匹配
```

非精英小组用户（对照组）：

```
                          2015-2017年为有活动记录的时间段
    2014   2015   2016   2017   2018   2019   2020   年
```

图2-4 倾向得分匹配的数据处理示意

为了确保匹配成功，我们绘制了两组匹配前后的倾向得分分布图（见图2-5）。我们可以看到，匹配后的对照组倾向得分分布与实验组几乎相同，这表明匹配是令人信服的。我们进一步进行统计检验，每次匹配后，所有变量的分布在对照组和实验组之间没有显著差异。结果见表2-2。

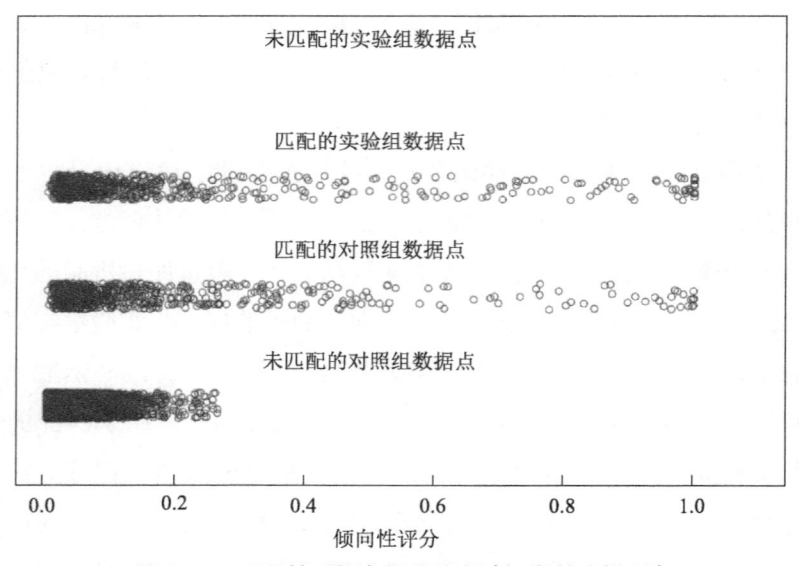

图2-5 匹配前后倾向得分分布（短期效应模型）

表 2-2　匹配前后的统计检验（短期效应模型）

	精英用户	匹配前		匹配后	
		非精英用户	p 值	非精英用户	p 值
观测值	721	18213	NA	721	NA
NbrReviews	32.05（48.39）	10.51（15.15）	<0.001	30.83（50.27）	0.640
AvgNbrVotes	3.04（4.41）	2.08（3.17）	<0.001	2.98（6.82）	0.849
AvgReviewLength	119.97（64.87）	98.07（67.40）	<0.001	126.15（80.10）	0.108
AvgRating	3.96（0.49）	3.85（0.81）	<0.001	3.97（0.47）	0.543
Variance	1.19（0.78）	1.48（1.15）	<0.001	1.13（0.86）	0.173
RatioOneStar	0.07（0.09）	0.14（0.19）	<0.001	0.06（0.10）	0.153
AvgLD	76.23（7.15）	79.28（7.99）	<0.001	75.27（8.30）	0.180
NbrFriends	180.80（260.56）	79.92（133.95）	<0.001	172.62（271.59）	0.560

注：括号内是标准差。

为了检验重评估机制的长期效应，我们进行了类似的匹配过程，但存在以下区别。对于实验组，我们将成为精英后的第二年定义为长期，因此评论者在成为精英后至少需要有两年的评论历史。在进行匹配时，我们只使用成为精英前一年的汇总信息。作为对照组，我们过滤掉了评论历史少于三年的非精英评论者。这是因为第一年的数据将用于配对，后面两年的数据将分别用于进一步检验短期和长期效应。结果显示，485 对配对成功（Phoenix 数据集），我们获得了实验组和对照组在处理时间前后为期三年的面板数据集。进行了类似的统计检验，结果表明匹配后变量之间没有显著差异（注：这里针对短期和长期效应，分别采用两次匹配过程的原因是为了尽可能多地保留数据观察值）。

（2）模型设定：双重差分估计。

在用户匹配结果确定之后，我们提取了这些用户在"成为精英"事件发生之前（$Status=0$）和之后（$Status=1$）的活动，然后以双重差分的方式对这些行为进行比较。这种模型设定方式能够消除单组事件前后设计（One-Group Pre-Post Design）中潜在的混杂因素的影响，如时间趋势和成熟度。如上所述，我们对评论者在以下几个方面的行为变化感兴趣：贡献水平，表达的意见，以及如何表达这些意见。因此，我们开发了六个因变量：①评论数量，②平均评论长度，③平均评分，④评分方差，⑤一星评分比例，⑥用词汇密度表示的文本可读性。为了排除一些潜在外生因素的影响，我们还选择了一些控制变量，包括度、平台注册时长、好友数量、追随者数量以及评论者是否在家乡。为了估计短期效应，我们使用匹配的两年期面板数据集，每个观测单位 i 是一个评论者，每个时间段 t 是一个日历年，并设定我们的双重差分模型如下：

$$DV_{it} = \alpha_0 + \alpha_1 Treat_{it} + \alpha_2 Status_{it} + \alpha_3 Treat_{it} \times Status_{it} + \alpha_4 Cov_{it} + \gamma_i + \varepsilon_{it} \quad (2)$$

其中，i 为观测单位，t 为年份；模型的左边是指前面提到的六个因变量；$Treat_{it}$ 是一个哑变量，当评论者在实验组（即曾经被招募到精英小组）时等于 1，否则等于 0；$Status_{it}$ 是一个哑变量，表示用户 i 在时间 t 时所处的状态，如果此时发生在处理开始时间"之后"（即用户 i 已经成为精英小组成员），则等于 1，否则等于 0；Cov_{it} 是一个表示控制变量的向量；γ_i 为评论者固定效应；ε_{it} 是误差项。根据公式，我们可以通过检验系数 α_3 来估计我们感兴趣的短期效应。

为了检验长期效应，我们使用了匹配后的三年期面板数据集，并引入了一个新的变量 $LongTerm$。具体来说，对于那些在成为精英小组成员之后所写的评论，我们进一步将其分为短期评论（即成为精英后第一年所写的评论）和长期评论（即成为精英后第二年所写的评论）。因此，对于每个实验组或对照组的评论者，她/他的评论被分为三组：处理前，处理后短期和处理后长期。在这种情况下，双重差分模型为：

$$\begin{aligned} DV_{ig} = &\alpha_0 + \alpha_1 Treat_{ig} + \alpha_2 Status_{ig} + \alpha_3 Treat_{ig} \times Status_{ig} \\ &+ \alpha_4 Treat_{ig} \times LongTerm_{ig} + \alpha_5 Cov_{ig} + \gamma_i + \varepsilon_{ig} \end{aligned} \quad (3)$$

其中 i 为匹配的评论者对，g 指处于上述三个组的哪一组中。$Status_{ig}$ 是一个哑变量，如果观测值对应于"处理后"组（即处理后短期和处理后长期），则等于 1，否则等于 0；$LongTerm_{ig}$ 是一个哑变量，如果观测值属于"处理后长期"组，则等于 1，否则等于 0。因此，长期效应的大小由上述模型的系数 α_4 来反映。

（3）短期效应的结果。

表 2-3 展示了短期效应模型［即公式（2）］对六个不同因变量的估计结果。这里考虑的时间窗口是"成为精英"前一年和"成为精英"后一年。通过匹配 721 对评论者，面板数据中总共得到 2884 个观察值。可以看到，关键交乘项 $Treat \times Status$ 的系数均显著，且与我们的假设一致，表明在受到重评估机制的激励后用户的内容贡献行为发生了显著变化。

表 2-3 短期效应的结果

变量	Num. of reviews	Avg. review length	Avg. rating	Rating variance	Ratio of one star	Readability: LD
$Treat \times Status$	34.280*** (2.887)	21.150*** (3.118)	0.168*** (0.030)	−0.338*** (0.049)	−0.073*** (0.007)	−3.112*** (0.342)
$Treat$	86.240 (119.8)	−16.370+ (129.4)	1.072 (1.225)	−0.755 (2.018)	0.150 (0.290)	−4.727 (14.190)
$Status$	−7.311** (2.414)	−2.034 (2.607)	−0.149*** (0.025)	0.210*** (0.041)	0.045*** (0.006)	0.664* (0.286)
固定效应	是	是	是	是	是	是
Num of obs.	2884	2884	2884	2884	2884	2884
Adjusted R^2	0.3447	0.6598	0.4479	0.3974	0.3062	0.6315

注：括号中是稳健标准误差，***$p<0.001$，**$p<0.01$，*$p<0.05$，+$p<0.1$。

首先,我们可以看到,"评论数量"和"平均评论长度"在成为精英小组成员后显著增加,从而支持 H1a。这表明,当评论者被招募到"精英小组"这一具有重评估机制的外在激励中时,由于对社区责任的增加,评论者的贡献水平提高。具体来说,在成为精英后的第一年,评论者比之前多贡献了大约 34 条评论,平均评论长度也增加了 21 个单词。

对于所表达的意见,评论者在拥有每年需要被重评估的高声誉和相关福利后变得更加保守。特别是他们所写评论的平均评分变得更高(在 1~5 分的评分范围内增加 0.168),评分方差变得更低(减少 0.338),极端评分变得更低(一颗星的比例下降 7.3%),说明 H2a 得到支持。在可读性方面,词汇密度显著下降,表明评论具有更高的可读性。因此,H3a 也被支持。

(4)长期效应的结果。

表 2-4 显示了我们的长期效应模型[即公式(3)]对六个感兴趣的因变量的估计结果。这里考虑的时间窗口是"成为精英"前一年,"成为精英"后一年,以及"成为精英"后两年。具有重评估机制的激励的长期效应体现在交乘项 $Treat \times LongTerm$ 的系数上。

表 2-4 长期效应的结果

变量	Num. of reviews	Avg. review length	Avg. rating	Rating variance	Ratio of one star	Readability: LD
$Treat \times LongTerm$	−15.76*** (3.249)	8.929* (3.982)	0.049 (0.036)	−0.036 (0.061)	−0.003 (0.008)	−0.879* (0.406)
$Treat \times Status$	37.330*** (3.225)	20.88*** (3.953)	0.106** (0.036)	−0.226*** (0.060)	−0.060*** (0.008)	−2.921*** (0.403)
$Treat$	12.120 (48.95)	−271.3*** (60.00)	0.219 (0.545)	−0.418 (0.912)	−0.144 (0.128)	23.872*** (6.124)

续表

变量	Num. of reviews	Avg. review length	Avg. rating	Rating variance	Ratio of one star	Readability: LD
Status	−9.483*** （2.537）	−0.039 （3.110）	−0.101*** （0.028）	0.092+ （0.047）	0.033*** （0.006）	0.419 （0.317）
固定效应	是	是	是	是	是	是
Num. of obs.	2895	2895	2895	2895	2895	2895
Adjusted R^2	0.4363	0.6737	0.4866	0.3728	0.3182	0.6598

注：括号中是稳健标准误差，***$p<0.001$，**$p<0.01$，*$p<0.05$，+$p<0.1$。

首先，固定效应双重差分模型的结果为 H1b 提供了部分支持。当因变量为评论数量时，交乘项的系数为负，且是统计显著的；而在估计平均评论长度时，交互项的系数为正，且统计显著。以评论数量作为贡献水平的指标，精英评论人员在通过第一次重评估过程后，由于"自满"效应，在成为精英的第二年降低了撰写大量评论的努力。然而，对平均评论长度的长期影响仍然是正向的，但与第一年（即短期）相比略有下降。这种结果产生的原因可能与我们对"长期"的定义有关。评论者不可能持久地撰写较长的评论，平均评论长度将在长期保持在一个稳定的水平。但受限于我们收集数据的时间跨度，我们将"成为精英后两年"定义为长期，观察"成为精英"对平均评论长度的积极影响，因此未来探索这种积极效果究竟会持续多久将是一个有趣的方向。此外，这两个变量分别反映了贡献水平的数量和质量（注：评论文本的长度一定程度上也反应了该评论的质量）。我们还可以得出结论，在短期内，评论者在受到重评估机制的激励后，评论的数量和质量都会提高；而在长期内，评论者更注重评论的质量。

其次，我们找到了支持 H2b 的证据。当因变量为平均评分、评分方差和一星比率时，$Treat \times LongTerm$ 的系数不显著。这表明评论者被招募到"精英小组"后，只是在短期内改变他们的数值评分行为。在通过第一次重评估过程后，他们表达的意见趋于稳定。

最后，由于模型估计结果中对可读性的长期影响仍然是正向且统计显著的，因此，H3b 没有得到支持。评论的平均词汇密度降低了 0.879，表明可读性变得更高。然而，我们可以观察到，可读性的边际效应正在减弱，即第一年积极效应强于第二年。此外，表 2-4 的第三行结果（即将 $Treat \times Status$ 作为自变量）也验证了我们的长期效应模型和短期效应模型的结果（即表 2-3 中的结果）是高度一致的。

2.4.4 稳健性检验

到目前为止，上文的主要分析一致地显示了具有重评估机制的激励措施对内容贡献者的一系列行为的影响，如贡献水平、数值评分和内容可读性。为了使结论更有说服力，接下来我们进行了若干稳健性检验。

（1）替代数据集。

我们使用 Tucson 城市的数据集重新估计了长期效应模型［即公式（3）］。与 Phoenix 相比，它是一个相对较小的城市，在"精英小队"社区中只有 572 名评论者。经过数据筛选和倾向得分匹配，只匹配到 248 对评论者。模型估计结果与上文主要发现呈现一致的趋势。具体来说，我们观察到贡献水平、可读性和平均评分在短期内显著增加，评分方差和极端评分在短期内显著减少。此外，具有重评估机制的激励对贡献水平和可读性仍有长期影响，但对数值评分行为没有显著影响。估计结果如表 2-5 所示。这一事实为上文主要结论的稳健性提供了支持。

表 2-5 稳健性检验 I：使用 Tucson 数据集

变量	Num. of reviews	Avg. review length	Avg. rating	Rating variance	Ratio of one star	Readability: LD
Treat × LongTerm	−7.414*	11.760*	0.028	0.008	−0.008	−1.209*
	（3.175）	（5.489）	（0.051）	（0.082）	（0.012）	（0.576）
Treat × Status	26.100***	19.780***	0.080+	−0.247**	−0.047***	−3.047***
	（3.154）	（5.452）	（0.050）	（0.082）	（0.012）	（0.573）
固定效应	是	是	是	是	是	是
Num. of obs.	1488	1488	1488	1488	1488	1488
Adjusted R^2	0.3909	0.6703	0.4634	0.3709	0.3277	0.6468

注：括号中是稳健标准误差，***$p<0.001$，**$p<0.01$，*$p<0.05$，+$p<0.1$。

（2）不同的匹配机制。

为了解决自我选择问题及识别实验组和对照组，上文中我们将精英评论者的"处理开始时间"进行了对齐，并汇总了他们在"处理开始时间"前一年的评论信息进行匹配。一个值得关注的问题是，两组评论者是否具有相似的成长动机。换句话说，如果只考虑他们在"处理开始时间"前一年的内容贡献行为，实验组和对照组的评论者可能并不是完美匹配，即这两类用户仍然存在不同的内在成长动机。为了消除这种顾虑，本小节实施了一种不同的匹配机制。其核心思想是匹配"处理开始时间"前两年的评论历史，即用于匹配的变量包括平均评论长度（t–2），评论数量（t–2），平均评分数值（t–2），评分方差（t–2），极端评分比率（t–2），平均 LD（t–2），平均投票数（t–2），朋友的数量（t–2），平均评论长度（t–1），评论数量（t–1），平均评分数值（t–1），评分方差（t–1），极端评分比率（t–1），平均 LD（t–1），平均投票数（t–1）和好友数（t–1），其中 t 为处理开始时间。公式（3）的估计结果如表 2-6 所示。值得注意的是，虽然这是一种更好的匹配与识别策略，但这种替代匹配机制在模型估计时牺牲了数据观测值的数量，即匹配后剩余的评论者数量降低，从而总观测值降低。尽管如此，我们的数据分析仍然与上文结论取得了一致的结果，如表2-6的第二行和第三行所示。

表2-6 稳健性检验Ⅱ：替代匹配机制

变量	Num. of reviews	Avg. review length	Avg. rating	Rating variance	Ratio of one star	Readability: LD
$Treat \times LongTerm$	−10.13** (3.699)	10.108* (5.171)	−0.010 (0.054)	0.049+ (0.088)	0.005 (0.012)	−1.354* (0.555)
$Treat \times Status$	26.32*** (3.666)	13.250** (5.125)	0.155** (0.053)	−0.256** (0.087)	−0.064*** (0.012)	−1.870*** (0.550)
固定效应	是	是	是	是	是	是
Num. of obs.	1332	1332	1332	1332	1332	1332
Adjusted R2	0.5876	0.7218	0.4583	0.3921	0.3824	0.6978

注：括号中是稳健标准误差，***$p<0.001$，**$p<0.01$，*$p<0.05$，+$p<0.1$。

（3）替代因变量度量方法。

作为扩展，我们进一步探索了结果变量的其他测量方法，以进一步研究重评估机制对极端评分的影响效果。在上文的主要分析中，极端评分的百分比被表示为"评分为1分的评论所占比率"。作为稳健性检验，我们使用"评分为5分的评论所占比率"重新运行模型，并在表2-7中给出了估计结果。模型1使用Phoenix数据集进行估计，模型2使用Tucson数据集进行估计，模型3通过匹配两年的评论历史进行估计。我们观察到的结果与上文的主要结论一致，即评论者变得更加保守，短期内评分为5分的评论所占比例降低，而在长期趋于稳定。

表 2-7 稳健性检验 Ⅲ:"评分为 5 分的评论所占比率"作为因变量

变量	模型 1	模型 2	模型 3
$Treat \times LongTerm$	0.016[+](0.0149)	0.007(0.021)	0.005(0.023)
$Treat \times Status$	−0.052[***](0.014)	−0.067[**](0.021)	−0.044[*](0.022)
固定效应	是	是	是
Num. of obs.	2895	1488	1332
Adjusted R^2	0.5933	0.5274	0.5440

注:括号中是稳健标准误差,[***]$p<0.001$,[**]$p<0.01$,[*]$p<0.05$,[+]$p<0.1$。

2.5 本章小结

在 Stack Overflow、Yelp、eBay、YouTube 等内容分享平台上,激励机制早已被公认为是诱导用户付出努力的重要且有效的手段。然而,现有研究大多集中在持久的声誉(例如徽章和虚拟积分)或没有对用户贡献内容进行评估的经济奖励(例如返利)上。对于具有重新评估机制的激励措施如何影响评论者的贡献水平、表达意见和表达方式等行为的理解仍然存在很大的不足。为了填补这一空白,本章基于问责制理论,提出了三个假设,从短期和长期来探讨重评估机制对用户内容贡献行为的影响。

本研究情境是 Yelp 平台上的精英小组计划,即具有良好评论历史的评论者被奖励进入精英小组,该激励措施最重要的特点是每个自然年度对精英用户的表现进行重新评估。我们通过结合倾向得分匹配方法和双重差分分析设计了一个准实验情境。为了捕获评论者的行为变化,本章开发了六个因变量,从贡献水平、内容所表达的意见极性和表达意见的方式三个维度来衡量评论者的行为。利用这些测度,我们提出并估计了一系列固定效应双重差分模型来探究具有重评估机制的激励措施（即"精英小组计划"）如何影响知识分享平台上内容贡献者的行为。

实证分析结果支持了我们提出的研究假设。首先，评论者的贡献水平（包括评论数量和平均评论长度）在"成为精英"后短期内显著增加，而在长期内具有不同的趋势。从长期来看，评论者将更多精力放在评论的质量（平均评论长度），而不是数量（评论次数）上，以维持自己在"精英团队"中的利益。其次，精英成员只会在短期内因为这种从属关系而改变其评论的数值评分。特别是他们变得更加保守，并给出较少的极端评论——他们的平均评分更高，评分差异更小，极端评分的比例更低。最后，评论的表达方式也显著变化。以可读性为指标，我们观察到"精英团队"激励在短期和长期对评论可读性均有正向影响，并且长期边际效应递减。

（1）理论贡献。

首先，本研究内容扩展了知识分享平台上激励机制相关的文献，从贡献水平、评论的数值特征和评论质量三个方面探讨了重评估机制对评论者行为的影响。其次，本研究还提出了一个准实验设计，来进一步检验这种影响是短期效应还是长期效应。再次，基于问责制理论解释了内容贡献者在承担着维护所获利益的压力时的行为变化。显然，与不存在重评估的情况，例如徽章（Li Z 等，2012；Goes 等，2016；Anderson A 等，2013）、新加入的追随者（Goes 等，2014）或返利（Qiao 等，2017）相比，评论者表现出不同的行为变化模式。具体而言，尽管传统的徽章制度能够在获得徽章之前激励用户做出更多贡献；但在达到目标后，用户的贡献水平显著下降（Goes 等，2016）。与此相反，本研究发现，在用户达到目标（即被招募到精英团队）后，具有重评估机制的激励可以继续提高用户的贡献水平。最后，Qiao 等（2017）发现，使用金钱激励大大降低了用户的内在动机，并导致了长期的过度调整效应。然而，我们的研究验证了重评估机制在激励用户贡献高质量内容方面的长期有效性。

（2）实践启示。

本研究还为依赖用户贡献的商业模式提供了重要的启示和可执行的洞察，并能够提升利益相关者的决策效率。

首先，本章研究表明了具有重评估机制的激励措施的有效性。这有助于指导知识分享平台设计激励机制，以期诱导更多的用户付出努力。特别地，创建一个需要定期进行重评估的精英动态社区，可以有效地提高用户贡献水平和内容质量。虽然这种积极作用会随着时间的推移而逐渐减弱；但与用户在实现目标后可能会显著降低努力程度的永久性激励机制相比，重评估机制仍然是设计激励机制的一个很好的选择。根据我们对评论语言特征的研究结果，这种重评估机制可以在短期和长期内诱发更多的高可读性评论，从而为 UGC 社区提供更多的价值。因此，本研究结果为 UGC 平台如何设计激励机制以实现平台的可持续发展提供了重要的指导。

其次，产品评论网站上的自愿内容贡献是一种可靠的信息来源，并能够显著影响消费者的决策。在重评估机制的刺激下，Yelp 平台上能够形成一个更加繁荣的社区，可以更好地辅助消费者的购买决策。

最后，由于评论者在受到激励后会改变他们的评分行为，利益相关者在根据产品评论做出决策时需要意识到潜在的偏差。在这种情况下，虽然激励机制将促进产生更多、更高质量的评论，但这些生成的内容可能存在偏差。对于知识分享平台来说，需要在诱导用户做出更多努力和避免潜在偏差之间取得平衡（Goes 等，2014）。除了重评估激励机制外，知识分享平台还可以利用已有文献中的一些方法，例如商家提示评论（Askalidis 等，2017），来缓解偏差。对于试图考察市场对其产品反应的企业，或者试图考察产品评价的消费者，他们也应该将该情境下所诱导的偏差考虑在内。

本章的研究内容还可以在以下几个方向上扩展。第一，评价质量的其他测量指标可以用来检验 H3，例如评价的有用性（Korfiatis 等，2012）和词汇丰富度（Qiao 等，2017）。第二，精英评论者除了享有很高的声誉外，还可以享受经济福利。他们可能会被邀请参加当地商家举行的私人聚会，这种情况发生在线下，超出了我们的数据观察范围（Askay 等，2015）。鉴于重评估机制在很大程度上尚未得到充分探索，本研究聚焦于重评估机制，而不考虑具体的激励类型究竟是声誉激励还是经济激励。在未来，可以通过分离重评估机制下的经济和非经济激励，在更细的粒度上探讨这一主题。第三，Yelp 平台上现在最新的精英小组计划将其成员分为三类专家，即作家、摄影师和冒险家。考察这三类精英评论者之间的差异，并检验修改后的激励机制是否更有效同样是一个值得研究的问题。第四，理解评论者行为变化的动机对营销从业者也有重要影响，但这远远超出了我们当前数据集所能探究的范围。未来可以通过开展半结构化访谈或问卷来扩展研究，以获得受访者在感知层面的动机。第五，另一个有趣且有价值的方向是将本章的研究框架扩展到用户面临失去已获得利益压力的其他 UGC 情境中，并研究这种机制如何影响用户行为。

第3章
免费知识分享平台：潜在的数字线索

3.1 引言

知识共享平台的用户贡献行为和激励机制已经被学术界广泛研究，但是侧重点各有不同，且大多集中在更高级的激励元素，主要是积分、徽章、排名、地位和排行榜等游戏化元素（Chen W 等，2018；Wang L 等，2020）。所有这些元素旨在提供关于用户个人立场及用户行为表现的及时反馈（Liu D 等，2017），这在用户的自我评估过程中发挥着重要作用（Shoham 等，2021）。这些实践也表明简单的反馈干预在不同的情景下的激励作用方面都存在很大的价值（Kuang 等，2019；Liu D 等，2017；Ryan 等，2000b；Venables 等，2009）。

在这些激励因素中，声誉分数是关于个人贡献努力的最直接反馈，它使用数字单位来表示进程。大多数其他游戏化元素都是基于分数设计的。例如，一旦个人累积了足够的分数，他们在网站上的级别或地位将从"普通会员"上升到越来越高的级别，如"大师"。此外，排行榜显示了分数的排名以供用户比较（Ma D 等，2022）。现有的研究大多集中在更高级的激励元素，它们对用户有明确的收益，如徽章系统（Ma D 等，2022；Chen W 等，2018；Wang L 等，2020）、同行奖励（Burtch 等，2022）和等级排名（Goes 等，2016），而很少关注其媒介——积分。虽然积分作为一种简单的反馈信息（即有积分信息和无积分信息）来提高用户贡献动机的作用是直观的，但积分的具体数值如何影响用户的行为仍有待探索，因为不同的数字线索可能以不同的方式影响人们的判断和评估（Shoham 等，2021）。例如，累积积分的影响模式是什么？有没有什么特殊的数字具有显著的激励作用？

以往对数字系统的研究更多地集中在金融学、营销学、心理学领域上，缺少将其引入信息系统领域或者是知识共享平台的相关研究。与现有研究大多关注显性激励不同，本章所关注的平台数字线索往往容易被忽视，是对数字线索这一隐性激励与用户的行为变化之间关系的一次创新探索。现有部分研究关注到数字线索对 UGC 平台知识获取者感知的影响，但本章创新地从 UGC 贡献者的角度出发，试图为理解知识共享平台中用户知识贡献的动态行为变化提供一些参考。

具体地，本章关注个人获得声誉积分过程中的"整数"。"整数"是指那些以更多的零结尾的数字（Shoham 等，2021），它的具体定义实际上取决于具体情境和取值范围。例如，在与小数（如 0.2）相比时，一个数学意义上的整数（如 2）会更被认为是"整数"；当单位是"整数"且数值范围较大时，10 的 n 次幂（如 1000）是更好的"整数"选择。在本章的研究情境中，使用 1000 分的倍数作为"整数"的定义。"整数偏差"在生活中普遍存在——我们总是将 90 分（满分 100 分）作为考试分数目标，向众筹项目捐赠 50 或 100 元，跑步时尽可能跑 10 或 20 圈。在数字尺度上，"整数"长期以来被视为个体的认知参考点（Rosch，1975）。它们也可以作为主观判断的目标，进而影响人类的行为。心理学家认为，绩效略低于"整数"的人比成绩略高于"整数"的人更有可能付出更多努力（Pena-Marin 等，2016）。

因此，我们以"整数效应"作为主要关注目标，探究"整数"对用户知识贡献行为的影响；同时引入显性激励机制作为调节变量，探究其和"整数"的共同作用。此外，本章还试图探索"整数"的边际作用。具体而言，拟解决以下几点核心问题。

（1）当用户的声誉积分接近"整数"时，他们的知识贡献行为是否会发生改变？知识贡献的水平是否会提高？贡献的质量是否会变高？贡献内容的文本风格是否会改变？

（2）如果"整数效应"存在，那么基于分数的更高级、更明确的游戏化激励如何与"整数"相互作用，从而影响用户行为？

（3）"整数"目标的大小是否会影响"整数"的激励作用？

值得注意的是，尽管存在着一些明显的相似性，但声誉积分中的"整数"与徽章等被广泛研究的游戏化激励元素有着本质的不同（Chen W 等，2018；Goes 等，2016；Ma D 等，2022；Wang L 等，2020）。第一，非积分元素（如徽章或奖励）具有明确定义的目标，规定了获得徽章或奖励所需完成的任务（Hamari，2017）。然而，积累积分的过程并没有明确的目标。"整数"这一数字线索可能是引导用户行为的无形目标，但它并不是预先设定的，只能由用户自己内化感知。第二，非积分元素通常衡量用户在一段时间内的努力（例如，一旦贡献了足够多的内容，用户的排名将被提升到更高的地位）或根据特定类型的行为对他们进行奖励（例如，用户可以通过在 10 个不同的场所签到而获得 Foursquare 上的"冒险家"徽章），而积分则可以捕捉到非常细粒度的信息，并能够精确测量用户的行为和表现（Liu D 等，2017）。第三，徽章/奖励/地位/等级的设计数量是有限的（例如 10 种不同类型的徽章），而用户可以积累的分数是无限的。第四，达到更高的级别或地位会变得越来越难（Goes 等，2016；Ma D 等，2022），例如获得更高级别的徽章所需要的分数阈值呈指数增长（Ma D 等，2022）。相反，"整数"分数可以在线性过程中实现（例如，1000、2000 和 3000 分）。第五，非积分元素赋予用户显性的收益，如荣耀、头衔、特权、视觉符号和有形物品等（Goes 等，2016；Wang L 等，2020）。但积分只是对用户行为表现的简单反馈，除非积分值刚好达到获得更高地位或徽章的阈值，否则用户无权获得任何显性收益。

3.2 相关工作现状分析

3.2.1 用户贡献动机

本章所研究的知识分享平台中的"整数效应"是对数字线索如何激励用户去主动贡献更多更好内容的探索。因此，本章的工作主要建立在知识分享平台的用户贡献动机和激励机制研究的基础上，并为其做出贡献。

（1）知识分享平台。

在线社区被定义为群体、个人或组织暂时或永久地经由电子媒介聚集在一起围绕一个共同的问题或兴趣相互交流的空间（Plant，2004）。在线社区是用户之间交流信息、共享经验、实现交易、解决问题的基础。在线社区发展至今，衍生出一种常见的形态，即用户生成内容（UGC）平台。对电子商务网站最初的研究集中在用户在线口碑，用户创造的文字、图片、视频等各种形式的在线口碑会对商家的品牌权益及消费者的感知有用性产生影响（Baek 等，2012；Burtch 等，2018；Zhang M Wei 等，2020）。随着 Web2.0 的出现，在线问答社区代替搜索引擎进入大众视野，通过在线问答社区，用户能够通过提问和回答的方式来利用在线社区的集体智慧（Chua 等，2015），解决了过去搜索引擎中所存在的严重的信息过载问题，加大了信息传播的效率和质量。这些问答社区允许用户发布问题，然后通常由其他用户回答。在线问答社区允许人们以提问而不是关键词去搜寻信息，并以段落而不是文件列表去提供答案。每一次的知识贡献都是独特的，由用户自身控制着内容质量（Shah 等，2009），平台的所有用户都可以共享这部分内容，每一个用户都能从集体智慧中受益。从在线口碑网站到问答社区，如今越来越多类型的网站都依赖着用户生成内容（Goes 等，2016）。

"知识共享"是让组织内其他人也可以获得知识的行为，它发生在两个或两个以上的人之间，是自愿的、有意识的行为，可以使成员拥有共同知识（Vuori 等，2012）。知识共享平台如今已经受到互联网用户的热捧，信息以前所未有的速度扩散，提供了跨越地理边界获取知识的新途径（Turetken 等，2004）。但这种扩散也带来了信息过载，这会对信息的使用带来不利影响。Shah 等（2009）认为这些网站鼓励在信息交换的基础上去促进平台发展，并将社会化因素引入信息搜寻中。在线问答社区汇集了不同专业背景的用户，并对用户贡献进行有序地引导，知识价值在不断地交流中得到体现和升华（Yang X 等，2018）。

综上，知识分享平台的基本逻辑就是通过匹配用户的知识需求和知识共享，以激励更多的用户做出内容贡献。

（2）用户贡献动机。

用户自愿参与知识分享平台上的活动，以获得社会价值或个人实现（Sun Y 等，2017）。研究表明，专注于功利性知识共享的平台比专注于享乐性知识共享的平台更难以持续生存（Chen L 等，2019）。基于社会交换理论，通过帮助社区的其他成员，用户可以获得社会价值（Garnefeld 等，2012）。用户做出贡献的原因也可能是为了追求良好的自我形象，比如被认为是一个知识渊博、乐于助人的人（Sun Y 等，2017）。Garnefeld 等（2012）认为，贡献行为的驱动因素可能是贡献活动所激发的激情和乐趣，也可能是用户希望获得他人的认可（Chen C J 等，2010）。Chen 等（2018）认为互惠只在用户从低动机状态过渡到中等动机状态时有效，而同伴认可可以促进所有用户进入更高的状态。自我形象能帮助处于低和中等状态的用户进入高状态，但对已经有高动机的用户没有效果。Li 等（2020）提出了事前和事后互惠的概念，表明在预期他人未来的帮助中帮助他人可以被视为一种投资，而在未来帮助他人回报之前得到的帮助则是一种负债。

3.2.2　显性激励与隐性激励

为了鼓励用户贡献更多的内容，UGC 平台推出了多种激励形式（Ma D 等，2022；Zhang M Wei 等，2020），如免费的产品（Qiao 等，2020）、返现（Cabral 等，2015），或者是声誉积分、徽章、等级制度等游戏化元素（Anderson A 等，2013；Goes 等，2016；Hamari，2017；Hanson 等，2019；Ma D 等，2022；Zhang M Wei 等，2020）；以及社会化价值，比如他人的认同（Sun Y 等，2017）。本部分将激励分为显性和隐性两种形式来讨论，两种的效果在社区成员间可能会有很大的区别。显性激励是事先设定好的，而隐性激励往往是在特定环境下产生的（Garnefeld 等，2012）。

（1）显性激励的相关研究。

显性激励包括经济激励和非经济激励。经济激励包括金钱奖励、折扣、优惠券等（Sun Y 等，2017）。短期内的经济激励可以提升所有用户的活跃度（Garnefeld 等，2012），并增加评论数量（Burtch 等，2018）。然而长期的经济激励会破坏活跃度较高的用户的内在动机，降低他们的长期目标，存在"挤出效应"（Garnefeld 等，2012；Sun Y 等，2017），同时会对评论带来负面影响。Qiao 等（2020）通过在亚马逊上的研究发现，经济激励会导致努力减少，这反映在评论的有用性和词汇丰富度上。Cabral 等（2015）对 eBay 的研究发现，通过提供折扣以换取评论反馈，会提高反馈的效价，大大降低得到真实的负面反馈的可能。

与货币激励形成对比的是，明确的规范性激励并不会破坏用户贡献的动机（Garnefeld 等，2012）。游戏化元素的推出一定程度上减少了经济激励所带来的功利性，在既能保证用户参与贡献的内在动机的同时也激励了一部分不活跃的用户。游戏化形态的非经济激励是一种更常见的显性激励形式，游戏化激励是指将游戏化元素应用到非游戏环境中，以提高个人在任务中的动机和参与度（Liu D 等，2017）。在知识分享平台上，会使用诸如声誉分数、徽章、排行榜、等级、投票数等元素，这些元素代表了该用户在平台上先前的活动经历（Wang L 等，2020）。投票被认为会直接影响用户的贡献欲望，这也是一种直接有效的获取积分的方式。徽章则是一种表示成就的视觉图标，通常以等级系统的形式出现（Goes 等，2016）；当普通用户接触到带有徽章的内容时，徽章有助于增加用户对贡献者的能力水平、内容的有用性及由此产生的用户行为的感知（Wang L 等，2020）。同样，一旦积累了足够多的积分，用户在平台上的排名将上升到更高的级别（Goes 等，2016；Ma D 等，2022）。更高级别或徽章的积分门槛通常呈指数级增长（Ma D 等，2022），因此升级难度逐步增加。

（2）隐性激励的相关研究。

隐性激励是指用户无偿参与一种类似自愿的活动，并渴望获得一定的社会化价值或个人成就感（Sun Y 等，2017）。研究表明专注功利性知识构建与分享的平台相较于基于快乐和享受支撑的平台更难持续性的存活（Chen L 等，2019）。基于社会交换理论（Social Exchange Theory，SET），帮助社区中的其他成员可以获得社会化价值（Garnefeld 等，2012），这可能是出于对自我形象的关注在激励着用户进行贡献，比如渴望被视为一个学识渊博、乐于助人的人（Sun Y 等，2017）。Garnefeld 等（2012）指出贡献行为可能是因为对待这一活动的激情与享受所引起的，也可能是由于用户渴望获得社会和他人的认同（Chen C J 等，2010）。Chen 等（2018）通过一个隐马尔可夫模型证明了互惠性仅对用户从低动机状态过渡到中等动机状态有效，而同伴认可则能将所有用户提升到更高动机状态。自我形象可以帮助处于低动机和中等动机状态的用户向高动机状态移动，但对已经处于高动机状态的用户没有影响。Li 等（2020）基于 Stack Overflow 平台的研究提出了"事前互惠"和"事后互惠"的概念，指出用户因为期待未来得到帮助而现在努力帮助他人的行为，可以被视为一种投资，而在得到别人帮助后再帮助他人的行为则被视为是带有一种"负债感"。

综上所述，大多数游戏化激励要么是获得积分的中介机制（如投票），要么是基于积分积累而设计的（如徽章、地位和等级），呈现声誉积分是对个人进步和成就最直接、精确的反馈。尤其是积分系统利用数字来记录个人的进步的过程。虽然积分作为一种简单的反馈信息，可以增加用户的贡献动机，但积分这种数字模式如何影响用户的行为仍有待研究。实际上，关于数字线索对知识共享平台中用户自愿贡献行为激励作用的研究仍然很少。

3.2.3　数字线索及对个人行为的影响

（1）UGC 情境下的数字线索。

已有一些研究探索了数字线索对 UGC 情境下个人感知的影响。在在线评论网站中，最相关的研究问题是数字线索如何影响评论的有用性（Baek 等，2012；Li H 等，2023；Zhang K Z K 等，2014；Zhu L 等，2014）。研究者基于双重加工模型和详尽可能性模型将评论的数字线索分为两类，即中心路径和边缘路径（Zhang K Z K 等，2014；Zhu L 等，2014）。具体来说，中心路径中的数字线索是评论本身所揭示的，如评分（Chua 等，2015）、字数（Baek 等，2012）、关于产品属性的定量信息（Li H 等，2023）；而外围路径的数字线索是评论的背景，如发布者的好友数量和徽章数量（Zhu L 等，2014）。例如，Zhu 等（2014）发现，根据"精英"徽章数量衡量评论者的专业性和根据好友数量衡量评论者的在线吸引力，都有助于一篇评论获得有用性投票。Zhang 等（2014）讨论了两种关于评论的数字型指标，即评论数量和评论贡献者获得的"奖章"数量。实证表明，这些数字线索反映了评论来源的可信度，因此正向影响评论质量，进而导致更高的消费者购买意愿。Li 等（2023）认为，包含定量信息（即数字）的评论在引出更精确、更有说服力和更明确的含义方面有着更高的效率，因此被认为比那些纯定性的评论更有帮助。Pötzsch 等（2010）的另一项相关研究利用线索过滤理论研究了在线论坛用户的隐私意识行为。社交论坛也是一个典型的自愿贡献环境，个人数据主要隐性地包含在用户生成的内容中。该研究发现，以数字形式显示隐私意识信息比以文本形式显示隐私意识信息更能提升用户的隐私意识，从而影响用户的自我披露行为。

综上，多数研究探索了数字线索对 UGC 平台知识获取者感知的影响（例如，感知的评论有用性），少有研究是从 UGC 知识贡献者的角度出发的（Pötzsch 等，2010）。更具体地说，在理解嵌入反馈信息中的"整数"如何影响知识贡献者的行为方面存在一定的研究空白。

（2）"整数"的使用及其对个人行为的影响。

整数的作用近年来越来越多的被营销学、心理学和金融学领域的学者所关注（Gunasti 等，2019；Pena-Marin 等，2016；Pope 等，2011；Wieseke 等，2016）。Rosch（1975）最早发现十进制系统下，10 的倍数是人们进行判断的认知参考点。从更一般的角度看，所有"整数"（包括整数、十百千的倍数，甚至它们的中点）都可以被视作一个认知参考点（Bhattacharya 等，2012）。Dehaene（1992）同样认为以 0 或 5 结尾的"整数"更可能被用作参考，因为它们更容易被可视化并作为子目标。

较多心理学文献的作者早就认识到，数字信息的属性可以影响个人的评价和判断（Shoham 等，2021），如财务决策和产品评价（Santana 等，2020）。一个没有争议的发现是，人们对"整数"和精确数字的感知和反应是不同的，其中"整数"是指以更多的零结尾的数字，而精确数字是指以更少的零结尾或没有零结尾的数字（Isaac M S 等，2014；Shoham 等，2018）。

人们倾向于把"整数"作为参考点以减少决策中的认知努力，尤其是在不确定的情况下（Hervé 等，2018；Rosch，1975）。这通常被称为"整数偏差"或"整数启发式"（Fraser-Mackenzie 等，2015；Kuo 等，2015）。例如，Johnson 等（2007）从证券价格研究中心（CRSP）收集数据进行聚类探索，发现股票价格聚集在以 0 结尾的价格上，在较小程度上聚集在以 5 结尾的价格上。Hervé 等（2018）发现，在面临不确定性时，投资者更倾向于在股权众筹活动中投资"整数"，且不确定性越大，整型程度越高。此外，使用"整数"作为锚点或参考点有时可以激发目标导向的行为。例如，当学生的分数低于一个"整数"时，他们更有可能重新参加 SAT 考试（Pope 等，2011）。这表明，"整数"可能被视为期望表现水平的阈值（Isaac M S 等，2014）。然而，过度使用"整数"可能代表信息的缺乏和认知的限制。例如，Lin 等（2021）认为，使用"整数"融资目标导致企业家众筹成功的可能性较低。同样，Kuo 等（2015）发现，认知能力较低的投资者（定义为在"整数"时提交限价订单的比率更高）在其限价订单中会遭受更大的损失。更普遍的是，研究人员认为，在进行数字预测时，低智商的人倾向于报告"整数"（D'Acunto 等，2023）。

另一研究方向试图探究"整数"代表了什么信号，以便更好地理解为什么它可能影响个人的感知和行为（Dai 等，2014；Shoham 等，2018；Wieseke 等，2016）。Shoham 等（2018）指出，"整数"通常被视为类别边界或端点。跨越这样的"整数"类别边界可以增强改变的感知量级（Isaac M S 等，2014；Shoham 等，2018）和激励有抱负的行为（Dai 等，2014，2015）。这种现象也可以用"左位数效应"来解释（Bhattacharya 等，2012；Fraser-Mackenzie 等，2015；Isaac M S 等，2014）。也就是说，个体按从左到右的数字顺序处理数字信息，导致对最左边的数字产生偏置效应。因此，在对 0 结尾的数和相邻的 9 结尾的数的评估中存在着一个很大的不连续性（Thomas 等，2005）。一些研究人员认为，"整数"提供了一种稳定感（Isaac M S 等，2014；Shoham 等，2018）、完成感（Yan D 等，2017）或认知可及性（Wieseke 等，2016）。具体来说，Pena-Marin 等（2016）发现，消费者认为服用"整数"剂量的功能饮料和药片比精确剂量的能获得更稳定和更有益的效果。Yan 等（2017）认为，当谈判者认同"整数"和完成感之间的联系时，他们更愿意接受"整数"报价。Pena-Marin 等（2016）证明了用"整数"（与精确数字相比）描述的产品特性被认为其性能可以持续更长时间。一个有趣的发现是，当产品或属性被定位为女性化时，使用"整数"的营销推广会得到更有利的评价（Yan D，2016）。Wieseke 等（2016）通过四项田野实验挑战了传统营销观念——即价格越低越有利。他们验证了"整数"价格的优越性，因为"整数"价格在交易过程中给消费者带来了较高的认知可及性和便利性。

综上所述，前人对"整数偏差"的研究主要集中于市场营销或金融领域。个体倾向于在做决定时使用"整数"作为参考点，例如接受或拒绝报价、评估产品性能、在两者之间选择及做出投资决定。使用"整数"的结果有好有坏，有的结果是正面的，有的结果是负面的。本章的研究内容（即知识分享平台）是一个公共产品设置，个体自愿贡献内容而没有任何不确定性。自愿贡献行为（而非决策行为）是不是由"整数"锚点驱动尚不清楚，但这值得研究。此外，现有研究中的数字总是明确而清晰的目标。例如，消费者在购物时会寻求更便宜的价格，学生在考试时会争取更高的分数。但在本研究的场景中，知识分享平台上的用户的本质目标并不是获得多少声誉积分，而是完全自愿参与贡献。考虑到声誉积分并不是他们明确追求的目标，本研究旨在探索"整数"这一隐式线索是否也会影响用户的行为。

3.3 理论分析与研究假设

3.3.1 整数效应与用户贡献行为

人类在做决定或是处理信息时非常依赖认知捷径（Gilovich 等，2002），对于"整数"的依赖是一种常见的认知局限性（Rosch，1975），因为它们在日常交流中被普遍使用（Isaac M S 等，2014）。具体地说，"整数"是一个非常重要的认知参考点，会给人带来稳定性、持久性的认知偏差（Pena-Marin 等，2016）。因此，个体在选择决策的量化参照物或是目标锚点时，总是会依赖于"整数"。

例如，金融市场的投资者倾向于在以"整数"结尾的特定价格点位上过度买入或过度卖出（Fraser-Mackenzie 等，2015）。人们会努力达到"整数"的阈值，如"整数"的 SAT 分数（Pope 等，2011）。这种所谓的"整数偏差"（Fraser-Mackenzie 等，2015）或"整数启发式"（Kuo 等，2015）被认为是由"左位数效应"引起的。也就是说，个体倾向于从最左边的数字开始依次评估数字，而最左边数字的变化会主导个体认知的改变。这导致了对 0 结尾的数字和邻近的 9 结尾的数字的评估是极不连续的（Isaac M S 等，2014；Thomas 等，2005）。例如，当面对一个 2999 分的数值时，人们往往会被先导的 2 所锚定，而不太关注结尾的 999。因此，2999 被认为明显小于 3000，即左边数字的变化主导了对整个数字的感知变化差异。

这可以在很大程度上解释零售价格中以 9 结尾的数字被普遍使用的原因（Shoham 等，2021）。

在数字这方面，"整数"通常被视为类别的边界或端点（Shoham 等，2018）。跨越这样的"整数"类别边界可以增强改变的感知量级（Isaac M S 等，2014；Khansa 等，2015；Kim J 等，2022；Shoham 等，2018）和激励有抱负的行为（Dai 等，2014，2015）。当由一个普通状态接近临界点时，目标的感知会得到放大，个体通常也会增加自己的努力去突破临界点以获得成就感。例如，Pope 等（2011）进行了一项实验，发现当人们的表现刚好低于一个"整数"时，而不是刚好高于或远远低于一个"整数"时，他们会付出更多的努力。这表明，"整数"可能被视为期望的表现水平的边界（Isaac M S 等，2014），突破这样的边界可以给个体带来成就感。在知识分享平台上，用户通过积极贡献更多、高质量的内容来获得积分，这是对自己的努力和表现最直接的反映。因此，一个"整数"形式的绩效表现可能被视为对个人是有意义的，并鼓励用户反思自己的进展和成就（Dai 等，2014；Shoham 等，2021）。在知识分享平台上，当累积积分接近"整数"时，知识分享平台上的用户会有更强的动机去发起目标追求行为，会付出更多的努力去获得额外的声誉积分，以便尽快达到最近的"整数"（如 100/ 1000 / 10000）。因此，我们可以做出以下假设。

H1：知识分享平台中，反映用户声誉的积分越接近"整数"，越能促使用户的行为发生改变。

H1a：知识分享平台中，反映用户声誉的积分越接近"整数"，越能促使用户的知识贡献水平提高。具体来说，他们的发帖频率会提高，发帖长度会变长。

通过使用最近的"整数"级别作为锚点，用户改变了他们的贡献行为，以积累更多的积分并跨越当前"整数"阈值。然而，内容的质量对获得积分更具有决定性作用（Wang L 等，2020），就平台的可持续发展而言，内容的质量比内容的数量更重要（Shankar，2022）。Chen 等（2018）发现低质量内容对平台的伤害远大于"搭便车"行为。如果仅仅是追求数量而忽略了质量，不仅无法满足知识寻求者的需求，还会带来严重的信息过载问题。高质量的内容不仅可以优化平台的内容生态，也能大大提高用户的检索效率，这是平台可持续发展的关键所在。Fang 等（2018）对驴妈妈网的研究发现，在奖励计划发布后，用户原创内容质量都有所提高，这表明激励机制的存在可以提升贡献质量。也就是说，在特定目标的作用下，用户应当会贡献出更高质量的内容（Liu X 等，2016）。同理，也只有更高质量的内容，才能提高被提问者接受为最佳答案或是被其他用户认同的可能性，并以此获取更多的分数以尽快达到"整数"目标。因此，做出以下假设。

H1b：知识分享平台中，反映用户声誉的积分越接近"整数"，用户的知识贡献质量会提高。具体来说，他们的回答更有可能被接受为最佳答案，会收获更多的投票。

用户在撰写在线文本内容时的文本风格可以反映其个性（Pennebaker 等，1999）和意图（Zhao Y 等，2019）。例如，在线产品评论网站中，随着用户越来越受到欢迎，其撰写的评论会趋于客观化，减少了情感性词语的使用并保证了可读性，这会使得他们听起来像个权威人士（Goes 等，2014）。Zhang 等（2020）发现 Yelp 上的精英用户在引入周期性评估机制后会在短期内提高其评论可读性，长期则趋于稳定。

当用户为了获取更多的积分以达到"整数"目标时，可能会改变自己的文本风格。出于对分数的迫切需要，用户为了使自己的回答在同质性回答中更有竞争力，会去润色他们的文字。一些用户也可能会回答他们不确定真实答案的问题。由于这些用户渴望被其他人认可，他们可能会感到自主感降低，可能会被迫撰写回答（Qiao 等，2020），从而产生理想的结果，如获得更多的有用性投票或被接受为最佳答案。因此，回答者可能会觉得他们必须写出情感更为积极的回答（Qiao 等，2020）。这样做可以提高回答的吸引力，唤起提问者的亲切感（Salehan 等，2016），并最终增加获得声誉分数的可能性。因此，我们认为，当知识贡献者的积分接近"整数"时，他们会以更积极的文本情感发布内容。

此外，Lei 等（2021）指出一个人对自己或他人的关注在社会互动中起着关键作用，先前的文献表明为他人着想可以增强个体帮助他人的意愿（Toi 等，1982）并促进亲社会行为（Batson 等，1997）及一些其他利他主义姿态（Batson，2014）。这些发现支持了一种主流观点，即将注意力转移到他人身上对自己有利（Hodges 等，2011）。在本研究的环境中，当用户发布内容（即回答）时，他们的注意力将从自己转移到别人，提问者会从回答者那里感受到强烈的同理心，这反过来会使他们认为这个回答更有帮助。因此，被选为最佳答案的可能性会增加，从而有更高的机会获得声誉分数。因此，提出以下假设。

H1c：知识分享平台中，反映用户声誉的积分越接近"整数"，越能促使用户的文本风格发生改变。具体来说，文本情感更积极，会将注意力倾向他人。

3.3.2 显性激励的调节作用

本章所关注的"整数效应"是在用户积累声誉积分的过程中产生的。由于知识分享平台通常在积分的基础上设计一些非积分的游戏化元素（Goes 等，2016），本章也对这些更高级的显式激励元素如何与积分"整数"相互作用，进而影响用户的知识贡献行为进行了探索。这些非积分式的游戏化元素被称为显性激励，因为它们通常赋予用户显性的收益，如荣耀、头衔、特权、视觉符号和有形物品（Goes 等，2016；Wang L 等，2020）。相反，积分只是对个人进展的简单反馈，除非获得的积分值恰好达到获得更高地位或徽章的阈值，否则用户不会得到任何额外好处。此外，非积分元素（例如特权或奖励）有明确定义的目标，规定了需要完成什么任务才能获得特权或奖励（Hamari，2017），而积累积分没有明确的目标。"整数"可以作为指导用户行为的隐性目标，但它并不是预先定义的，只能由用户自己内化感知到。从这个意义上说，"整数"的激励更加隐性。

附带收益的显性激励通常是通过要求用户累积足够数量的积分来设计的（Ma D 等，2022）。例如，Stack Overflow 上的用户在达到指定分数后可以解锁一定特权（例如，达到 2000 分允许用户编辑问题和答案）。类似的机制也存在于大众点评网，用户可以在积累一定贡献值后升级（例如，1000 分升级到 LV4）。巧合的是，目标分值往往设置为"整数"，这就导致了显性激励与"整数"并存。之前的研究发现，明确的非经济激励能够有效地增强用户的内在动机，提高他们的贡献绩效（Garnefeld 等，2012；Roberts 等，2006；Wang L 等，2020）。根据动机强化理论（Wright 等，1989），个人的目标投入（即在任务中投入努力的意愿）与成功实现任务预期动机（例如金钱激励、能力、"感觉良好"、特权）的可能性正相关。因此，当达到"整数"分的同时也伴随着一些显性收益时，用户的目标投入将得到加强，因为他们既可以达到预期的表现水平（Isaac M S 等，2014），也可以收获额外的显式收益，对于用户来说一举两得。因此，提出以下假设。

H2：建立在声誉积分基础上附带收益的显性激励将正向调节"整数"的激励作用。当达到最近的"整数"可以解锁一项特权时，"整数效应"的激励作用会更强，反之亦然。

3.3.3 "整数"的边际递减效应

有关数字认知的研究表明，当涉及的数字数值较高时，相同的单位差异显得较小（Pandelaere 等，2011）。因此，当个体接近一个"整数"时，当前值和最近的"整数"之间的感知差异取决于"整数"的大小。例如，9990 和 10000 之间的差值会被认为比 990 和 1000 之间的差值小，即使客观上数值增长幅度（即 10）是相同的。这种现象在很大程度上可以通过利用比例判断的心理模型来解释（Slusser 等，2013），该模型最初是为涉及感知大小判断的任务而开发的。相对于较大的值（上端端点给出的值），当个体被要求估计较小的值（所呈现的值）时，通常存在估计偏差。也就是说，个体倾向于对数值比例而不是无界的数值绝对大小进行判断（Hollands 等，2000）。举例来说，（10000–9990）/10000 的主观比例差异远小于（1000–990）/1000（即 0.001 vs. 0.01）。同样，Pandelaere 等（2011）利用对数心理数字解释了主观比例差异，即数字之间的对数关系为 [log（10000）–log（9990）]/log（10000）≈ 0.0001 <[log（1000）–log（990）]/log（1000）≈ 0.001。这两种比较形式都表明相同的绝对差异（分子）会因为参照标准（分母）的放大而导致对其的感知缩小。

在知识分享平台上，由于声誉分数的"整数"代表一个类别的边界或端点（Shoham 等，2018），用户在估计自己的表现时，很自然地会相对于最近的"整数"做出比例判断。在这方面，当最接近"整数"的大小不断增加（例如从 1000 到 2000）时，跨越此类类别边界就变得不那么有吸引力。这是因为，在相同的努力水平下（例如"从 1990 到 2000"与"从 990 到 1000"），感知到的提升幅度更小，也更没有意义，超越这一"整数"阈值所带来的成就感也更少。因此，"整数"的边际效应正在减小。可以预期到的是，随着声誉积分的积累，用户受到"整数"的激励效果会减弱。因此，提出以下假设。

H3："整数"的边际效应会减小，即距离最近的"整数"数值越大，"整数效应"的激励作用越弱；目标"整数"数值越小，"整数效应"的激励作用越强。

综上所述，在知识分享平台中，"整数"这一数字线索会对用户行为产生影响。具体来说，随着用户的声誉积分越接近"整数"，用户内容贡献水平会增加、质量会提高、文本风格会发生改变。而平台显性激励机制的推出，加强了"整数效应"。随着"整数"目标的变大，"整数"的激励作用逐渐减弱。理论模型如图 3-1 所示。

图 3-1　理论模型

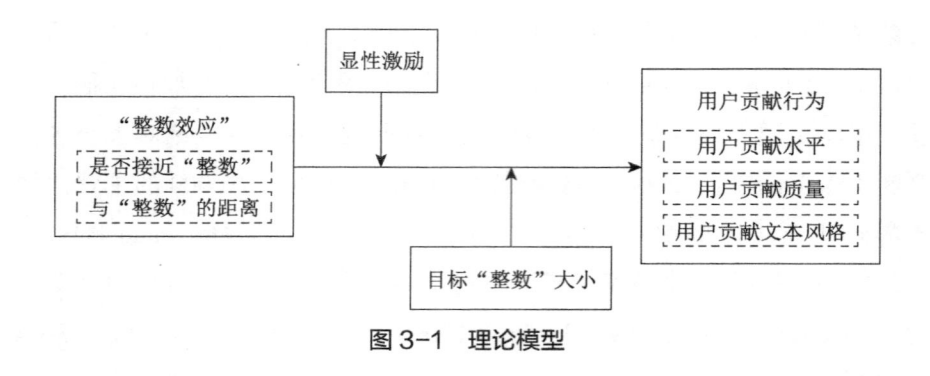

3.4　基于二手数据的实证研究

3.4.1　数据来源与实证模型

本部分的二手数据来源于 Stack Overflow，这是最受程序员欢迎的问答网站之一。自 2008 年启动以来，Stack Overflow 已有 1600 多万用户，超过 5000 多万条发帖，其中有 2000 多万条提问帖和超过 3000 万条回答贴，截止到 2021 年 11 月回答率超过 85%。Stack Overflow 建立了一个声誉系统，用户可以通过积极发布问题、回答及投票等来获取一定分数。声誉积分代表的是社区成员对该用户的信任程度，获得的积分越多，就可以解锁越高级的特权，开启更多的功能。比如，达到 1000 分将解锁"创建私人聊天室"的特权。

本数据收集于 2021 年 2 月，从 https://data.stackexchange.com/ 下载了从 2019 年 12 月 23 日至 2021 年 1 月 31 日的用户在 Stack Overflow 社区的活动数据。为确保样本用户是活跃且熟悉平台规则的，本研究只保留在 2019 年 1 月 1 日之前注册且在近一个月（2021 年 1 月 4 日至 2021 年 2 月 3 日）至少发帖 10 次的用户。

由于 Stack Exchange 数据库不包括用户声誉积分的历史时间序列数据，因此需要对这部分数据进行重构。为此，本研究从 Stack Overflow 抓取了样本中每个用户个人主页上的当前总积分和每日分数变化数据。通过对用户一段时间内分数的得失进行加减，重构了目标时间范围内每名用户任意一天的分数。

最终，本研究构造了一个面板数据集，使得每一观测单位为一个用户，每个时间单位为一周。因此，数据集包含 2020 年总共 53 个自然周内每个用户每周的观测值。值得注意的是，在先前的研究中采用的方式有聚合到每天（例如，Anderson 等，2013）和聚合到每周（例如，Goes 等，2016；Li H 等，2020）。由于并非所有用户每天都有贡献，如果使用每天作为数据点，面板数据集将高度不平衡（Shankar，2022），因此本研究将一周中的所有日子都聚集到一个数据点中，以排除"一周中任一天"的影响。此外，较长的周期又可能会导致周期之间的时间过度损失（Li H 等，2020）。因此，一周是一个相当合理的时间周期，最终的样本有 1873 个用户，每个用户的活动数据被按周分至 53 周（Shankar，2022）。

（1）被解释变量。

如上所述，本研究感兴趣的是当用户接近"整数"时的行为变化。基于提出的假设，从以下方面测量用户的行为变化：贡献水平、贡献质量和文本风格。因此，开发了六个因变量：（a）发帖频率，（b）发帖长度的平均值，（c）最佳答案的比率，（d）帖子得票的平均值，（e）帖子情感得分的平均值，（f）帖子的关注倾向。

①在本研究中，贡献水平定义为用户在发帖上所做的努力。为了探索用户的努力程度，开发了两种测量方法，即发帖频率 $Frequency_{it}$ 和发帖长度的平均值 Avg_length_{it}。具体而言，本研究只考虑用户发布的回答（即不包括用户在该平台上发布的问题、评论等其他形式的内容），因为这是获得声誉积分的最常见方式。一般来说，只有新用户会在平台上发布更多问

题，长期活跃用户可能不会发布任何问题①。

一是发帖频率定义为用户在每个周期内发布的回答数量（表示为频率），无论回答是否正确。计算方法如下，$DayPosts_{in}$ 表示用户一周内每天的发帖量：

$$Frequency_{it} = \sum_{n=1}^{7} DayPosts_{in}$$

二是通过将发帖总单词数除以一周内的帖子数（表示为 Avg_length_{it}）来计算帖子长度的平均值。其计算方法如下，其中 $Total\_length_{it}$ 表示用户当周发布回答所用总单词数：

$$Avg\_length_{it} = \frac{Total\_length_{it}}{Frequency_{it}}$$

②为了探索知识贡献的质量，本研究关注最佳答案的占比（表示为 $BestAnswer\_ratio_{it}$）和回答得票的平均值（表示为 Avg_votes_{it}）：

一是通过计算被接受为最佳答案的发帖数占总发帖数的百分比来衡量最佳答案的比率，计算方法如下，其中 $BestAnswers_{it}$ 表示被接受为最佳答案的回答数量：

$$BestAnswer\_ratio_{it} = \frac{BestAnswers_{it}}{Frequency_{it}}$$

二是参考 Stack Overflow 中的规则，一个帖子的投票净值是通过从赞成票的数量中减去反对票的数量来计算的。并且本研究将该净值的平均值表示为 Avg_votes_{it}，计算方法如下，其中 $Sum\_upvotes_{it}$ 表示为一周得到的赞成票总和，$Sum\_downvotes_{it}$ 表示为一周得到的反对票总和：

$$Avg\_votes_{it} = \frac{Sum\_upvotes_{it} - Sum\_downvotes_{it}}{Frequency_{it}}$$

---

① 在本研究的样本中，用户在选定的时间窗口内总共发布了 447118 篇帖子。这些帖子中只有 7014 个（1.57%）是"问题"，其中 439629 个（98.33%）是"回答"。

③发帖的文本风格则是从帖子情感得分的平均值 $Avg\_sentiment_{it}$ 和帖子的关注倾向 Avg_focus_{it} 两方面去测度的。

一方面，帖子情感得分是指每个帖子文本中表达的情绪（即积极或消极）。情感分析是一种可以分析文本情感倾向的文本数据挖掘方法。具体来说，本研究采用了 Python 库 TextBlob 中的情感分析工具，该工具有一个包含数千个被手动标记"极性""主观性""强度"分数的英语形容词和副词的词典模块。TextBlob 已在先前的研究中得到了测试和验证（Subirats 等，2018；Tafesse，2021；Zhao Y 等，2019）。它可以返回范围从 −1 到 1 的连续极性分数，其中 −1 表示强烈负面情绪，1 表示强烈正面情绪，0 表示中性情绪。因此，本研究使用每周帖子情感得分的平均值（表示为 $Avg\_sentiment_{it}$）作为衡量标准。具体计算方法如下，其中 $Sum\_sentiment_{it}$ 表示用户一周发帖的总情感得分，$Sentiment_{itw}$ 表示用户每篇帖子中每个单词的情感得分，$Intensity_{itw}$ 表示用户每篇帖子中每个单词的密度：

$$Avg\_sentiment_{it} = \frac{Sum\_sentiment_{it}}{Frequency_{it}} = \frac{sum\left(\frac{\prod Sentiment_{itw}}{\prod Intensity_{itw}}\right)}{Frequency_{it}}$$

另一方面，参考（Lei 等，2021）的研究，根据用户使用的人称代词来代表用户的注意力焦点。人称代词是一种常见的虚词，不表达实质意义（Campbell 等，2003）。许多研究表明，人称代词的使用可以反映一个人的心理或社会地位（Chung 等，2007；Nerbonne，2014）。具体而言，这些词的使用表明了一个人的注意力焦点（Xu L 等，2020）。更频繁地使用第一人称代词（例如"I""me""my"）与对自我关注的增加有关（Pennebaker 等，2003），而更频繁使用第二人称代词（如"you""your"）被解释为会更多地从他人的角度去考虑问题（Simmons 等，2005）。本部分使用文本分析工具 TextBlob 量化第一人称代词和第二人称代词出现的次数，并计算在包含任何一种类型人称代词的帖子中第二人称代词个数占第一人称和第二人称代词总和的比例（Lei 等，2021）。在此基础上，对一周内所有帖子的第二人称代词比率进行平均，以构建该测度（表示为 Avg_focus_{it}），具体计算方式如下：

$$Avg\_focus_{it} = \frac{Sum\_focus_{it}}{Frequency_{it}} = \frac{sum\left(\frac{Second\_pp_{itp}}{First\_pp_{itp} + Second\_pp_{itp}}\right)}{Frequency_{it}}$$

其中，$First\_pp_{itp}$ 表示为用户 i 在第 t 周帖子 p 中所用第一人称代词的总个数，$Second\_pp_{itp}$ 为用户 i 在第 t 周帖子 p 中所用第二人称代词的总个数。

（2）解释变量与控制变量。

解释变量有 $Round_{it}$ 和 $Distance_{it}$ 两种表示形式，都代指"整数"，本研究将分别用它们回归，交叉验证在"整数效应"的存在。

$Round_{it}$ 是二值变量，表示用户当前的积分是否接近"整数"，取 1 是表示用户当前积分接近"整数"，否则取 0，本研究将其作为主要研究对象加入模型。"整数"的选取标准参照 Stack Overflow 的相关特权规则，以 1000 的倍数作为"整数"，距离小于等于 100 分代表接近。

另一种表示形式 $Distance_{it}$ 则代表用户当前积分与最近的"整数"目标之间的差值，将在稳健性检验中对其结果进行讨论，计算方法如下，其中 $Reputation_{it}$ 代表用户当前的积分大小，$Magnitude_{it}$ 代表用户当前的目标"整数"大小：

$$Distance_{it} = Magnitude_{it} - Reputation_{it}$$

为了检验假设 H2 和 H3，还构造了另外两个解释变量，即 $Privilege_{it}$ 和 $Magnitude_{it}$。特权激励机制是 Stack Overflow 上最重要的显性激励之一。拥有不同特权的用户可以在平台上参与不同的活动，如创建新的聊天室、为网站添加新标签、将问题标记为受保护等。只有增加声誉积分，用户才能解锁更多特权。因此，本研究开发了一个虚拟变量 $Privilege_{it}$ 来表示这一显性激励，如果达到当前目标"整数"可以解锁特权，则取 1，否则取

0。另一个变量 $Magnitude_{it}$ 表示"整数"的量级大小。将在后续章节中探讨 $Round_{it}$ 和这两个变量之间的交互作用。

本研究还包括一些用户特征作为控制变量，如 $Tenure_{it}$（自注册以来的天数）、$Questions_{it-1}$（上周发布的问题数量）和 $Badges_{it-1}$（上周获得的徽章数量）。表 3-1 为各变量描述性统计结果。

表 3-1　主要变量描述性统计结果

变量类型	变量	描述	均值	标准差	最小值	最大值
被解释变量	$Frequency_{it}$	用户 i 在第 t 周发布答案帖的数量	4.306	10.914	0.000	307.000
	Avg_length_{it}	用户 i 在第 t 周答案帖的平均用词数	43.838	71.267	0.000	1806.500
	$Bestanswer\_ratio_{it}$	用户 i 在第 t 周被接受为"最佳答案"的发帖数占比	0.247	0.329	0.000	1.000
	Avg_votes_{it}	用户 i 在第 t 周答案帖的平均得票数	0.703	1.832	−4.000	347.000
	$Avg\_sentiment_{it}$	用户 i 在第 t 周答案帖的平均情感得分	0.035	0.079	−1.000	1.000
	Avg_focus_{it}	用户 i 在第 t 周答案帖的平均关注倾向	0.372	0.403	0.000	1.000

续表

变量类型	变量	描述	均值	标准差	最小值	最大值
解释变量	$Round_{it}$	如果用户 i 在第 t 周所得声誉分接近"整数"，则该指标等于 1	0.069	0.254	0.000	1.000
	$Privilege_{it}$	如果用户 i 在第 t 周达到"整数"可以解锁特权，则等于 1	0.477	0.499	0.000	1.000
	$Magnitude_{it}$	用户 i 在第 t 周追求的目标"整数"值	37330.390	91741.240	1000.000	1232000.000
控制变量	$Tenure_{it}$	截至第 t 周，用户 i 在平台上的天数	2225.967	1036.095	365.000	4527.000
	$Questions_{it\text{-}1}$	用户 i 在第 $t\text{-}1$ 周发布问题帖的数量	0.066	0.382	0.000	17.000
	$Badges_{it\text{-}1}$	用户 i 在第 $t\text{-}1$ 周获得的徽章数量	0.462	1.218	0.000	45.000

（3）实证模型。

本研究使用层次 OLS 回归分析来检验相关假设。为了控制可能影响用户贡献行为的其他潜在因素，基于面板数据集构建了固定效应模型。在模型（1）中，首先检验了自变量 $Round_{it}$ 的主效应。作为本研究的重点，将进一步检验模型（2）和模型（3）中主要解释变量和其他两个变量的交互项，具体回归模型如下所示：

$$DV_{i,t} = \alpha_0 + \alpha_1 Round_{i,t} + \alpha_2 Privilege_{i,t} + \alpha_3 \ln(Magnitude_{i,t} + 1) + \\ \alpha_4 \ln Tenure_{i,t} + \alpha_5 \ln(Questions_{i,t-1} + 1) + \alpha_6 \ln(Badges_{i,t-1} + 1) + \\ \mu_i + \varphi_t + \varepsilon_{i,t} \quad (1)$$

$$DV_{i,t} = \beta_0 + \beta_1 Round_{i,t} + \beta_2 Round_{i,t} \times Privilege_{i,t} + \beta_3 Privilege_{i,t} + \\ \beta_4 \ln(Magnitude_{i,t} + 1) + \beta_5 \ln Tenure_{i,t} + \beta_6 \ln(Questions_{i,t-1} + 1) + \\ \beta_7 \ln(Badges_{i,t-1} + 1) + \mu_i + \varphi_t + \varepsilon_{i,t} \quad (2)$$

$$DV_{i,t} = \gamma_0 + \gamma_1 Round_{i,t} + \gamma_2 Round_{i,t} \times \ln(Magnitude_{i,t} + 1) + \gamma_3 Privilege_{i,t} + \\ \gamma_4 \ln(Magnitude_{i,t} + 1) + \gamma_5 \ln Tenure_{i,t} + \gamma_6 \ln(Questions_{i,t-1} + 1) + \\ \gamma_7 \ln(Badges_{i,t-1} + 1) + \mu_i + \varphi_t + \varepsilon_{i,t} \quad (3)$$

其中 i 代表某用户，t 代表某一周，模型的左侧是上面介绍的六个因变量。μ_i 表示个体的固定效应，用于控制用户 i 的所有时间不变的个体异质性影响。φ_t 表示时间的固定效应，在周水平上解释了任何潜在的时间影响。ε_{it} 是误差项。α、β、γ 是试图估计的系数。基于这个公式，可以通过检验系数 α_1、β_1、γ_1 来估计"整数"对贡献行为的影响。本研究也对系数 β_2、γ_2 感兴趣，它们估计了"整数"与其他变量之间的交互作用。

3.4.2　整数效应在免费知识分享平台中的影响结果

（1）整数对用户贡献行为的影响。

为了检验 H1，这里基于模型（1）进行 OLS 回归。表 3-2 给出了 6 个因变量（即发帖频率、发帖长度的平均值、最佳答案的比率、帖子得票数的平均值、帖子情感得分的平均值、帖子的关注倾向）的回归系数和括号中的标准误差。如第一行所示，关键自变量 $Round_{it}$ 的所有系数都是显著的，与上述的假设一致，表明当用户的声誉积分接近一个"整数"值时，用户的贡献行为发生了变化。

特别的是，如表3-2的（1）和（2）列所示，当出现"整数效应"时，发帖频率和发帖长度的平均值显著增加，从而支持H1a。$Round_{it}$ 的系数分别为0.062和0.123，在0.01水平上均为正向显著。这表明，当用户的声誉积分接近一个"整数"时，他们的贡献水平将增加，具体表现为他们将努力回答更多的问题，并写出更长的答案。关于贡献质量，可以看到第（3）列和第（4）列中的系数分别为0.015和0.008（$p<0.01$）。这表明"整数"将激励用户贡献更高质量的内容。因此，H1b得到了支持，这表明接近"整数"的用户所贡献的答案将更可能被接受为最佳答案并获得更多投票。关于文本风格，结果显示在第（5）列和第（6）列中，解释变量得系数分别为0.002和0.017。关注倾向在0.01水平上正向显著，这为用户的文本风格变化提供了支撑。结果表明，用户倾向于在回答中使用更多的积极词汇和使用更多的第二人称代词，这样能使他们看起来更友好。因此，H1c同样也通过了检验，说明用户的文本风格将在发帖的情感得分和关注倾向方面发生变化。至于情感得分，该系数仅为边际显著，可能是因为Stack Overflow是一个技术问答平台，大多数回答没有明显的情感倾向。

表3-2中还显示了3个控制变量的回归结果。$Tenure_{it}$、$Questions_{it}$ 和 $Badges_{it}$ 等控制变量的估计系数也提供了一些有趣的信息。在其他条件相同的情况下，在上一时期问了更多问题的用户可能会增加他们的贡献水平或质量，并改变他们的文本风格。此外，在前一时期内收到更多徽章或在网站注册时间更长的用户也可能会出现这些行为变化。

表3-2 模型（1）的估计结果

变量	知识贡献水平		知识贡献质量		文本风格	
	Frequency	Avg_length	Bestanswer_ratio	Avg_votes	Avg_sentiment	Avg_focus
Round	0.062*** （0.012）	0.123*** （0.025）	0.015*** （0.003）	0.008*** （0.002）	0.002* （0.001）	0.017*** （0.004）

续表

变量	知识贡献水平		知识贡献质量		文本风格	
	Frequency	Avg_length	Bestanswer_ratio	Avg_votes	Avg_sentiment	Avg_focus
$Privilege$	0.063*** （0.023）	0.069 （0.042）	0.010** （0.004）	0.008** （0.003）	0.002 （0.001）	0.008 （0.006）
$Magnitude$	0.309*** （0.049）	0.392*** （0.069）	0.065*** （0.008）	0.026*** （0.006）	0.004 （0.002）	0.063*** （0.010）
$Tenure$	−0.015 (0.135)	−0.307 (0.232)	−0.023 (0.024)	0.035* (0.019)	−0.008 (0.006)	−0.030 (0.032)
$Questions$	0.219*** （0.022）	0.494*** （0.042）	0.038*** （0.005）	0.023*** （0.005）	0.008*** （0.002）	0.052*** （0.005）
$Badges$	0.227*** （0.012）	0.365*** （0.019）	0.033*** （0.002）	0.023*** （0.002）	0.005*** （0.001）	0.048*** （0.003）
常数项	−1.991* （1.094）	0.494 （1.804）	−0.262 （0.190）	1.046*** （0.147）	0.138*** （0.046）	−0.125 （0.251）
用户数	1873	1873	1873	1873	1873	1873
观测数	99269	99269	99269	99269	99269	99269
调整后 R^2	0.346	0.319	0.253	0.206	0.036	0.274

注：（括号中为标准误差）个体固定效应已控制，时间固定效应已控制。
*** $p<0.01$，** $p<0.05$，* $p<0.1$。

（2）显性激励的作用。

在表 3-3 中给出的模型（2）的估计结果，旨在检验关于数字元素（即"整数"）和显性激励（如特权）之间相互作用的假设。从表 3-3 中，可以看到交互作用项 $Round_{it} \times Privilege_{it}$ 的系数在除发帖的情感得分外的所有因变量均为正向且具有统计显著性，这一结果部分支持了 H2。总体而言，该结果表明显性激励将加强"整数"对用户行为的影响，即在显性激励存在的情况下,"整数"所带来的激励的有效性将增加。当因变量为 $Avg\_sentiment_{it}$ 时,交互项系数在统计上不显著;而在检验对 Avg_focus_{it} 的影响时,系数具有统计显著性。类似的,"整数"对 $Avg\_sentiment_{it}$ 没有显著影响的原因可能与本研究所选的编程类网站的本质特征有关,回答本身可能并没有情感上的差异。因此,关于存在显性激励时文本情感会发生变化的假设没有得到支持,H2 得到部分证明。我们还进一步分析了不同形式的特权激励是否会对用户的行为产生不同程度的影响,结果见 3.5.2 的进一步分析。

在图 3-2 中,将 $Frequency_{it}$ 作为因变量的示例,可视化地展现了"整数"和显性激励之间的相互作用。代表受到显性激励的直线的斜率比不受显性激励的更陡峭。这表明,"整数"对同时受到显性激励的用户在发帖频率上的影响比不受显性激励的用户更大。

表3-3 模型(2)的估计结果

变量	贡献水平 Frequency	贡献水平 Avg_length	贡献质量 Bestanswer_ratio	贡献质量 Avg_votes	文本风格 Avg_sentiment	文本风格 Avg_focus
Round	0.026** (0.012)	0.051** (0.026)	0.008** (0.003)	0.003 (0.003)	0.001 (0.001)	0.008** (0.004)
Round × Privilege	0.136*** (0.032)	0.265*** (0.070)	0.025*** (0.007)	0.016*** (0.006)	0.001 (0.002)	0.034*** (0.010)
Privilege	0.050** (0.023)	0.044 (0.042)	0.008 (0.005)	0.007* (0.004)	0.002 (0.001)	0.005 (0.006)
Magnitude	0.317*** (0.049)	0.406*** (0.069)	0.066*** (0.008)	0.027*** (0.006)	0.004*** (0.002)	0.064*** (0.010)
Tenure	−0.022 (0.134)	−0.322 (0.231)	−0.024 (0.024)	0.034* (0.019)	−0.008 (0.006)	−0.032 (0.032)

续表

变量	贡献水平		贡献质量		文本风格	
	Frequency	Avg_length	Bestanswer_ratio	Avg_votes	Avg_sentiment	Avg_focus
Questions	0.219*** (0.022)	0.493*** (0.042)	0.038*** (0.005)	0.023*** (0.005)	0.008*** (0.002)	0.051*** (0.005)
Badges	0.227*** (0.012)	0.364*** (0.019)	0.033*** (0.002)	0.023*** (0.002)	0.005*** (0.001)	0.048*** (0.003)
常数项	−1.992* (1.090)	0.492 (1.798)	−0.262 (0.190)	1.045*** (0.147)	0.138*** (0.046)	−0.125 (0.250)
用户数	1873	1873	1873	1873	1873	1873
观测数	99269	99269	99269	99269	99269	99269
调整后 R^2	0.348	0.322	0.254	0.208	0.036	0.276

注：（括号中为标准误）个体固定效应已控制，时间固定效应已控制。
*** $p<0.01$，** $p<0.05$，* $p<0.1$。

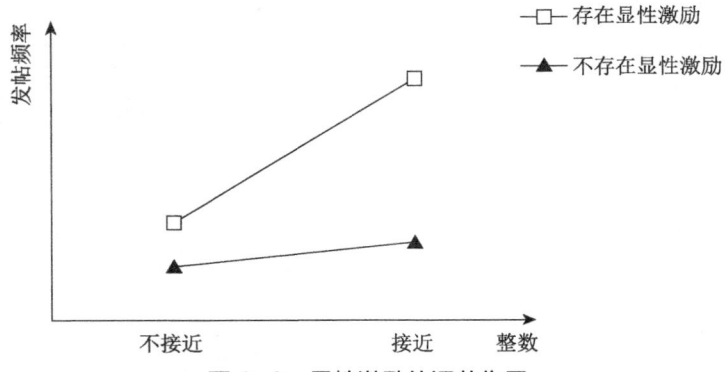

图 3-2 显性激励的调节作用

（3）"整数"的边际递减效应。

与 H3 一致，"整数"与其大小之间存在显著的交互效应，这可以从表

3-4 中的相互作用项的系数得到验证。如表 3-4 所示，交互项系数均为负值。"整数"的主效应为正、交互项系数为负，表明"整数"的影响随着数值的增加而减小。也就是说，"整数"的边际效应正在减少。对于"整数"目标较小的用户，当他们接近"整数"时，他们相对更有可能改变他们的贡献行为，即贡献水平、贡献质量和文本风格。然而，随着目标数值的增加，接近"整数"的用户受到的影响将减小。

这可以解释为用户对较大"整数"的主观比例差异要比较小"整数"小得多。与接近小量级的"整数"相比，当用户达到更大的"整数"目标时，感知到的改善程度会变小，这反过来会削弱用户做出贡献的动力。这也可能是因为这些用户已经获得了大量声誉积分，他们对分数的渴望不如那些低分用户。如上所述，可以在表 3-4 的第二行中看到，除因变量是 $Avg\_sentiment_{it}$ [①] 外，交互项 $Round_{it} \times Magnitude_{it}$ 的系数都在统计意义上显著。这里仍然将其归咎于样本选择偏差，这是由于本研究的数据来源是编程相关的问答平台造成的。

表 3-4 模型（3）的估计结果

变量	贡献水平		贡献质量		文本风格	
	Frequency	Avg_length	Bestanswer_ratio	Avg_votes	Avg_sentiment	Avg_focus
Round	0.095*** (0.015)	0.179*** (0.034)	0.021*** (0.004)	0.011*** (0.003)	0.002* (0.001)	0.025*** (0.005)
Round × Magnitude	−0.044*** (0.008)	−0.074*** (0.016)	−0.009*** (0.002)	−0.004*** (0.001)	−0.001 (0.001)	−0.010*** (0.002)
Privilege	0.063*** (0.023)	0.070* (0.042)	0.010** (0.005)	0.008** (0.003)	0.002 (0.001)	0.008 (0.006)

---

① 虽然在使用 Round 的替代测度（即 Distance）时，Avg_sentiment 的系数具有统计学意义，但由于缺乏稳健性，这里选择不将其解释为支持性证据。

续表

变量	贡献水平		贡献质量		文本风格	
	Frequency	Avg_length	Bestanswer_ratio	Avg_votes	Avg_sentiment	Avg_focus
$Magnitude$	0.324*** (0.049)	0.416*** (0.069)	0.067*** (0.008)	0.027*** (0.006)	0.004*** (0.002)	0.066*** (0.010)
$Tenure$	−0.022 (0.134)	−0.320 (0.231)	−0.024 (0.024)	0.034* (0.019)	−0.008 (0.006)	−0.031 (0.032)
$Questions$	0.219*** (0.022)	0.493*** (0.042)	0.038*** (0.005)	0.023*** (0.005)	0.008*** (0.002)	0.051*** (0.005)
$Badges$	0.226*** (0.012)	0.364*** (0.019)	0.033*** (0.002)	0.023*** (0.002)	0.005*** (0.001)	0.048*** (0.003)
常数项	−2.060* (1.091)	0.378 (1.799)	−0.275 (0.190)	1.039*** (0.147)	0.137*** (0.046)	−0.140 (0.251)
用户数	1873	1873	1873	1873	1873	1873
观测数	99269	99269	99269	99269	99269	99269
调整后 R^2	0.348	0.322	0.254	0.208	0.037	0.276

注：（括号中为标准误）个体固定效应已控制，时间固定效应已控制。
*** $p<0.01$，** $p<0.05$，* $p<0.1$。

3.4.3 稳健性检验

到目前为止，本研究的主要分析一致地显示了"整数"激励对贡献水平、贡献质量和文本风格等一系列贡献行为的影响。为了验证所得结论的有效性，本部分进行了几个稳健性检验。

（1）替换自变量：Distance。

在上述主要分析中，使用用户声誉积分是否接近"整数"的状态作为主要解释变量的测度，这是一个二元指标。由于它只显示用户的两种状态之间的差异，因此需要考虑更精确的测度，即用户当前声誉积分与最近即将到来的"整数"目标之间的距离。这使得能够量化随着与目标的距离缩短用户行为的产生的变化。为了测试本研究的主要结论在这一替代测度下是否稳健，本部分替换了模型（1）~（3）的自变量，此处以调整后的模型（1）为例：

$$DV_{i,t} = \alpha_0 + \alpha_1 \ln(Distance_{i,t} + 1) + \alpha_2 Privilege_{i,t} + \alpha_3 \ln(Magnitude_{i,t} + 1) + \alpha_4 \ln Tenure_{i,t} + \alpha_5 \ln(Questions_{i,t-1} + 1) + \alpha_6 \ln(Badges_{i,t-1} + 1) + \mu_i + \varphi_t + \varepsilon_{i,t}$$
（4）

模型（4）的结果如表3-5所示。新自变量 $Distance_{it}$ 对除 $Avg\_sentiment$ 外的所有因变量的系数均为负，在0.01水平上具有统计学显著性，这表明用户在接近目标时会改变其行为。以贡献水平为例，随着用户当前声誉积分到"整数"目标的距离缩短，用户将在下周增加其发帖的频率，发帖长度的平均值也将增加。同样，贡献质量也会提高，文本风格也会改变。

表3-5 稳健性检验I：模型（4）的结果

变量	贡献水平 Frequency	贡献水平 Avg_length	贡献质量 Bestanswer_ratio	贡献质量 Avg_votes	文本风格 Avg_sentiment	文本风格 Avg_focus
$Distance$	−0.032*** （0.005）	−0.051*** （0.009）	−0.006*** （0.001）	−0.003*** （0.001）	−0.001* （3.05e−04）	−0.007*** （0.001）
$Privilege$	0.064*** （0.023）	0.070* （0.042）	0.010** （0.005）	0.008** （0.003）	0.002 （0.001）	0.009 （0.006）
$Magnitude$	0.327*** （0.050）	0.417*** （0.069）	0.067*** （0.008）	0.027*** （0.006）	0.005*** （0.002）	0.066*** （0.010）
$Tenure$	−0.031 （0.134）	−0.332 （0.231）	−0.025 （0.023）	0.034* （0.019）	−0.008 （0.006）	−0.033 （0.032）

续表

变量	贡献水平		贡献质量		文本风格	
	Frequency	Avg_length	Bestanswer_ratio	Avg_votes	Avg_sentiment	Avg_focus
$Questions$	0.219*** (0.022)	0.493*** (0.042)	0.038*** (0.005)	0.023*** (0.005)	0.008*** (0.002)	0.051*** (0.005)
$Badges$	0.226*** (0.012)	0.364*** (0.019)	0.033*** (0.002)	0.023*** (0.002)	0.005*** (0.001)	0.048*** (0.003)
常数项	−1.824* (1.083)	0.775 (1.793)	−0.230 (0.189)	1.061*** (0.146)	0.141*** (0.045)	−0.084 (0.249)
用户数	1873	1873	1873	1873	1873	1873
观测数	99269	99269	99269	99269	99269	99269
调整后 R^2	0.349	0.324	0.254	0.209	0.037	0.277

注：（括号中为标准误）个体固定效应已控制，时间固定效应已控制。
*** $p<0.01$，** $p<0.05$，* $p<0.1$。

此外，H2 也得到了证明，将模型（2）中的解释变量替换为 $Distance$ 后再次进行了回归，结果如表 3-6 所示。从表中第二行可以发现，交互项 $Distance \times Privilege$ 的系数为负且显著，证明了交互作用的存在，H2 再次得到支持，当存在显性激励时，用户随着距"整数"的距离缩小而受到的激励会得到加强。值得注意的是，因变量是情感极性时的交互项系数依然不显著，这也与前文结论相一致。同样，将模型（3）替换自变量进行回归后的结果依然是稳健的，如表 3-7 所示。

表 3-6 稳健性检验Ⅰ：模型（2）使用替代自变量 $Distance$ 的结果

变量	贡献水平		贡献质量		文本风格	
	Frequency	Avg_length	Bestanswer_ratio	Avg_votes	Avg_sentiment	Avg_focus
$Distance$	−0.008* (0.004)	−0.009 (0.009)	−0.001 (0.001)	8.91e−05 (0.001)	−2.29e−04 (3.27e−04)	−0.002* (0.001)

续表

变量	贡献水平 Frequency	贡献水平 Avg_length	贡献质量 Bestanswer_ratio	贡献质量 Avg_votes	文本风格 Avg_sentiment	文本风格 Avg_focus
$Distance \times Privilege$	−0.093*** (0.014)	−0.161*** (0.026)	−0.017*** (0.003)	−0.011*** (0.002)	−0.001 (0.001)	−0.021*** (0.004)
$Privilege$	0.050** (0.023)	0.046 (0.042)	0.007 (0.005)	0.007* (0.003)	0.001 (0.001)	0.005 (0.006)
$Magnitude$	0.358*** (0.050)	0.470*** (0.069)	0.073*** (0.008)	0.030*** (0.006)	0.005*** (0.002)	0.073*** (0.010)
$Tenure$	−0.072 (0.132)	−0.402* (0.227)	−0.033 (0.023)	0.029 (0.018)	−0.009 (0.006)	−0.042 (0.031)
$Questions$	0.217*** (0.022)	0.491*** (0.042)	0.038*** (0.005)	0.023*** (0.005)	0.008*** (0.002)	0.051*** (0.005)
$Badges$	0.224*** (0.012)	0.360*** (0.019)	0.033*** (0.002)	0.023*** (0.002)	0.005*** (0.001)	0.048*** (0.003)
常数项	−1.916* (1.070)	0.616 (1.770)	−0.247 (0.186)	1.050*** (0.145)	0.140*** (0.045)	−0.104 (0.247)
用户数	1873	1873	1873	1873	1873	1873
观测数	99269	99269	99269	99269	99269	99269
调整后 R^2	0.356	0.333	0.258	0.218	0.039	0.284

注：（括号中为标准误）个体固定效应已控制，时间固定效应已控制。
*** $p<0.01$，** $p<0.05$，* $p<0.1$。

表3-7　稳健性检验I：模型（3）使用替代自变量 *Distance* 的结果

变量	贡献水平		贡献质量		文本风格	
	Frequency	Avg_length	Bestanswer_ratio	Avg_votes	Avg_sentiment	Avg_focus
Distance	−0.055***	−0.090***	−0.010***	−0.005***	−0.001**	−0.013***
	(0.006)	(0.013)	(0.001)	(0.001)	(3.92e−04)	(0.002)
Distance × *Magnitude*	0.028***	0.047***	0.005***	0.003***	0.001***	0.006***
	(0.003)	(0.006)	(0.001)	(0.001)	(2.10e−04)	(0.001)
Privilege	0.065***	0.073*	0.010**	0.008**	0.002	0.009
	(0.023)	(0.042)	(0.005)	(0.003)	(0.001)	(0.006)
Magnitude	0.370***	0.489***	0.075***	0.031***	0.005***	0.076***
	(0.050)	(0.070)	(0.008)	(0.006)	(0.002)	(0.010)
Tenure	−0.074	−0.404*	−0.033	0.030	−0.009	−0.043
	(0.132)	(0.227)	(0.023)	(0.018)	(0.006)	(0.031)
Questions	0.217***	0.491***	0.038***	0.023***	0.008***	0.051***
	(0.022)	(0.042)	(0.005)	(0.005)	(0.002)	(0.005)
Badges	0.224***	0.360***	0.032***	0.023***	0.005***	0.047***
	(0.012)	(0.019)	(0.002)	(0.002)	(0.001)	(0.003)
常数项	−1.721	0.949	−0.210	1.071***	0.143***	−0.062
	(1.061)	(1.762)	(0.185)	(0.144)	(0.045)	(0.245)
用户数	1873	1873	1873	1873	1873	1873
观测数	99269	99269	99269	99269	99269	99269
调整后 R^2	0.357	0.335	0.259	0.217	0.041	0.284

注：（括号中为标准误）个体固定效应已控制，时间固定效应已控制。
　　***$p<0.01$，**$p<0.05$，*$p<0.1$。

（2）*Magnitude* 的替代测度：*Reputation*。

在本研究的主要设定中，使用了 *Magnitude* 作为调节变量来检验"整数"的边际效应。取而代之的是，本小节将使用用户的当前声誉积分来衡量用户的级别。本小节用这种替代测度重复了边际效应的分析，结果保持一致（见表3-8）。将目标"整数"换成用户当前积分后，交互项 Round × Reputation 的系数为负，表明边际递减效应依然存在。

表 3-8　稳健性检验 II：模型（3）使用 Magnitude 的替代测度的结果

变量	贡献水平 Frequency	贡献水平 Avg_length	贡献质量 Bestanswer_ratio	贡献质量 Avg_votes	文本风格 Avg_sentiment	文本风格 Avg_focus
Round	0.067*** (0.019)	0.148*** (0.043)	0.015*** (0.004)	0.008** (0.003)	0.001 (0.001)	0.019*** (0.006)
Round × Reputation	−0.021*** (0.007)	−0.042*** (0.016)	−0.004** (0.002)	−0.002* (0.001)	−1.39e-04 (0.001)	−0.005** (0.002)
Privilege	0.051** (0.024)	0.072* (0.042)	0.006 (0.005)	0.008** (0.003)	0.002 (0.001)	0.008 (0.006)
Reputation	0.237*** (0.019)	0.413*** (0.030)	0.042*** (0.003)	0.024*** (0.002)	0.005*** (0.001)	0.057*** (0.004)
Tenure	−0.415*** (0.131)	−1.085*** (0.215)	−0.087*** (0.023)	−0.009 (0.017)	−0.019*** (0.006)	−0.133*** (0.030)
Questions	0.203*** (0.021)	0.466*** (0.040)	0.035*** (0.005)	0.021*** (0.005)	0.008*** (0.002)	0.048*** (0.005)
Badges	0.205*** (0.011)	0.326*** (0.018)	0.029*** (0.002)	0.021*** (0.002)	0.004*** (0.001)	0.043*** (0.002)
常数项	1.882* (0.963)	6.537*** (1.587)	0.466*** (0.169)	1.411*** (0.129)	0.213*** (0.042)	0.754*** (0.218)
用户数	1873	1873	1873	1873	1873	1873
观测数	99269	99269	99269	99269	99269	99269
调整后 R^2	0.345	0.305	0.243	0.215	0.039	0.272

注：（括号中为标准误）个体固定效应已控制，时间固定效应已控制。
*** $p<0.01$，** $p<0.05$，* $p<0.1$。

（3）情感极性变量 *Avg_sentiment* 的测度有效性。

在实证分析中，两个交互效应在因变量为帖子平均情感得分 *Avg_sentiment* 时都不显著，尽管 TextBlob 在其他背景下的文献中都得到了验证，但本小节进一步检查了所提出的度量在特定背景下的有效性。

第一，根据之前的研究（Qiao 等，2023），采用人工标注方法进一步检验 Textblob 计算的情感测量的有效性。首先随机选择了 1000 对回答，每对回答的长度相似，并且属于同一个问题。对于每一对答案，招募了三名标注员来回答以下问题："哪一篇回答情感倾向更积极？"使用众数来代表最终注释结果，并使用 kappa 统计量将注释结果与 Textblob 测度结果进行了比较，这是一个用于测量评分者间可靠性的稳健统计量。最终的 kappa 统计值为 0.91，表明真实值（即标注结果）与本研究计算结果一致。因此，本研究采用的指标可以很好地捕捉用户帖子的情感。

第二，本小节使用另一种流行的文本分析工具 VADER（Deng 等，2022；Qiao 等，2023）来计算情感得分进行分析，作为对本章主要发现的稳健性检验。回归结果报告在表 3-9 中，可以看到"整数效应"对情感得分的影响仅为边际显著（$p<0.1$），两个交互项（即 *Round* × *Privilege* 和 *Round* × *Magnitude*）均不显著。这与 Textblob 的结果是一致的。因此，无论使用哪种情感分析工具，都可以得出这样的结论：发帖的情感极性没有受到"整数效应"的显著影响。这可能是因为 Stack Overflow 是一个技术问答平台，大多数问答都没有明显的情感倾向。

表 3-9　稳健性检验 Ⅲ：使用 VADER 测度 *Avg_sentiment*

变量	Avg_sentiment		
	(1)	(2)	(3)
Round	0.005* （0.003）	0.007 （0.004）	0.006 （0.004）

续表

变量	Avg_sentiment		
	（1）	（2）	（3）
$Round \times Privilege$		−0.002 （0.005）	
$Round \times Magnitude$			−1.57e−04 （0.002）
$Privilege$	0.002 （0.002）	0.002 （0.002）	0.002 （0.002）
$Magnitude$	0.012*** （0.002）	0.012*** （0.002）	0.013*** （0.003）
$Tenure$	−0.023 （0.016）	−0.023 （0.016）	−0.024 （0.016）
$Questions$	0.024*** （0.004）	0.024*** （0.004）	0.024*** （0.004）
$Badges$	0.021*** （0.002）	0.021*** （0.002）	0.021*** （0.002）
用户数	1873	1873	1873
观测数	99269	99269	99269
调整后 R^2	0.044	0.044	0.044

注：（括号中为标准误）个体固定效应已控制，时间固定效应已控制。
*** $p<0.01$，** $p<0.05$，* $p<0.1$。

3.5 数字线索的影响机制探索

在本小节中，我们进一步探索整数效应的影响机制，包括接近和远离整数时用户的行为变化，不同类型的显性激励是否起到不同程度的增强作用，以及设计用户实验来排除显性激励和数字线索同时存在的叠加影响。

3.5.1 整数效应的模式

为了更深入地挖掘整数效应的模式，本小节定义了一个新的虚拟变量（记为 *After*）来探究用户超过整数后（即远离整数）的表现是否会下降。然后，进行异质性分析，以检验不同声誉级别的用户是否对下一个最接近的"整数"同样敏感。

为了与前文"整数"的定义保持一致，这部分仍然选择 1000 的倍数作为"整数"的标准。如果用户的声誉积分与上一个相邻整数的距离小于或等于 100 点，则 *After* = 1，反之 *After* = 0。值得注意的是，当 *After* = 1 时，锚定的"整数"不应该是下一个"整数"，而是低于用户当前声誉积分的前一个"整数"。因此，特权和"整数"量级的定义需要进行相应的调整。这里将新变量分别表示为 *Privilege_After* 和 *Magnitude_After*。新模型定义如下：

$$\begin{aligned} DV_{i,t} = &\alpha_0 + \alpha_1 After_{i,t} + \alpha_2 Privilege\_After_{i,t} + \alpha_3 \ln\left(Magnitude\_After_{i,t} + 1\right) + \\ &\alpha_4 \ln Tenure_{i,t} + \alpha_5 \ln\left(Questions_{i,t-1} + 1\right) + \alpha_6 \ln\left(Badges_{i,t-1} + 1\right) + \\ &\mu_i + \varphi_t + \varepsilon_{i,t} \end{aligned} \quad (5)$$

基于模型（5），数据分析结果如表 3-10 所示。*After* 对各因变量的系数均为负，且在 0.01 水平上具有统计学意义，说明一旦用户积累声誉分数超过一个"整数"，用户的贡献行为将发生显著的反向变化。以贡献水平为例，一旦用户超越了一个"整数"，他们就会立即懈怠，贡献水平就会下降。更具体地说，他们的发帖频率会降低，也不太可能写出更长、更详细的回答。

表3-10 模型（5）的结果

变量	贡献水平 Frequency	贡献水平 Avg_length	贡献质量 Bestanswer_ratio	贡献质量 Avg_votes	文本风格 Avg_sentiment	文本风格 Avg_focus
$After$	−0.098*** (0.015)	−0.204*** (0.030)	−0.016*** (0.003)	−0.012*** (0.002)	−0.003*** (0.001)	−0.027*** (0.004)
$Privilege\_After$	−0.048** (0.024)	−0.034 (0.038)	−0.011** (0.005)	−0.006* (0.004)	−0.001 (0.001)	−0.005 (0.005)
$Magnitude\_After$	0.072*** (0.009)	0.109*** (0.014)	0.014*** (0.001)	0.007*** (0.001)	0.001*** (3.38e−04)	0.016*** (0.002)
$Tenure$	−0.092 (0.130)	−0.485** (0.221)	−0.033 (0.023)	0.022 (0.018)	−0.011* (0.006)	−0.051* (0.030)
$Questions$	0.215*** (0.021)	0.486*** (0.041)	0.037*** (0.005)	0.023*** (0.005)	0.008*** (0.002)	0.050*** (0.005)
$Badges$	0.224*** (0.012)	0.360*** (0.019)	0.033*** (0.002)	0.023*** (0.002)	0.005*** (0.001)	0.047*** (0.003)
常数项	0.918 (0.973)	4.679*** (1.644)	0.305* (0.172)	1.327*** (0.135)	0.189*** (0.043)	0.500** (0.227)
用户数	1873	1873	1873	1873	1873	1873
观测数	99269	99269	99269	99269	99269	99269
调整后 R^2	0.344	0.296	0.253	0.204	0.030	0.277

注：（括号中为标准误）个体固定效应已控制，时间固定效应已控制。
*** $p<0.01$，** $p<0.05$，* $p<0.1$。

此外，本书还考虑了一个替代解释变量来表示超越一个"整数"的效果，即使用用户当前积分与相邻的前一个"整数"之间的实际差值（记为

Distance_after）。将 *Distance_after* 加入模型（5）代替 *After* 来进行回归，结果高度一致（见表 3-11）。*Distance_After* 的系数正向显著，表明用户在刚刚超越前一个"整数"时，其贡献水平最低、贡献质量最差，文本风格也会有负向转变，具体表现为文本表达的情感更负面。随着离前一个"整数"的距离的增加，上述效应会减弱。

表 3-11 模型（5）使用 *After* 的替代解释变量 *Distance_After* 的结果

变量	贡献水平 Frequency	贡献水平 Avg_length	贡献质量 Bestanswer_ratio	贡献质量 Avg_votes	文本风格 Avg_sentiment	文本风格 Avg_focus
Distance_After	0.041*** (0.005)	0.079*** (0.010)	0.007*** (0.001)	0.005*** (0.001)	0.001*** (2.82e−04)	0.010*** (0.001)
Privilege_After	−0.053** (0.024)	−0.043 (0.038)	−0.012*** (0.005)	−0.006* (0.004)	−0.001 (0.001)	−0.007 (0.005)
Magnitude_After	0.075*** (0.009)	0.114*** (0.014)	0.014*** (0.001)	0.008*** (0.001)	0.001*** (3.40e−04)	0.017*** (0.002)
Tenure	−0.131 (0.129)	−0.555** (0.219)	−0.039* (0.023)	0.018 (0.018)	−0.012** (0.006)	−0.060** (0.030)
Questions	0.214*** (0.021)	0.484*** (0.041)	0.037*** (0.005)	0.023*** (0.005)	0.008*** (0.002)	0.050*** (0.005)
Badges	0.223*** (0.012)	0.357*** (0.019)	0.032*** (0.002)	0.023*** (0.002)	0.005*** (0.001)	0.047*** (0.003)
常数项	0.951 (0.968)	4.697*** (1.631)	0.311* (0.171)	1.327*** (0.134)	0.188*** (0.043)	0.502** (0.225)
用户数	1873	1873	1873	1873	1873	1873
观测数	99269	99269	99269	99269	99269	99269
调整后 R^2	0.346	0.296	0.253	0.207	0.030	0.277

注：（括号中为标准误）个体固定效应已控制，时间固定效应已控制。
*** $p<0.01$，** $p<0.05$，* $p<0.1$。

在异质性分析方面，本小节将用户分为两组，考察不同声誉级别的用户对 1000 的倍数是否同样敏感。特别地，首先统计出所有用户在最后一周的声誉积分的累积分布，将中位数（即 7914）作为阈值。其次将"高声誉"用户定义为声誉积分的前 50%，"低声誉"用户定义为声誉积分的后 50%[①]。最后通过使用模型（1）来区分"整数"在不同分段的影响。

根据报告的结果，低声誉积分组的主要系数显著（见表 3-12），而高声誉组的所有系数几乎都不显著（见表 3-13）。因此，可以得出结论，低声誉积分的用户比高声誉积分的用户对 1000 的倍数更敏感。这可能是因为高声誉用户有很强的自我驱动力来参与贡献，即使他们的累积积分不接近"整数"，他们也愿意做出贡献。这种分段的分析有助于明确本研究结果的边界，即"整数"激励对于低分段用户更为有效。

表 3-12 异质性分析结果：低分组

变量	贡献水平 Frequency	贡献水平 Avg_length	贡献质量 Bestanswer_ratio	贡献质量 Avg_votes	文本风格 Avg_sentiment	文本风格 Avg_focus
Round	0.129*** （0.027）	0.256*** （0.063）	0.029*** （0.006）	0.014*** （0.005）	0.002 （0.002）	0.034*** （0.009）
Privilege	0.107*** （0.038）	0.142* （0.076）	0.017** （0.007）	0.014*** （0.005）	0.002 （0.002）	0.019* （0.011）
Magnitude	0.284*** （0.057）	0.449*** （0.093）	0.063*** （0.010）	0.022*** （0.007）	0.004* （0.002）	0.068*** （0.013）
Tenure	−0.233 （0.160）	−0.784** （0.304）	−0.037 （0.029）	−0.032 （0.021）	−0.020*** （0.008）	−0.092** （0.042）

---

① 样本中 167 个用户的 8851 个观察结果被排除，因为他们的声誉积分在整个时间序列中并不总是高于或低于阈值。

续表

变量	贡献水平		贡献质量		文本风格	
	Frequency	Avg_length	Bestanswer_ratio	Avg_votes	Avg_sentiment	Avg_focus
Questions	0.217*** (0.028)	0.595*** (0.064)	0.048*** (0.007)	0.022*** (0.005)	0.010*** (0.003)	0.068*** (0.008)
Badges	0.499*** (0.025)	0.896*** (0.039)	0.074*** (0.004)	0.046*** (0.003)	0.013*** (0.001)	0.120*** (0.005)
常数项	−0.311 (1.283)	2.842 (2.293)	−0.169 (0.227)	1.50*** (0.162)	0.213*** (0.058)	0.221 (0.318)
用户数	937	937	937	937	937	937
观测数	49661	49661	49661	49661	49661	49661
调整后 R^2	0.195	0.115	0.126	0.054	0.005	0.125

注：（括号中为标准误）个体固定效应已控制，时间固定效应已控制。
*** $p<0.01$，** $p<0.05$，* $p<0.1$。

表3-13　异质性分析结果：高分组

变量	贡献水平		贡献质量		文本风格	
	Frequency	Avg_length	Bestanswer_ratio	Avg_votes	Avg_sentiment	Avg_focus
Round	0.010 (0.013)	0.043* (0.026)	0.003 (0.004)	0.002 (0.003)	0.002 (0.001)	0.006 (0.004)
Privilege	0.118*** (0.031)	0.174*** (0.059)	0.016** (0.007)	0.022*** (0.005)	0.004** (0.002)	0.020** (0.008)
Magnitude	−0.076 (0.225)	−0.636** (0.251)	−0.012 (0.034)	−0.106*** (0.027)	−0.011 (0.008)	−0.065* (0.039)

续表

变量	贡献水平 Frequency	贡献水平 Avg_length	贡献质量 Bestanswer_ratio	贡献质量 Avg_votes	文本风格 Avg_sentiment	文本风格 Avg_focus
$Tenure$	−1.386*** (0.433)	−1.360** (0.576)	−0.190** (0.076)	0.029 (0.068)	−0.010 (0.018)	−0.188** (0.083)
$Questions$	0.170*** (0.030)	0.319*** (0.059)	0.026*** (0.007)	0.016* (0.009)	0.007*** (0.002)	0.023*** (0.008)
$Badges$	0.077*** (0.009)	0.110*** (0.016)	0.012*** (0.002)	0.013*** (0.002)	0.001 (0.001)	0.014*** (0.002)
常数项	12.788*** (2.631)	20.264*** (3.566)	1.859*** (0.450)	2.544*** (0.439)	0.329*** (0.110)	2.517*** (0.505)
用户数	769	769	769	769	769	769
观测数	40757	40757	40757	40757	40757	40757
调整后 R^2	0.015	0.018	0.004	0.070	0.001	0.008

注：（括号中为标准误）个体固定效应已控制，时间固定效应已控制。
*** $p<0.01$，** $p<0.05$，* $p<0.1$。

3.5.2 不同类型特权激励所起的作用

根据 Stack Overflow 的特权层次结构（见图 3-3），有四种类型的特权，即"Milestone""Moderation""Communication""Creation"。本小节想进一步探索不同形式的特权激励是否对用户的行为有不同程度的影响。在本研究环境中，使用 1000 分的倍数作为"整数"的定义，因此，"Communication"和"Creation"特权被排除在外，这是因为解锁这两个特权的阈值与定义的"整数"不重叠（即没有交互作用）。因此，受限于数据，只有两种类型的特权可以被包括进来进一步讨论，即"Milestone"和"Moderation"。

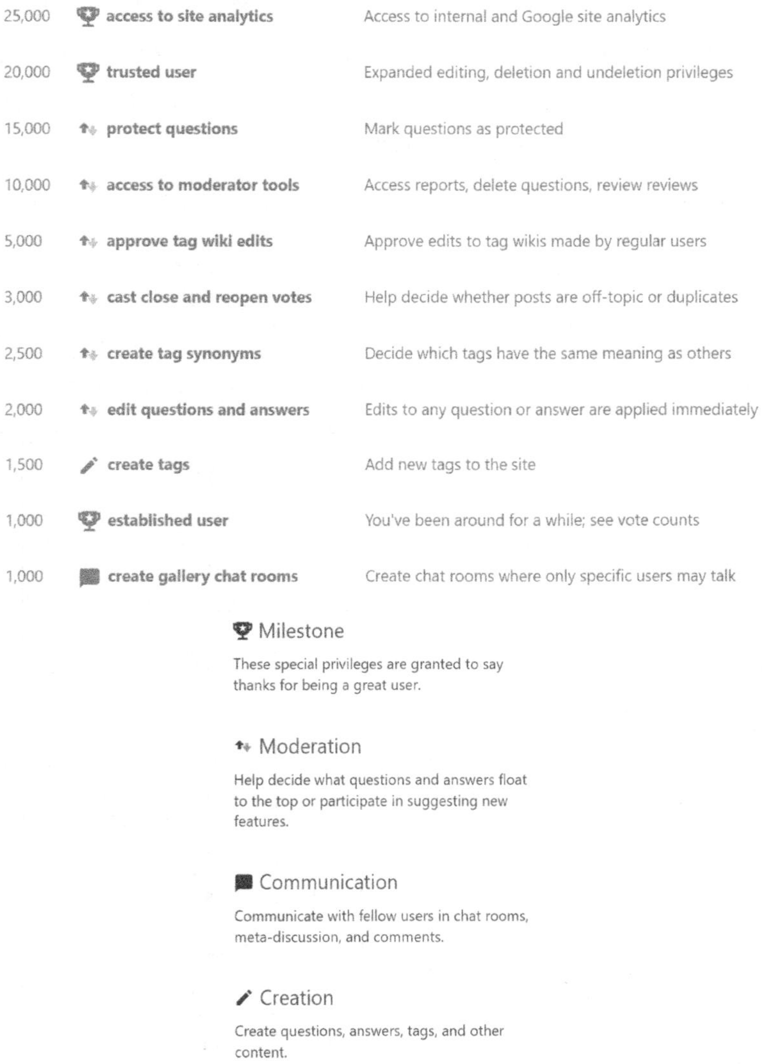

25,000	🏆	access to site analytics	Access to internal and Google site analytics
20,000	🏆	trusted user	Expanded editing, deletion and undeletion privileges
15,000	↑↓	protect questions	Mark questions as protected
10,000	↑↓	access to moderator tools	Access reports, delete questions, review reviews
5,000	↑↓	approve tag wiki edits	Approve edits to tag wikis made by regular users
3,000	↑↓	cast close and reopen votes	Help decide whether posts are off-topic or duplicates
2,500	↑↓	create tag synonyms	Decide which tags have the same meaning as others
2,000	↑↓	edit questions and answers	Edits to any question or answer are applied immediately
1,500	✏	create tags	Add new tags to the site
1,000	🏆	established user	You've been around for a while; see vote counts
1,000	💬	create gallery chat rooms	Create chat rooms where only specific users may talk

🏆 **Milestone**
These special privileges are granted to say thanks for being a great user.

↑↓ **Moderation**
Help decide what questions and answers float to the top or participate in suggesting new features.

💬 **Communication**
Communicate with fellow users in chat rooms, meta-discussion, and comments.

✏ **Creation**
Create questions, answers, tags, and other content.

图 3-3 "整数"和显式特权激励在 Stack Overflow 上的共存

  本小节在回归模型中为每种类型的特权分别引入了一个虚拟变量，"Milestone"和"Moderation"特权的调节效果的结果如表 3-14 所示。研究发现，不同形式的特权确实会对用户的行为产生不同程度的影响。其中，除了当因变量是 $Avg\_sentiment$ 时，$Round \times Moderation$ 和 $Round \times Milestone$ 的系数均为正向显著，说明两种特权形式都能增强"整数效应"。而且，$Round \times Milestone$ 的系数均大于 $Round \times Moderation$，说明"Milestone"对"整数"的调节作用强于"Moderation"。这也与直觉一致，即里程碑特权赋予用户更高的认可和更多的好处，因此具有更强的效果。

表3-14 不同类型特权激励的调节作用

变量	贡献水平 Frequency	贡献水平 Avg_length	贡献质量 Bestanswer_ratio	贡献质量 Avg_votes	文本风格 Avg_sentiment	文本风格 Avg_focus
Round	0.023* (0.012)	0.046* (0.026)	0.007** (0.003)	0.003 (0.003)	0.001 (0.001)	0.007* (0.004)
Round × Moderation	0.089** (0.039)	0.203** (0.085)	0.019** (0.009)	0.016** (0.007)	0.002 (0.003)	0.024** (0.012)
Round × Milestone	0.239*** (0.052)	0.419*** (0.113)	0.039*** (0.011)	0.020*** (0.008)	−0.002 (0.004)	0.057*** (0.016)
Moderation	0.076*** (0.026)	0.098** (0.047)	0.012** (0.005)	0.009** (0.004)	0.002 (0.001)	0.013** (0.006)
Milestone	−0.094** (0.044)	−0.271*** (0.074)	−0.018** (0.008)	−0.011* (0.006)	−0.001 (0.002)	−0.039*** (0.010)
Magnitude	0.243*** (0.057)	0.241*** (0.073)	0.053*** (0.009)	0.017** (0.007)	0.003 (0.002)	0.041*** (0.011)
Tenure	−0.032 (0.133)	−0.342 (0.226)	−0.026 (0.023)	0.033* (0.018)	−0.008 (0.006)	−0.034 (0.031)
Questions	0.217*** (0.022)	0.490*** (0.041)	0.038*** (0.005)	0.023*** (0.005)	0.008*** (0.002)	0.051*** (0.005)
Badges	0.226*** (0.012)	0.363*** (0.019)	0.033*** (0.002)	0.023*** (0.002)	0.005*** (0.001)	0.048*** (0.003)

续表

变量	贡献水平		贡献质量		文本风格	
	Frequency	Avg_length	Bestanswer_ratio	Avg_votes	Avg_sentiment	Avg_focus
常数项	−1.225 （1.076）	2.187 （1.734）	−0.124 （0.187）	1.140*** （0.147）	0.153*** （0.045）	0.113 （0.242）
用户数	1873	1873	1873	1873	1873	1873
观测数	99269	99269	99269	99269	99269	99269
调整后 R^2	0.354	0.317	0.260	0.200	0.030	0.285

注：（括号中为标准误）个体固定效应已控制，时间固定效应已控制。
*** $p<0.01$，** $p<0.05$，* $p<0.1$。

3.5.3 用户行为实验

"特权"的阈值通常设置为"整数"，这表明可能存在一种有效激励用户贡献的"整数"替代机制。例如，"整数"可以被视为"特权"的里程碑，用户的最终目标是实现某种特权。因此，为了排除"特权"这一显性激励带来的混淆影响，本小节进行了一项随机用户实验，以进一步检验研究主要发现的有效性。具体地，我们想要验证在没有任何显性激励（例如在某些"整数"解锁特权）的情况下，"整数"是否仍然对用户有激励作用。因此，本小节设计了一个两组的被试间实验，实验模拟一个知识分享平台，参与者可以通过自愿回答问题来累积分数。操纵因素是累积的积分，要么接近"整数"（即实验组），要么正好超过"整数"（即对照组）。在本实验环境中，被试者不会接触到任何其他激励因素。

本用户实验从 Credamo 平台上招募了 100 名参与者。为了确定大多数参与者熟悉知识共享平台，实验限制 18 到 35 岁的用户才可以参加这个在线实验。其中，有 15 名被试者的观测值因为没有通过注意力检验或操控检验被剔除。最终的有效观察值共 85 个，其中实验组 43 个，对照组 42 个。

（1）实验刺激与步骤。

实验参与者的主要任务是在一个虚拟的问答平台上回答几个主观问题。在进行实验的主要任务之前，参与者首先被要求回答一系列不同领域的选择题，包括地理和语法相关的问题。参与者被告知，他们可以通过在这个平台上积极正确地回答问题来获得积分，他们的答案的正确性将决定他们下一阶段的初始积分。虽然他们的初始积分实际上是被操纵的（即接近或超过一个"整数"），但该前置任务的目的是用来消除被试者对初始积分的来源的怀疑，使任务流程合理化。

在完成这个实验的前置任务后，参与者被随机分配到两组。在实验组，参与者被赋予 914 分作为初始积分，并还会看到一条提示语，上面写着"根据平台统计，您的初始积分为 914 分""恭喜！您距离 1000 分只差 86 分"（见图 3-4）。在对照组中，被试者的初始积分为 1017，提示语上显示的信息是"根据平台统计，您的初始积分为 1017""恭喜！您的积分超过了 1000 分"（见图 3-5）。然后被试者被要求回答一个主观问题（见图 3-6），这个问题在实验组和控制组中是一样的。虽然没有正确答案，但参与者被告知，他们的答案的质量将决定他们可以获得多少分；也就是说，回答得越详细，得分就越多。

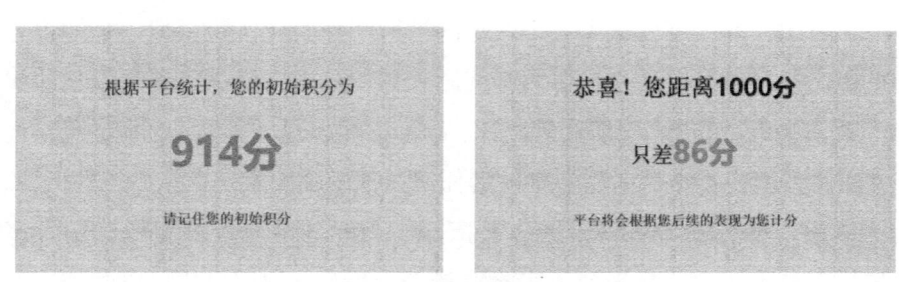

图 3-4　实验组刺激界面

图 3-5　控制组刺激界面

图 3-6　答题界面

为了消除对特定问题的潜在偏见，参与者被要求经历三轮类似的任务；也就是说，先根据被试之前的表现分配一个初始积分（即分别略低于 1000、2000、3000 或略高于 1000、2000、3000），然后再写下一个主观问题的答案。本实验使用每条答案的长度（字数）作为衡量被试努力贡献程度的指标。

（2）实验结果分析。

为了测试接近"整数"积分是否能激励被试者写出更长的回答，先通过汇总所有观察结果计算了实验组和对照组的回答长度的平均值和标准差。由于每位参与者经历了三轮问答任务，也分别比较了每轮的结果，作

109

为整体结果的补充证据，结果如表 3-15 所示。被赋予一个接近"整数"初始分的参与者（即实验组）写的答案比那些被赋予一个刚刚超过"整数"分的参与者（即对照组）要长得多，这表明他们付出了更多的努力（例如，在综合结果中，$Mean_{treated}=118.850$ vs. $Mean_{control}=84.550$）。此外，还对所有观测值及每一轮的观测值进行了单因素方差分析，以检验差异的显著性。每对比较的 p 值也显示在表 3-15 中，为"整数激励"的有效性提供支持。因此，在一个控制良好的实验环境中，当没有其他明确的显性奖励时，若个人的累积积分接近"整数"，他们仍然倾向于增加贡献水平，这一实验结果支持了简单数字线索的有效性。

表 3-15　各组答题长度均值（标准差）

	接近组（实验组）	远离组（控制组）	p-value
总计	118.850（111.680）	84.550（49.703）	0.002***
第一轮	108.120（101.869）	76.430（40.004）	0.064*
第二轮	147.670（132.141）	104.520（66.075）	0.061*
第三轮	100.770（94.178）	72.690（30.743）	0.070*

注："总计"为汇总数据；"第一轮""第二轮""第三轮"分别表示每一轮的结果。
*** $p<0.01$，** $p<0.05$，* $p<0.1$。

3.6　本章小结

由于知识分享平台固有的公共产品问题，各种激励机制层出不穷，以激励用户贡献更多更高质量的知识，而这些激励机制大多建立在声誉积分的基础上。虽然一些研究发现积分可以激励用户做出贡献，但关于这种数字单位的影响模式的经验证据仍然有限。基于数字认知文献中关于个体的评价和判断可能会受到某些数字线索的影响的观点，本章对用户累积积分接近"整数"时的行为变化提出了几个假设。通过分析从 Stack Overflow 收集的数据，发现用户将"整数"视为类别边界或端点，而跨越这种边界可以激发一种上进的行为。具体而言，用户的发帖频率和长度显著增加，回答时使用了更多的第二人称代词。与此同时，他们的帖子更有可能被接受为最佳答案，并获得更多选票。此外，通过探索"整数"与其他基于积分的游戏化元素的交互效应，本研究还发现，在显性特权激励的存在下，"整数"的激励作用会得到加强。同时，"整数"的边际效应会降低。这是因为在相同的努力水平下，达到下一个"整数"的感知提升程度更小，也更没有意义。这也表明，当用户变得更有经验（即通过积极参与获得更多积分）或在平台上拥有更高的声誉时，他们更不容易产生行为偏见，也更不容易受到"整数"的激励。

（1）理论贡献。

从理论的角度来看，本章通过研究之前很少受到关注的数字线索的作用，为知识分享平台激励相关的文献做出了贡献。现有的研究主要集中在更高级的激励元素（如徽章、级别、地位、同伴奖励），对用户有明确的好处（如荣耀、头衔、特权、视觉标记、有形物品），而很少关注简单的反馈信息——分数。本研究结果表明，积分过程中的"整数"对用户的行为变化有显著影响。用户行为在贡献水平、贡献质量和文本风格方面的有趣发现是对激励机制文献的重要补充。本研究还为理解知识共享平台中用户的动态行为变化提供了一些见解，即用户的行为不仅受到显性奖励或利益的激励，还受到数字线索的影响，具体来说，用户的发帖频率、发帖长度、最佳答案比例、发帖得票数、文本情感极性、关注倾向都会受到"整数"的正向影响。

本研究丰富了数字认知的相关文献，"整数"表示完成感和稳定感，可以引导个人改变他们在公共情境中的贡献行为。虽然学者们在产品定价和金融投资等各种决策环境中已经认识到"整数偏差"的存在，但这些环境通常涉及不确定性，用户依赖于"整数"来减少认知努力。例如，当面临更大的不确定性时，投资者更有可能投资一个"整数"。相比之下，在线知识分享平台是一种典型的公共产品情境，用户自愿贡献内容，没有不确定性或明确的预设目标。本研究使用左位数效应来解释人们追求"整数"的原因，因为当左位数发生变化时，感知上相同的相对差异会更大。因此，越过这样的"整数"可以放大他们所取得的感知进步。本研究结果表明，即使在分数并不代表明确的目标时（即用户在知识分享平台上贡献内容是出于自身的内在动机，而不是为了获得分数），人们仍然容易产生"整数"偏差，这一发现也拓展了"整数效应"相关研究的适用范围。

（2）实践启示。

本章内容为知识分享平台及其他依赖自愿贡献的商业模式提供了重要的启示和可行性建议。

首先，本研究显示了由累积分数所带来的简单数字线索的有效性。"整数效应"可以通过利用人们跨越类别界限的动机来敦促用户做出更多的知识贡献，从而克服 UGC 情境下所固有的自然衰退现象和搭便车问题。知识分享平台的开发人员可以考虑设计一个提醒系统，向用户发送有关当前进度（如所累积的积分）和到下一个"整数"的距离的提示消息，使用户能够主动发起贡献行为。另一种方法是将"整数"融入相关的推荐算法，向即将达到"整数"的用户推送更多的问题，从而增加用户贡献的可能性。这一方式同时也满足了这些用户的需求，节省了他们主动搜索开放性问题的精力和时间，也无形间增强了用户黏性。

其次，"整数"与显性特权激励之间的正向交互效应也为此类平台的游戏化模块设计提供了可能的改进途径。Liu 等（2017）提出了一套设计游戏化信息系统的要素和原则。本章的研究发现可以用数字线索来补充这一框架。具体而言，平台应当设计一个可以适用于用户在"整数"处的行为模式的有效游戏化策略，从而增强用户与这些游戏化模块的互动。例如，平台可以使用更多的量化指标，在用户追求徽章、地位和虚拟奖励等游戏化元素的过程中强调"整数",以让用户更充分地感受到"整数"的存在及接近"整数"的过程,进而增强其参与的欲望。

最后,在现有的游戏化激励中,更高徽章或地位的积分门槛通常呈指数增长(Ma D 等,2022)。升级将变得越来越困难,这可能会阻碍用户不断贡献内容。相比之下,本章的结论表明,每一个"整数"对用户的贡献行为都有显著的正向影响,但边际效应在减小。因此,未来在这类平台的升级原理设计中,可以考虑使用"整数"的线性升级模式,而不是单纯的指数模式,通过一些多样化的积分模式来降低用户的感知难度,进而提升贡献信心。

第4章
免费知识分享平台：来自同伴的激励

4.1 引言

第 2 章中所关注的"重评估机制"和第 3 章的"数字线索"都是平台视角的声誉激励机制。对所有用户而言，重评估或者积分的数值累积的标准、周期、频率都是相同的，即同质性的激励。这自然而然地引发我们思考：是否可以允许平台上的用户自行设置非同质性（即个性化）的激励元素，比如根据知识寻求的迫切性、知识领域的专业性等来设置不同水平的声誉激励？进一步地，个性化的激励机制能否有效地促进更多优质内容的产生，以及对于不同类型的受众是否有不同的激励效果？本章拟以这些关键问题为主要关注点。

同质性激励机制是指用户通过提问、回答、评论、点赞等一系列内容贡献行为来获得一定的积分或荣誉，该规则由平台统一制定并适用于所有的知识贡献行为，例如用户每回答一个问题或者进行一次点赞就能获得一定的声誉值而与具体问题无关。非同质性（即个性化）激励机制是指平台需考虑到用户的异质性，如专业领域不同、内在动机不同、寻求知识的目的和迫切性不同等因素，来设置合理的激励方式或者允许用户自行设置激励水平，通常是由同伴（也就是平台上其他用户）发起的。

具体地，本章将聚焦于悬赏奖励这一"非同质化"的同伴激励机制。已有研究表明，知识问答平台中所提出的问题趋向于两个极端，一部分被提出后很快得到较多的关注和满意的答案，而高达 47.2% 的问题则根本得不到回答（Zhou J 等，2020）。因此，有些知识问答平台（如搜狗问问、Stack Overflow 等）允许知识寻求者在问题发布一段时间后且没有得到满意答案的情况下自行设置一定水平的个性化声誉激励。以知识问答平台 Stack Overflow 为例，除了平台同质性的声誉激励策略，如回答问题、点赞、评论等，可获得固定的声誉值外，还开设了虚拟赏金分配机制。知识寻求者在问题提出两天后可以选择从自己的累积声誉值中分配一定的分值

第 4 章　免费知识分享平台：来自同伴的激励

（如从 50 到 500 不等）作为赏金以吸引更多、更高质量的回答。悬赏时间最长可持续 7 天，被悬赏的问题将会在平台主页"Bountied"窗口下突出显示，并明确标识虚拟赏金金额（即声誉值），获得额外的曝光。知识寻求者在这期间可以将虚拟赏金分配给任何一个令其满意的回答，赏金被分配后则整个悬赏过程结束。

本研究关注悬赏奖励是因为它与平台提供的其他奖励相比有一个显著不同，即悬赏奖励由具体的用户颁发，这些用户本质上和内容贡献者是同伴（Peer）的关系，因此悬赏激励可以看作是一个同伴奖励。根据社会交换理论，在提供解决方案时，UGC 平台上的用户更喜欢来自他人的认可等象征性奖励（Gallus，2017）。此外，来自同行的积极反馈已经被证明可以激励新用户（Burtch 等，2022），并维持用户的贡献（Jin 等，2015；Macy，1991；Rui 等，2012）。获得悬赏奖励意味着来自具体的内容寻求者的认可，这可以作为用户积极参与并持续努力的内在动力。通常情况下，悬赏奖励的金额高于平台提供的通用奖励，以刺激潜在参与者之间的竞争。而且，并不是所有的内容贡献者都有资格获得悬赏奖金，最终只有一个赢家可以赢走该问题的全部赏金。

悬赏机制可能带来几方面的影响，分别是：①被个性化悬赏的问题获得了更多的曝光机会；②相比于同质性的平台声誉激励，额外的高悬赏声誉值对平台潜在的知识贡献者产生更强的吸引力；③由于虚拟赏金是由提问者设定，因此潜在的知识贡献者能够感知到知识寻求者的迫切性和付出的努力（Bechwati 等，2003）；④被悬赏的问题通常本身就是难度较大或受众少的问题，而虚拟赏金的设定则更进一步传递了高难度、高要求的信号；⑤高曝光量、高吸引力导致的潜在竞争回答者的增加会强化收益的不确定性，从而可能会抑制知识贡献者的回答意愿；⑥社会惰性增加。因此，基于同伴激励的虚拟赏金分配机制究竟能否有效地吸引更多、更优质的内容贡献目前仍然不甚明确。

我们将关注悬赏机制中用户可定制性最高的两个因素：赏金金额和悬

117

赏到期时间稀缺性。图 4-1 展示了 Stack Overflow 平台上发布了悬赏的问题示例，可以看出，赏金金额和悬赏到期时间是最为突出的两个特征。已有研究发现，知识寻求者在所提的问题更加棘手、难以解决时，愿意支付更高额的代价（Hsieh 等，2010）。然而是否越高的奖励金额就能刺激更高的回答意愿及更优质的内容产生？当刺激物为虚拟赏金时是否存在和真实金钱奖励不一样的效果？虚拟赏金的金额制定是否应该考虑问题的难度和已有回答的数量？这些问题的解决能够指导知识寻求者设定合适的激励水平。

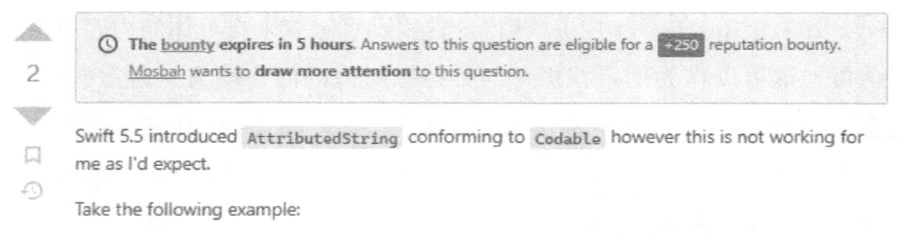

图 4-1　Stack Overflow 平台上发布了悬赏的问题示例

高额的悬赏金额表明这是一个具有挑战性和激烈竞争的问题。与同质性奖励不同，悬赏奖励通常创造了一个或赢或输的类似锦标赛的场景。在悬赏任务的情况下，知识寻求者投入虚拟或实际货币来进行悬赏，因此期望参与者将投入相同水平的努力来解决问题。关于奖励金额对用户参与和解决方案质量影响的研究仍然存在争议。例如，一些学者（Terwiesch 等，2008）认为随着奖励金额的增加，如果他们的努力没有得到补偿，参与者可能会放弃提供解决方案。因此，适度的奖励可能才会最大程度地增加参与者的数量（Liu Z 等，2021）。虽然增加奖励金额可能会吸引更多关注，但它也可能意味着更大的问题难度和复杂性，以及较低的获胜机会，这可能会抑制用户参与。然而，一些学者指出，参与者数量的增加会加剧众包比赛中的竞争（Boudreau 等，2011），导致专家的出现，并积极影响高质量解决方案的生成。因此，目前尚不确定更大的悬赏金额能够吸引更多用户的注意力并激发内容贡献，还是反而抑制动机。

与悬赏奖励相关的另一个独特的特征是时间稀缺性。免费知识问答平台中的回答作为一种公共品存在，导致平台上的用户可能存在社会惰性（Social Loafing），即当多人合作完成某件事时个体的参与积极性会降低，因此回答意愿不高。通过增加个人贡献的感知价值和感知重要性，以及与最终结果的联系的显著性能够降低社会惰性（Wash，2013）；已有研究发现在众筹情景下越接近筹款目标时，用户的捐款数会激增，存在"完成偏差"（Completion Bias）。而类似地，悬赏问题越接近其到期时间，个人越能感知到自己的回答对完成该问题所做的贡献，那么悬赏机制下是否也存在"完成偏差"还鲜有研究触及。因此，随着悬赏问题接近其到期时间，平台用户的社会惰性是否会降低，从而提高回答该悬赏问题的意愿是我们关注的另一个方面。

综上，本章关注免费知识分享平台上来自同伴而非平台的激励，主要回答以下三个研究问题。

（1）悬赏机制在多大程度上能够激发更多的内容贡献和更大的问题解决可能性？

（2）悬赏机制对内容贡献的影响在赏金金额较高时是否增强？

（3）所设置悬赏的到期时间（即时间稀缺性）如何影响用户的内容贡献行为？

为了探索这些问题，本章收集了 Stack Overflow 平台在 2020 年 1 月 1 日至 12 月 31 日之间的所有问题、答案、标签、投票数、是否有悬赏及悬赏金额等相关信息。为了验证所提出的假设，我们分别构建了一个横截面数据集和一个面板数据集。研究结果发现：①由于同伴的激励作用和参与者的乐观性偏见，悬赏奖励能够激发参与者创建更多的答案，并且问题被解决的可能性也大大提高；②悬赏金额能够正向影响参与者创建的答案数量，但是与问题解决可能性之间存在倒 U 形关系。换句话说，提高悬赏金额确实可能吸引更多的答案，但并不保证更高的问题解决可能性，甚至可能过高的悬赏金额还会降低可能性；③基于"中间困境"（stuck-in-the-middle）效应的相关解释，悬赏到期时间稀缺性对贡献者努力分配的影响呈现 U 型模式，这意味着在悬赏期的刚开始和即将结束阶段，内容贡献者将投入更多的努力。

4.2 相关工作现状分析

4.2.1 悬赏机制与内容贡献

与悬赏激励相关的文献中的一个分支是竞争性奖励（Competitive Awards），这在众包比赛的场景下应用较为广泛。具体地，众包利用数字化平台汇集分布在不同地理位置的个体的专业知识，以解决涉及各个领域的重要问题，这种方法极大地提高了问题解决的效率和效果（Ye H J 等，2015）。本章所讨论的悬赏机制与众包比赛的激励方式有相似的地方，即采用了竞争性激励结构，其特点是参与者在投入努力之前就知道获胜者的奖励金额，并且有且只有一个队伍或极少数队伍才能获得奖励。先前在众包领域的研究主要集中在评估各类因素对项目结果的影响，如激励设计（Archak，2010；Liu T X 等，2014；Morschheuser 等，2017；Wooten 等，2017；Lee H C B 等，2018；Yang Y 等，2009）、任务特征（Yang Y 等，2009；Dissanayake 等，2019）、平台特征（Blohm 等，2016），以及参与者（个体和团队）的特征（Dissanayake 等，2015，2018；Huang Y 等，2014）。

然而，悬赏奖励和众包比赛的奖励也存在显著差异。一方面，众包奖励通常由组织者或平台提供者提供，而悬赏奖励主要由问题提出者或平台社区内的同伴提供。另一方面，在众包平台上，奖励通常采用金钱形式，而在内容分享平台上的悬赏奖励通常是非金钱的。因此，尽管二者都属于竞争性激励机制，但奖励提供者和奖励形式的差异可能导致参与者之间不同的动机和行为，需要进一步的研究来阐明这些差异在内容贡献领域对问题解决可能性的影响。

与悬赏激励相关的另一个文献分支是同伴奖励（Peer Awards）。许多研究主要围绕社交媒体平台（Gans 等，2015）和流媒体平台上的虚拟货币和虚拟商品展开。这些虚拟货币或商品通常要求同伴用户使用真实货币购买并赠送给内容创作者，因此这些奖励也被认为具有货币功能。大量研究证实了这些货币化的同伴奖励对内容创作者的有力影响（Gans 等，2015；Trujillo，2022），并尝试揭示其潜在机制。例如，Gallus（2017）和 Frey 等（2017）发现同伴奖励为内容创作者提供了实质性的鼓励和认可。这种认可可以提升某些贡献者的自我效能感，从而增强内容贡献。Burtch 等（2022）通过研究 Reddit 上的同伴奖励发现，这些同伴奖励可以促使内容的产生和创新，并且对新用户的影响更为强烈。类似地，Trujillo 也通过在 Reddit 平台的数据分析揭示了不同类型的同伴奖励对用户贡献水平存在不同的效果（Trujillo，2022）。

然而，这些同伴奖励主要采用事后的货币化激励形式，对事前奖励形式的研究有限，即参与者在进行内容贡献之前并没有受到来自同伴的激励，而是创建内容之后由同伴根据其表现自由地决定是否给予打赏。由于事后同伴奖励允许同伴根据自己的偏好对多个不同的贡献者进行打赏，因此大大减轻了内容贡献者之间的竞争性。相比之下，悬赏奖励通常设计为针对能否完成特定任务的事前激励。这些差异可能导致了悬赏机制下与已有文献中同伴奖励下不同的用户行为动机。因此，需要进一步研究来理解悬赏奖励作为事前的非货币性激励对用户内容贡献的影响。

总之，先前的研究虽然分别探讨了竞争性奖励和同伴奖励对用户动机的影响，但作为一种结合了这两种奖励特点的激励方式，悬赏激励是如何影响知识分享平台上用户的内容贡献行为的，仍然存在较大的研究空白。

4.2.2 时间稀缺性与内容贡献

研究表明，对任务实施时间限制会对参与者的行为和表现产生影响。随着截止时间的临近，用户会感知到更大的时间稀缺性，这会影响他们的动机和努力程度。现有关于时间稀缺性的研究主要集中在行为决策和任务表现上（Aggarwal 等，2023；Gierl 等，2008；Coulter 等，2012），关于时间稀缺性在亲社会性的内容贡献行为中作用的研究有限。

虽然一些文献认为时间稀缺是一种压力源，并讨论了它在任务表现中的作用，但这些研究的结论是不统一的。例如，Karau 等（1992）发现，高时间压力会通过消耗认知资源而损害个体的任务表现。与之相反，Andrews 等（1972）揭示了时间压力和工作创造力之间的正相关关系。另一方面，一些学者认为时间压力和任务表现之间存在 U 形的关系，即人很难长时间付出高强度的努力（Lu 等，2022），因为会经历心理上和生理上的疲劳而逐渐减少努力倾向。但随着截止时间的临近，努力会随时间增加。

然而，在悬赏激励的背景下，很少有研究考虑时间压力对用户内容贡献表现和策略性行为的影响。由于其竞争性的特点（即在所有提供答案进行内容贡献的用户中有且只有一名用户才能最终获得悬赏），悬赏奖励可以被视为没有金钱奖励的开放性竞赛。因此，在悬赏过程中可能会产生投机行为，并将影响贡献结果。本研究旨在通过分析贡献者在远离和接近悬赏截止日期时的行为，从时间视角上为知识分享平台上的激励机制提供新的观点。

4.2.3 同伴影响的相关研究

同伴的概念最早是由 Hallinan 和 Williams（Hallinan 等，1990）提出的，他们将同伴定义为具有相似之处和平等地位的个体。同伴影响是指一个人对另一个人产生的影响，或者受到与自己相似的另一个人的影响

（Laursen 等，2021）。同伴影响力已成为教育学、社会学和管理学领域的重要话题（Sijtsema 等，2018），因为它通过在同伴的社交网络内传播信息和行为，在社会化过程中发挥着重要作用。事实上，研究发现同伴影响比其他影响来源对个人的观点和行为有更大的影响（Gowing，2019）。

一方面，市场营销和信息系统方面的文献说明了线上的非竞争环境中的同伴影响。在这种环境中，由于信息或规范原因的从众效应，同伴行为激发了个体的行为（Cialdini 等，2004），如技术采用、产品选择和由于观察学习或同伴压力而产生的在线评级行为。然而，这些研究大多是从消费者的角度进行的，他们模仿他人的行为，希望消除质量模糊性或获得社会认可，而在线内容贡献者方面的同伴影响尚未得到充分探索。

另一方面，由于社会比较，同伴影响也可能在竞争环境中产生。根据社会心理学研究，人们倾向于将自己的信仰和行为与他人的信仰和行为进行比较，这可能会引发积极或消极的感受。这种社会比较的自我评价过程可能会导致人们由于竞争动机而改变自己的信仰或行为（Qiu 等，2017）。例如，Duffy 和 Kornienko（Duffy 等，2010）表明，竞争性制度可以促进更多的慈善捐赠。在线学习的研究还表明，男性在在线学习时更重视同伴行为，因为男性通常比女性更具竞争意识。在竞争环境中，同伴行为可以引起个体的比较关注，并诱发竞争行为，从而导致同伴影响（Gneezy 等，2003）。

4.3 理论分析与研究假设

悬赏激励是知识分享平台上针对特定问题的由同伴自由设置的额外奖励。在本小节中，我们将从三个方面提出研究假设：①发布悬赏奖励与否对内容贡献的影响；②悬赏机制中金额大小的作用；③悬赏机制中到期时间所体现的时间稀缺性的作用。

4.3.1 发布悬赏与否带来的影响

与一般奖励相比，悬赏奖励是一种基于排名顺序的锦标赛，只有一个或几个顶级参与者才能获胜。已有研究表明，显示排名会降低个人的表现，因为排名较低的人可能会认为自己获胜的机会较低，随后会减少努力（Straub 等，2015）。然而，悬赏激励是一种不公开显示排名的比赛，仅由悬赏奖励提供者（即知识寻求者）来评判，且参与者付出的努力无法精确量化。

我们考虑三种可能的机制。第一，根据乐观偏见理论，个体倾向于高估未来积极事件的可能性，低估负面事件的可能性（Sharot，2011）。尽管有投入时间和精力却得不到赏金的风险，但参与者仍然会参与回答问题，并加大努力，因为在悬赏激励的竞赛中，每个参与者都相信自己的答案和其他参与者一样有机会赢得赏金。第二，可能会出现机会主义行为。由于知识分享平台上的问题和答案都是公开的，因此参与者可能会拼凑一份答案来竞争悬赏。这种通过模仿和复制他人内容的内容贡献行为的成本较低，因此这些用户可以承担无法获得赏金的失败结果。第三，悬赏奖励的另一个独特之处在于，知识寻求者通过牺牲自己的声誉值来回报对解决自己的问题贡献最大的参与者，从而使获得悬赏奖励成为一种来自同伴的认可（Peer Recognition）。正如 Gallus（Gallus，2017）所建议的那样，象征性奖励提供的实质性认可和鼓励可以被视为对答题者工作的同伴认可和积极反馈。Jin 等（Jin 等，2015）发现，获得更多同伴认可的个人为在线问答社区贡献了更多的知识。鉴于悬赏奖励的高可见度，获得奖励的参与者不仅获得了观众的关注，更重要的是，还直接获得了知识寻求者的强烈认可。这种获得同伴认可的动机可能会鼓励参与者增加参与度和努力投入程度。因此，针对悬赏问题的回答数量及质量都会提高。分别做出以下假设。

H1a：发布悬赏奖励可以提高针对该问题的回答数量，从而帮助知识寻求者解决问题。

H1b：发布悬赏奖励可以提高针对该问题的回答质量，从而提高该问题被解决的可能性。

4.3.2 悬赏机制中金额大小的作用

本小节我们通过动机强度理论（Motivational Intensity Theory）的视角来解释悬赏金额对用户参与度的影响。Wright 和 Brehm（1989）及 Richter 等（2016）提出的这一理论表明，投入努力的意愿受到能力、任务难度和成功可能性的影响。该理论认为，个体将努力投入一个被认为非常困难且可能难以克服的任务中会导致努力的浪费。为了避免资源的浪费，参与者会根据任务的感知难度来调节他们的努力投入水平。动机强度理论认为如果某个任务的成功可能性被认为较大，感知难度的增加会导致更高水平的努力投入。

在悬赏任务中，悬赏金额等于知识寻求者所付出的成本，因此他们寻求获得同等价值的知识，期望所支付的赏金成本与回答者付出的努力相匹配。也就是说，赏金金额的大小反映了问题的难度。所以，当赏金金额在一定范围内升高时，参与者认为成功获得该赏金的可能性仍然较大，因此将会付出更多的努力以匹配逐渐增加的难度（Richter M 等，2016），从而促使答案数量的增加并提高成功解决问题的可能性。

然而，当悬赏金额变得过高时，参与者会认为这个问题过于具有挑战性，超出了他们的能力范围。即任务难度存在某个阈值，当超过该阈值时，参与者认为成功的可能性会减小，从而会撤回他们的努力（Venables 等，2009）。因此，悬赏金额和内容贡献的数量与质量之间的关系遵循倒 U 形曲线。基于此，我们提出假设 H2：

H2a：悬赏金额与针对该问题的回答数量之间的关系遵循倒 U 形曲线。即在一定范围内，随着悬赏金额的增加，该问题下的回答数量也随之增加；但悬赏金额超过一定阈值后，回答数量会降低。

H2b：悬赏金额与该问题被解决的可能性之间的关系遵循倒 U 形曲线。即在一定范围内，随着悬赏金额的增加，该问题被解决的可能性也随之增加；但悬赏金额超过一定阈值后，该问题被解决的可能性反而会降低。

4.3.3　悬赏机制中时间稀缺性的作用

悬赏机制中的时间稀缺性是指悬赏通常会设置一个截止日期，即只在一定时间范围内有效。因此，随着截止日期的临近，用户感知到的能够参与该悬赏任务的时间稀缺性越来越大。

研究表明，人很难长时间付出高强度的努力（Lu 等，2022），因为会经历心理上和生理上的疲劳（Shenhav 等，2017）而逐渐减少努力倾向，即调动更少资源来进行工具性行为。但随着期限临近，努力会随时间增加（Bonezzi 等，2011）。目标梯度的"中间困境"效应（stuck-in-the-middle）（Hull，1932）描述了这一现象，认为个体在进行努力分配时展示出一种 U 形模式。这是因为个体对精力的投入（Effort Allocation）是通过比较投入精力的成本和收益来分配的，即人们努力增加每单位时间的行动奖励，同时权衡其与投资认知资源的成本。为了进一步理解这种 U 形模式，我们从机会成本的角度进行解释，并讨论它们在截止日期临近或远离时如何影响贡献者的努力。

已有研究将执行一个焦点任务的机会成本定义为在从事焦点任务的同时放弃对替代任务的行动的成本（Kurzban 等，2013）。通常，该成本被计算为替代任务的价值减去焦点任务的价值。因此，个人在焦点任务上投入的精力和努力程度通常与其机会成本成反比，即当机会成本越高时，人们越容易放弃当前焦点任务而转去执行替代任务。

第一，基于边际效用递减原则（Charnov，1976），随着时间推移，对任务的进一步行动的价值往往会下降，因此在赏金开始时（具有最小的时间稀缺性）用户所投入的精力和努力会逐渐降低。第二，随着悬赏截止日期的临近，由于即将失去参与并获得奖励的机会，与离截止日期更远的问题相比，接近截止日期的回答问题的价值增加。因此，一方面回答接近截止日期的问题的机会成本（远离截止日期的问题的价值减去接近截止日期的问题的价值）变得最小（Emanuel 等，2022），用户更愿意投入精力和努力。另一方面，从信息外溢效应的角度来看（Al-Hasan 等，2017），在截止日期临近时悬赏问题通常积累了较多的回答，现有的答案也降低了此时参与者获取信息的成本。这进一步增强了在时间稀缺性最大（即最接近悬赏截止日期）时参与者投入努力的净利益。

总的来说，在赏金期内，当悬赏刚发布时时间稀缺性最小，参与者表现出最强烈的参与愿望，问题会引起最多的回应。随着时间稀缺性逐渐增加，回答赏金问题的价值呈现出边际效用递减的趋势，导致回答数量和愿意付出努力的程度都逐渐减少。然而，随着可用时间继续减少并达到极端稀缺性，此时投入精力和努力的净利益又再次升高，导致参与者之间策略性投机行为的增加。因此，回答数量和愿意付出努力的意愿再次回升到较高水平。因此，我们提出了时间稀缺性与内容贡献之间的 U 型关系。因此，提出假设 3。

H3a：悬赏时间稀缺性与针对该问题的回答数量之间的关系遵循 U 形曲线。即在一定范围内，随着悬赏时间的流逝，该问题下的回答数量随之减少；但当悬赏时间临近截止日期时，回答数量会再次升高。

H3b：悬赏时间稀缺性与该问题被解决的可能性之间的关系遵循倒 U 形曲线。即在一定范围内，随着悬赏时间的流逝，该问题被解决的可能性也随之减少；但当悬赏时间临近截止日期时，该问题被解决的可能性会再次升高。

4.4 基于二手数据的实证研究

4.4.1 数据来源与实证模型

（1）研究场景与数据来源。

为了验证上述假设，我们将研究场景设定为 Stack Overflow 这个技术知识问答平台，该平台允许用户发起问题、创建答案、撰写回复、投票等行为。鉴于有些问题可能在发布后很长一段时间都没有得到令提问者满意的答案，平台的悬赏机制允许提问者自行设置一定水平的个性化声誉激励（即虚拟赏金），从自己的累积声誉值中分配一定的分值（例如从 50 到 500 不等）作为额外的赏金，悬赏时间最长可持续 7 天，被悬赏的问题将会在平台主页突出显示，并明确标识虚拟赏金金额，获得额外的曝光，该激励机制的过程如图 4-2 所示。

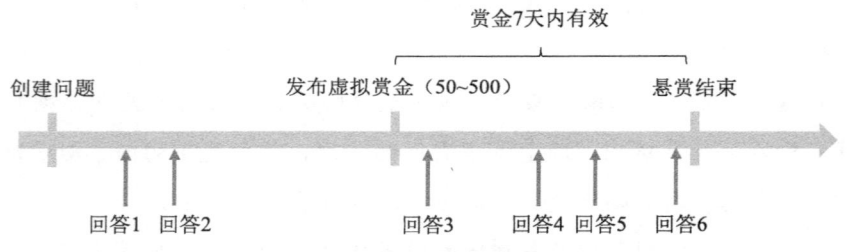

图 4-2　虚拟赏金分配的过程示意

我们从 http://data.stackexchange.com/ 开源平台上获得相关数据，包括：①用户基本信息（ID、注册时长、声誉值、归属地、徽章数量、提问数、回答数、个人信息页被浏览次数）；②问题基本信息（题目、描述、提问用户、标签、发布时间、修改时间、是否有虚拟赏金、赏金发布时间、赏金金额、答案数量、对问题的投票数、收藏数）；③答案基本信息（答案描述、回答用户、发布时间、是否是最佳答案、对该答案的投票数）。

先过滤掉虚拟赏金分配过程中的两种特殊情况。第一，虚拟赏金在发布时允许用户选择设置赏金的原因，如吸引关注（Draw Attention）、提升细节（Improve Details）、现有的答案过时（Current Answer Are Outdated）等，其中一种特殊的原因是奖励现有的某个答案（Rewarding Existing Answer）。这类悬赏问题的初衷并不是吸引更高质量的新回答，并且潜在回答者看到赏金发布原因后也不会受到激励，因此需要把这类赏金问题从我们的数据集中删除。第二，存在一种可能性，即提问者在虚拟赏金有效期（7天）结束后仍没有得到满意的答案，不将赏金分配给任何一个回答者，则此时由平台自动将一半的奖金分配给得票最高的答案或被提问者接受的答案（Accepted Answer），我们这里将这一类问题也从数据集中剔除。

为了检验假设 H1 和 H2，我们利用有悬赏奖励和没有悬赏奖励的问题构建了横截面数据，并使用倾向得分匹配来纠正由于问题特征而产生的潜在选择偏差。为验证 H3，我们以"天"为单位构造了一个面板数据，关注悬赏有效期内（即 7 天）内的整个时间段的回答数量和质量的变化，以研究悬赏到期时间稀缺性对内容贡献的影响。最终，我们预处理后的数据集包含 121461 个问题及其相关的信息，其中有 17847 个问题是曾经发布悬赏的问题。值得注意的是，在 Stack Overflow 平台上，一旦知识寻求者用他们的声望积分向问题添加悬赏奖励，即使没有获得想要的答案，该行为也是无法撤回的。具体地，在悬赏期间，知识寻求者（即提问者）可以自主选择某个回答为"最佳答案"并将悬赏奖励分配给回答者，也可以一直不分配。如果在悬赏期结束时悬赏仍未分配，平台将收回悬赏奖励的一半，并将另一半分配给投票最高的答案。

（2）关键变量与模型设定。

首先，针对横截面数据验证假设 1 和假设 2，本研究使用两个因变量分别来度量用户的内容贡献行为：①问题 i 累计收到的回答数量（记作 $Answer_i$）；②问题 i 是否存在由提问者选定的"最佳回答"（记作 $Solved_i$），该变量用来表明该问题是否被解决。由于 $Solved_i$ 是一个二值变量，$Answer_i$ 是计数变量且期望和方差不相等，因此我们针对这两个因变量分别使用逻辑回归和负二项回归模型来进行建模。为了检验假设 1，主要关注的自变量是 $Bounty_i$，即是否发布悬赏奖励，如下面的模型（1）所示；为了检验假设 2，我们仅保留那些发布过悬赏奖励的问题数据，主要关注的自变量是 $Amount_i$，即悬赏金额的大小，并且加入了该自变量的二次方用来检验 U 形关系，如下面的模型（2）所示。

$$DV_i = \alpha_0 + \alpha_1 Bounty_i + \boldsymbol{Controls}\_1_i + \varepsilon_i \tag{1}$$

$$DV_i = \beta_0 + \beta_1 Amount_i + \beta_2 Amount_i^2 + \boldsymbol{Controls}\_1_i + \varepsilon_i \tag{2}$$

其中，DV_i 代表上述两个因变量。$\boldsymbol{Controls}\_1_i$ 表示和问题 i 相关的一些特征作为控制变量，包括该问题收到的标签数量（$Tags_i$）、标题长度（$TitleLength_i$）、问题文本长度（$BodyLength_i$）、悬赏发布前问题 i 收到的回答数量（$ExistingAnswers_i$），以及问题 i 从发布起到获得第一条回答时的天数（$FirstAnswer_i$）。ε_i 是随机误差项。

为了检验假设 3，我们仅使用那些发布过悬赏奖励的问题数据，并且构建了面板数据。其中，每个观测值为 1 个问题，每个时间单位为 1 天。此时的因变量是问题 i 在悬赏开始后的第 t 天内收到的回答数量（记作 $Answers_{it}$）和是否在悬赏第 t 天获得"最佳回答"（记作 $Solved_{it}$）。主要的自变量为悬赏激励到期时间稀缺性（记作 $Scarcity_{it}$），被定义为悬赏发布至今的天数。例如，在悬赏发布后的第 7 天，$Scarcity_{it}$ 的取值为 7，表示时间稀缺性的最高水平。我们分别使用逻辑回归模型和负二项回归模型来检验时间稀缺性对"回答数量"和"是否有最佳回答"的影响，并且将时间稀缺性的二次项加入模型中以检验其 U 形关系，如下面的模型（3）所示。

$$DV_{it} = \gamma_0 + \gamma_1 Scarcity_{it} + \gamma_2 Scarcity_{it}^2 + \mu_i + \omega_t + \boldsymbol{Controls}\_2_{it} + \varepsilon_{it} \tag{3}$$

其中，DV_{it} 分别表示两个因变量 $Solved_{it}$ 和 $Answers_{it}$。$\boldsymbol{Controls}\_2_{it}$ 表示随时间变化的控制变量，例如问题 i 在时间 t 收到的评论数量

（$Comment_{it}$）、收到的投票数量（$Voteups_{it}$）等。μ_i 表示问题 i 的固定效应，ω_t 表示时间 t 的固定效应，ε_{it} 是随机误差项。

表 4-1 展示了关键变量的描述性统计。从表中可以看出，平均而言，46.5% 的问题帖子获得了"最佳回答"，每个问题的平均回答数为 1.537。这些结果表明，在 Stack Overflow 平台上，大部分用户的问题并没有得到令人满意的回答，因此也说明了检验悬赏激励机制是否有效是一个重要的研究问题。

表 4-1　主要变量的描述性统计

变量	含义	观测值	均值	标准差	最小值	最大值
横截面数据						
因变量						
$Solved_i$	0-1 变量，问题 i 是否获得了最佳回答	121461	0.465	0.499	0.000	1.000
$Answers_i$	问题 i 收到的总回答数量	121461	1.537	0.902	1.000	6.000
自变量						
$Bounty_i$	0-1 变量，问题 i 是否发布了悬赏奖励	121461	0.147	0.354	0.000	1.000
$Amount_i$	问题 i 的悬赏金额	17847[①]	0.976	0.979	0.500	5.000
控制变量						
$TitleLength_i$	问题 i 的题目长度	121461	61.486	22.563	23.000	130.000
$BodyLength_i$	问题 i 的文本长度	121461	344.800	458.861	25.000	2757.000
$Tags_i$	问题 i 收到的标签数	121461	4.229	1.243	2.000	6.000
$FirstAnswer_i$	问题 i 从发布起到获得第一条回答时的天数	121461	12.850	43.088	1.000	304.000

① 数据集中有 17847 个问题曾经发布过悬赏奖励，即 $Bounty_i = 1$。

续表

变量	含义	观测值	均值	标准差	最小值	最大值
$ExistingAnswers_i$	悬赏发布前问题 i 收到的回答数量	121461	0.276	0.575	0.000	3.000
面板数据						
因变量						
$Solved_{it}$	问题 i 是否在悬赏第 t 天获得"最佳回答"	124929①	0.083	0.276	0.000	1.000
$Answers_{it}$	问题 i 在悬赏开始后的第 t 天内收到的回答数量	124929	0.243	0.646	0.000	64.000
自变量						
$Scarcity_{it}$	悬赏发布至今的天数	124929	4.000	2.000	1.000	7.000
控制变量						
$Comment_{it}$	问题 i 在时间 t 收到的评论数量	124929	0.164	0.455	0.000	4.000
$Voteups_{it}$	问题 i 在时间 t 收到的投票数量	124929	0.276	0.688	0.000	11.000

4.4.2　关于赏金金额和时间稀缺性的影响结果

（1）发布悬赏与否对内容贡献的影响。

为了检验假设 1，我们首先基于模型 1 的两个因变量分别进行了逻辑回归和负二项回归；为了检验假设 2，我们基于模型 2 也同样地分别进

---

① 面板数据中有 124929 条观测值，即 17847 个悬赏问题在 7 天内的记录（17847 × 7 = 124929）。

行了逻辑回归和负二项回归。表 4-2 展示了两个因变量（即 $Answers_i$ 和 $Solved_i$）的回归系数，括号内为标准误差。针对假设 1，从表中第一行可以看出，关键自变量 $Bounty_i$（即是否发布悬赏）的系数在两个模型中都是正向显著，与假设一致，说明发布悬赏激励后能够正向影响内容贡献的数量和质量，提高问题被解决的可能性。

具体地，如表 4-2 中的第一列和第二列所示，当提问者发布悬赏奖励时，每个问题收到的回答数量和获得最佳回答的可能性显著增加。当因变量为 $Answers_i$ 时，自变量 $Bounty_i$ 的系数为 0.301；当因变量为 $Solved_i$ 时，自变量 $Bounty_i$ 的系数为 0.518，都在 p<0.01 水平上显著。说明了当控制其他变量保持一致时，相较于没有悬赏激励的问题，发布了悬赏的问题获得更多回答的概率是 1.351 倍 [Odds Ratio = exp（0.301）= 1.351]。类似地，相较于没有悬赏激励的问题，发布了悬赏的问题获得最佳答案的概率是 1.679 倍 [Odds Ratio = exp（0.518）= 1.679]。这些数据分析结果表明当知识寻求者在其问题上设置悬赏激励时，回答数量和问题被解决的可能性都会增加，从而支持了 H1a 和 H1b。

表 4-2 模型 1 与模型 2 的数据分析结果

Variable	(1) $Answers_i$	(2) $Solved_i$	(3) $Answers_i$	(4) $Answers_i$	(5) $Solved_i$	(6) $Solved_i$
$Bounty_i$	0.301*** （0.004）	0.518*** （0.017）				
$Amount_i$			0.051*** （0.004）	0.091*** （0.015）	0.018 （0.016）	0.165*** （0.056）
$Amount_i^2$				−0.008*** （0.003）		−0.031*** （0.011）

续表

Variable	(1) Answers$_i$	(2) Solved$_i$	(3) Answers$_i$	(4) Answers$_i$	(5) Solved$_i$	(6) Solved$_i$
TitleLength$_i$	0.000*** (0.000)	0.001** (0.000)	–0.000 (0.000)	–0.000 (0.000)	–0.001 (0.001)	–0.001 (0.001)
BodyLength$_i$	–0.000** (0.000)	0.000*** (0.000)	–0.000 (0.000)	–0.000 (0.000)	0.000*** (0.000)	0.000*** (0.000)
Tags$_i$	0.005*** (0.001)	0.044*** (0.005)	0.012*** (0.003)	0.012*** (0.003)	–0.017 (0.013)	–0.017 (0.013)
FirstAnswer$_i$	0.003*** (0.000)	–0.003*** (0.000)	0.001*** (0.000)	0.001*** (0.000)	–0.004*** (0.000)	–0.004*** (0.000)
ExistingAnswers$_i$	0.515*** (0.002)	–0.337*** (0.011)	0.426*** (0.004)	0.425*** (0.004)	–0.239*** (0.028)	–0.242*** (0.028)
Constant	0.108*** (0.005)	–0.406*** (0.025)	0.424*** (0.019)	0.402*** (0.020)	0.503*** (0.072)	0.420*** (0.078)
Log-likelihood	–149135.190	–82405.749	–26125.492	–26123.036	–11962.487	–11958.729
Observations	121461	121461	17847	17847	17847	17847

注：括号中是稳健标准误差，***$p<0.01$，**$p<0.05$，*$p<0.1$。

（2）赏金金额的影响结果。

表4-2中的第（3）～（6）列展示了对假设2a和假设2b的验证结果。如第4列所示，当因变量是回答数量 Answers$_i$ 时，自变量悬赏金额 Amount$_i$ 的系数为正向显著（即0.091），其二次项 Amount$_i^2$ 的系数为负向显著（即–0.008）。当因变量为是否收到最佳答案 Solved$_i$ 时，也有类似的结果，即一次项的系数为显著正向，二次项的系数为显著负向。进一步地，为了验证自变量与因变量是否为倒 U 形关系，我们基于已有研究来检

验其拐点是否在自变量的区间内。结果显示，当因变量为该问题是否收到最佳答案 $Solved_i$ 时，其拐点位于自变量的取值范围内，但当因变量是回答数量 $Answers_i$ 时，倒 U 形关系并不成立。

我们在图 4-3 中画出了悬赏金额 $Amount_i$ 对两个因变量的影响曲线，可以明显看出左侧对于 H2a 的检验没有呈倒 U 形，而右侧对于 H2b 的检验满足倒 U 形关系。这表明随着悬赏金额的增加，获得最佳答案的可能性先增后减，而回答数量则会一直增加，只是增加速度会逐渐放缓，这一结果支持了假设 H2b，但没有支持 H2a。

悬赏金额与回答数量之间并不存在倒 U 形的关系，这可能归因于投机者为追求更高的回报，会以较低的成本模仿其他人来提交答案，导致随着悬赏金额的上升，回答数量不断增加。然而，低质量答案的增加并不一定对知识寻求者获得最佳答案有所帮助。由于真实贡献者的动机仍然受到问题难度水平的影响，当问题复杂度在一定范围内时，他们往往会付出与问题复杂性相匹配的努力。然而，超过一定阈值后，贡献者可能会因为感知到的难度超过了他们的能力而减少努力，从而导致出现倒 U 形的关系。换句话说，增加悬赏金额确实可能吸引更多的人回答问题，但并不一定能保证更高的问题解决可能性，甚至可能降低问题被解决的可能性。因此，这一数据结果给我们的启示是有必要为知识寻求者设置适当的悬赏金额。

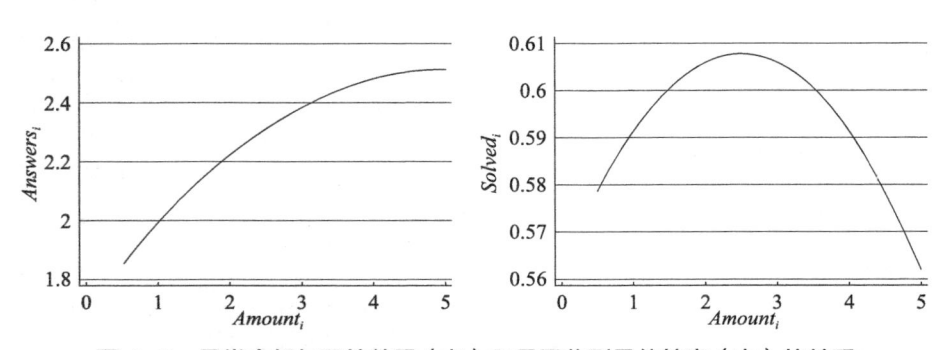

图 4-3 悬赏金额与回答数量（左）和是否收到最佳答案（右）的关系

（3）悬赏到期时间稀缺性的影响结果。

模型（3）的面板数据分析结果展示在表4-3中，可以看出悬赏到期时间稀缺性对两个因变量都有显著影响，并且和我们的假设一致，呈现倒U形关系。我们观察到自变量$Scarcity_{it}$的一次项对于两个因变量（回答数量$Answers_i$和是否收到最佳答案$Solved_i$）都是显著负向影响（即系数分别为-0.178和-0.295），表明在一定时间范围内，随着悬赏发布时间的流逝（即时间稀缺性的增加），该悬赏问题收到的回答数量和问题被解决的可能性都在减少。此外，我们也可以发现自变量$Scarcity^2_{it}$的二次项对两个因变量的系数都是显著正向（即系数分别是0.147和0.116），表明悬赏到期时间稀缺性可能与用户的内容贡献之间存在U形关系。

表4-3 模型（3）的数据分析结果

Variable	(1) $Answers_{it}$	(2) $Answers_{it}$	(3) $Solved_{it}$	(4) $Solved_{it}$
$Scarcity_{it}$	-0.178^{***} （0.003）	-1.353^{***} （0.040）	-0.295^{***} （0.006）	-1.225^{***} （0.072）
$Scarcity^2_{it}$		0.147^{***} （0.005）		0.116^{***} （0.009）
$Comment_{it}$	0.019^{***} （0.001）	0.037^{***} （0.001）	0.003^{***} （0.008）	0.002^{***} （0.008）
$Voteups_{it}$	0.333^{***} （0.009）	0.333^{***} （0.009）	0.420^{***} （0.016）	0.420^{***} （0.016）
Constant	0.477^{***} （0.032）	1.505^{***} （0.048）	0.158^{***} （0.040）	0.070^{***} （0.047）
Time fixed effect	Yes	Yes	Yes	Yes
Question fixed effect	Yes	Yes	Yes	Yes
Log-likelihood	−43247.485	−43247.485	−16752.614	−16752.614
Observations	124929	124929	72912[3]	72912

注：括号中是稳健标准误差，$^{***}p<0.01$，$^{**}p<0.05$，$^{*}p<0.1$。

为了进一步说明这一 U 形关系的实际意义，我们计算了与因变量相关的拐点，发现都位于数据集自变量的取值范围内。也就是说，具有更极端时间稀缺性（即在悬赏奖励期的开始和结束时）的问题更有可能获得更多回答并更有可能被解决，从而支持了假设 H3a 和 H3b。

我们在图 4-4 中画出了悬赏到期时间稀缺性 $Scarcity_{it}$ 对两个因变量的影响曲线，可以看出左侧表明时间稀缺性与回答数量之间呈 U 形关系，右侧时间稀缺性与获得最佳答案的可能性也呈 U 形关系，这与目标梯度理论的"中间困境"一致。这意味着参与者在悬赏奖励期刚开始时投入更多努力，导致提供的回答数量较高和问题被解决的可能性较高。随着悬赏发布时间的流逝，用户因为无法一直保持高强度的努力而逐渐降低其内容贡献的数量和质量。然而，在悬赏到期时间临近时，用户感知到的时间稀缺性达到顶峰，为了最大化其净收益，用户再次积极参与悬赏奖励的竞争。因此，这导致提供的回答数量和问题被解决的可能性均增加，再次达到了较高的水平。

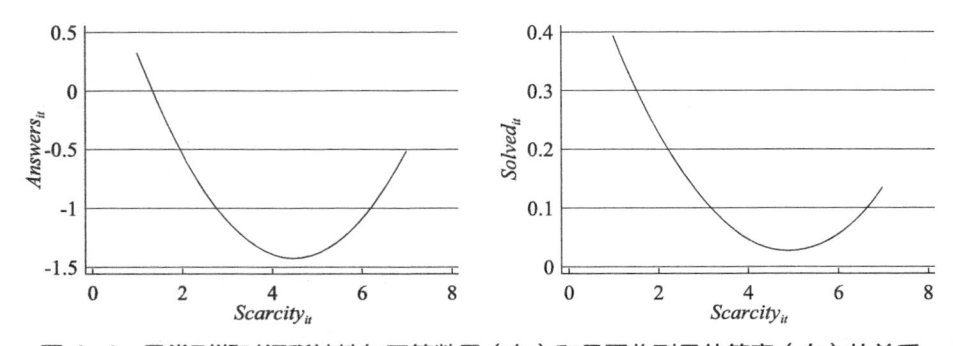

图 4-4 悬赏到期时间稀缺性与回答数量（左）和是否收到最佳答案（右）的关系

4.4.3 稳健性检验

本小节我们对上述结果进行稳健性检验。鉴于发布过悬赏奖励和从未发布悬赏的问题之间可能存在的固有差异（例如，发布悬赏的问题的难度可能更大），以及改善样本平衡的需要，我们在本小节采用了"粗化精确匹配（Coarsened Exact Matching，CEM）"的匹配方法来解决处理组和对照组之间异质性相关的问题。与倾向得分匹配将多维向量缩减为单一维度的方法相比，CEM 允许基于多个属性的精确匹配。CEM 根据协变量将观察结果分层，仅保留包含处理组和对照组观察结果的分层，从而将匹配数据限制在共同支持的区域（Common Support Areas）。我们使用 5 个协变量匹配了无悬赏问题和有悬赏问题的数据样本，并使用匹配后的样本对模型（1）重新进行数据分析，结果如表 4-4 所示。

表 4-4　使用 CEM 匹配后的数据集对模型（1）的分析结果

Variables	（1） $Answers_i$	（2） $Solved_i$
$Bounty_i$	0.324*** （0.002）	0.726*** （0.060）
$TitleLength_i$	0.000** （0.000）	0.003** （0.001）
$BodyLength_i$	−0.000*** （0.000）	0.000** （0.000）
$Tags_i$	0.006*** （0.001）	0.043** （0.019）
$FirstAnswer_i$	0.001*** （0.000）	−0.055** （0.022）
$ExistingAnswers_i$	0.479*** （0.001）	−0.685*** （0.116）
Constant	0.183*** （0.005）	−0.114 （0.152）
Log-likelihood	−34809.086	−21547.034
Observations	31607	31607

注：括号中是稳健标准误差，*** $p<0.01$，** $p<0.05$，* $p<0.1$。

从表 4-4 中可以看出，使用匹配后的数据集得到了和前述全部数据集一致的结果，发布悬赏奖励对收到的回答数量和问题被解决的可能性都有正向影响。如第 1 列所示，相较于没有发布过悬赏奖励的问题，发布悬赏后获得更多回答的概率是其 1.382 倍〔Odds Ratio = exp（0.324）= 1.382〕。类似的，第 2 列中显示相较于从未发布悬赏奖励的问题，发布悬赏后获得最佳答案（即该问题被解决）的概率是其 2.066 倍。因此，在匹配后的数据集上的实证结果再次验证了我们的假设 H1，即发布悬赏激励能够显著增加该问题收到的回答数量和被解决的可能性，同时也说明了这一结论的稳健性。

4.5　信息质量发挥的作用

由于信息质量（这里指问题的质量）会直接影响用户对问题的理解和对投入努力程度的分配，因此我们在本节将问题质量视为调节变量，来检验其发挥的作用。

Kavaler 等（2018）提出了一种度量帖子质量的方法，该方法同时考虑了帖子（即问题）的质量及流行度。由于被浏览次数越多的问题越有机会获得投票，因此直接使用投票数来作为问题质量的度量是不合理的。在该研究中，问题的质量被定义为 $Quality_i = s_i / v_i$，其中 s_i 是问题 i 获得的净投票数（即正向投票数 – 负向投票数），v_i 是该问题被浏览的次数。在本节中我们借鉴了该度量方法，$Quality_i$ 的值越高，表明该问题的质量就越好。为了检验问题质量是否会影响用户的内容贡献行为，尤其是悬赏奖励在不同质量的问题下是否起到不同的作用，我们进一步在模型（2）和模型（3）中将问题质量作为调节变量，重新进行数据分析，结果如表 4-5 所示。

表 4-5 信息质量的调节作用

Variable	(1) DV = $Answers_i$ IV= $Amount_i$	(2) DV =$Solved_i$ IV= $Amount_i$	(3) DV = $Answers_{it}$ IV= $Scarcity_{it}$	(4) DV =$Solved_{it}$ IV= $Scarcity_{it}$
IV	0.070*** (0.018)	0.225*** (0.071)	−1.424*** (0.041)	−1.296*** (0.074)
IV^2	−0.004 (0.004)	−0.040*** (0.015)	0.160*** (0.005)	0.129*** (0.010)
$Quality_i$	−5.430*** (1.042)	−4.814 (4.062)	−20.075*** (4.037)	
$Quality_i \times IV$	3.430** (1.646)	−7.724 (6.103)	−2.946* (1.630)	−5.866** (2.564)
$Quality_i \times IV^2$	−0.628* (0.340)	1.148 (1.278)	0.535*** (0.206)	0.910*** (0.336)
Control	Yes	Yes	Yes	Yes
Time fixed effect			Yes	Yes
Question fixed effect			Yes	Yes
Constant	0.443*** (0.021)	0.473*** (0.083)	0.792*** (0.056)	0.066*** (0.047)
Log-likelihood	−26107.646	−11939.207	−43864.672	−17061.041
Observations	17847	17847	124929	72912

注：括号中是稳健标准误差，***$p<0.01$，**$p<0.05$，*$p<0.1$。

表 4-5 的第 1 列和第 2 列是针对模型（2）的横截面数据的分析结果，当因变量为回答数量 $Answers_i$ 时，交叉项 $Quality_i \times Amount_i^2$ 的系数为负向显著（即 -0.628），这说明随着问题质量的提高，悬赏金额与回答数量之间的倒 U 形关系变得更加陡峭。也就是说，在高质量问题中，内容贡献数量对悬赏金额的敏感性增强。当处理高质量问题时，用户更倾向于对悬赏金额的变化做出响应。这种现象可能归因于高质量问题往往更具吸引力，吸引更多的竞争及对更高奖励价值的感知，从而放大了悬赏金额的影响。然而，当因变量为是否收到最佳答案 $Solved_i$（即问题被解决的可能性）时，该系数不显著，说明问题质量对悬赏金额和问题被解决可能性之间的关系没有调节作用。

表 4-5 中的第 3 列和第 4 列是针对模型（3）的面板数据的分析结果，主要关注的自变量是悬赏到期时间稀缺性 $Scarcity_{it}$。一是关注问题质量与 $Scarcity_{it}$ 一次项的交互项，当因变量为回答数量 $Answers_{it}$ 时，交互项 $Quality_i \times Scarcity_{it}$ 的系数为负向显著（即 -2.946）；当因变量为是否收到最佳答案 $Solved_{it}$ 时，交互项 $Quality_i \times Scarcity_{it}$ 的系数也是负向显著（即 -5.866）。这说明随着问题质量的提高，U 形关系的拐点将向左移动。二是我们观察到针对两个因变量而言，问题质量与 $Scarcity_{it}$ 二次项的交互项 $Quality_i \times Scarcity_{it}^2$ 均为正向显著（分别是 0.535 和 0.910），说明随着问题质量的提升，时间稀缺性与内容贡献之间的 U 形关系变得更加陡峭。这意味着，对信息质量更高的问题，问题解决可能性和内容贡献数量对悬赏到期时间稀缺性的敏感性都会更高，加剧了"中间困境"效应。随着问题质量的提高，参与者对时间的意识增强，导致在悬赏刚发布时随着时间的推移投入的努力程度大幅度地减少，并在悬赏截止日期临近时又会显著提高其努力程度。

4.6　本章小结

聚焦于免费知识分享平台中的用户自行设置的非同质性激励元素，本章深入探讨了悬赏这种同时具有竞争性和同伴激励特点的激励元素对内容贡献的影响。悬赏激励是由知识寻求者通过牺牲自己的声誉值来回报解决自己问题贡献最大的参与者，从而使获得悬赏奖励成为一种来自同伴的认可。同时，考虑到参与者的乐观偏见，个体通常会高估自己获得赏金的可能性，因此我们认为发布悬赏能够有效激励用户提高参与度。具体而言，我们关注悬赏奖励的可定制性最高的两个因素，即个性化的赏金金额和悬赏到期时间稀缺性，并基于动机强度理论和"中间困境"效应分别提出了二者与内容贡献之间呈倒 U 形关系和 U 形关系。

本章的研究情境是 Stack Overflow 这一 IT 知识分享平台的悬赏机制，通过分别构造横截面数据和面板数据，并采用逻辑回归和负二项式回归进行建模，研究发现悬赏金额与问题被解决的可能性之间存在倒 U 形的关系，但与回答数量呈现正相关的关系，即悬赏金额越大，吸引的回答数量越多，但不一定能提高问题被解决的可能性。这是因为悬赏金额超过一定阈值后，贡献者可能会因为感知到难度超过了他们的能力而降低自己的努力程度，从而导致出现倒 U 形的关系。另外，悬赏到期时间稀缺性对回答数量和问题被解决的可能性的影响均呈现 U 形的模式，验证了"中间困境"效应的存在，说明在悬赏最初发布时往往会吸引到较多的回答和高质量的回答，但随着悬赏发布时间的流逝用户无法一直保持高强度的努力而逐渐降低其内容贡献的数量和质量。在悬赏到期时间临近时，用户感知到的时间稀缺性又会促使他们再次积极参与悬赏奖励的竞争。

在理论贡献上，首先，本书拓展了关于竞争性激励在用户主动自发的内容贡献场景下的相关研究。其次，丰富了关于非货币形式的同伴激励及其具体元素对内容贡献的文献。最后，验证了时间稀缺性在激励内容贡献中的作用，并发现了激励机制存在的"中间困境"效应。从实践启示上来看，本章的研究结果鼓励知识寻求者发布悬赏奖励，以增加问题解决的可能性，但应当注意要设置适当的悬赏金额，避免设定过高而浪费成本或设定过低无法获得高质量内容。此外，对信息质量高的问题，悬赏金额对问题解决可能性的影响会增强，因此知识寻求者应当努力提高问题的质量，使其更容易被理解。鉴于时间稀缺性对不同质量问题的差异影响，平台可以优化激励设计，使知识寻求者能够个性化设置悬赏时长，从而更有效地促进内容贡献。

第5章

付费知识平台：新手用户和专业用户的消费满意度

5.1 引言

近年来，社会竞争日益激烈，人们对知识的渴望及未来发展的焦虑使得知识付费成为新的流行趋势。一些免费的知识共享平台开始尝试向用户收费以为其提供更专业的知识（Cai 等，2018），进而衍生出两个群体，即知识提供者和知识消费者。例如，曾经是免费问答社区的知乎后续推出了付费收听服务，即知乎 Live，用户可以通过该服务加入专家提供的特定主题的 Live 讲座，但需支付入场费。知识货币化行业极大地鼓励了专业人士提供更多的领域知识，并帮助消费者获得高质量的知识（Li G，2018）。利用免费知识共享平台积累的大量用户优势，知识付费模式取得了巨大成功。

在付费知识分享平台中，内容贡献者可以自行决定所提供的知识的价格，这一特殊的经济激励成为知识产品的固有属性而不再是额外施加的刺激。由于消费者需要付出额外的金钱成本才能浏览相关内容，同时知识提供者也获得了相应的经济收益，因此知识产品的个性化定价成为一种特殊的经济刺激，可能同时影响消费者满意度和知识提供者的后续内容贡献行为。

一方面，从知识需求方（即消费者）角度，知识产品作为一种特殊的体验型产品，存在效用函数难以确定的特点，消费者很难在获取知识之前有效判断知识付费产品的质量（Zhang J 等，2019）。研究表明，49.7% 的知识付费的消费者表示使用感受一般，12.3% 表示不满意，而统计数据同样表明付费知识产品复购率和打开率并不理想，这些问题在一定程度上制约着知识付费产品和平台的发展。已有研究主要关注付费知识分享平台上消费者的知识付费意愿（Cai 等，2018；Liu X 等，2018），然而知识产品的特殊性导致用户的付费意愿和消费后满意度可能存在不一致的情况，而将消费者知识付费满意度作为因变量的研究，尤其是讨论知识产品定价对满意度影响的研究还相对较少。

另一方面，从知识供给方角度，价格对于知识产品提供者是一种特殊的经济激励。其一，它是知识产品的固有属性而非额外施加的刺激；其二，产品价格完全是由知识产品提供者决定的，可能对不同知识背景、专业程度的消费者的效用有所不同，这些特征使其与免费知识分享平台中的经济激励区分开来。那么，价格作为与免费知识分享平台最主要的区别，同时也是一种特殊的个性化经济激励，是如何影响知识消费者的满意度的？这是该新兴商业模式下提升整体知识内容水平、维持长久发展所亟须解决的问题。知识产品在以下几个方面与有形商品存在较大差别：①在知识生产方面，没有传统的质量监控，知识质量难以保证；②知识质量在消费前难以得到正确评估（Desouza 等，2006）；③知识质量的感知与消费者的背景和专业水平有关，具有很大的主观性（Jamal 等，2009）。这些因素都为探究消费者在线知识付费满意度的影响机制提出了挑战。

具体而言，知识分享平台上的用户分化十分明显，有的用户非常活跃，回答和提问数量能达到上千次，而有的用户却只有个位数的活动记录，这就导致了用户的知识专业度的差异化。已有研究表明，在知识分享意愿和分享动机方面，专业用户（Expert）和新手用户（Novice）存在显著差异（Zhang J 等，2019），但从知识受众（即消费者）的视角探讨不同专业度受众对付费知识的满意度的研究还比较缺乏；同时，不同受众的反馈评价信息对知识提供者的激励作用也可能存在较大的不同。进一步地，知识内容具有许多细分领域，如何利用客观数据衡量用户在不同细分领域的专业度（Expertise）也是难点之一。而解决该问题的一个重要挑战是付费知识分享平台中的消费者行为数据的稀疏性。不同于免费平台中用户常常在需求方和供给方的角色中转换，付费平台中用户分化成两个较明显的群体，即知识提供者和知识消费者。消费者通常只有购买、短文本评论等数据，造成了数据的稀疏性，以至于难以准确度量其在细分知识领域的专业性。鉴于此，本研究考虑用户在免费和付费平台上的行为迁移，使用文本挖掘方法构建消费者知识专业度的测度，并分析受众的专业度在上述知识产品价格对消费者满意度的调节作用。

知识付费平台为上述问题的研究提供了基础线索。一方面，为了降低消费者的感知风险，知识付费平台为用户提供了有限的信息线索，其中知识的价格通常被视为买方成本的重要指标（Sun J 等，2018；Zhao Y Zhao 等，2018），但很少被视为知识质量的潜在信号（Ruth，2012）。一般来说，从成本效益理论来看，价格越高及质量越低的情况下，消费者满意度越低（Su H 等，2008）。另一方面，基于动态视角，消费者过去的知识付费行为也可能对他们当前的购买满意度产生影响，因为他们往往对一些内部参考点产生"黏性"（Goh 等，2016），例如历史价格和历史满意度。

然而，由于缺乏对用户个体的刻画，这些因素似乎不足以解释知识付费满意度的个体差异，而对用户个体的画像需要有全面的用户档案与丰富的数据。为了解决这一问题，本章对拥有相同的用户群体的免费知识共享平台（知乎）和与其相关的付费知识平台（知乎 Live）的数据进行了探索。免费知识共享平台上积累了大量的用户数据，包括点赞、评论、提问、回答等行为，揭示了每个用户的兴趣和专业领域，这有助于解释个体对所购买知识的感知质量的异质性，从而解释消费者知识付费满意度的差异性。因此，激发了我们对以下研究问题的探究：

（1）在知识付费平台中，知识产品价格和消费者历史消费行为如何影响其对付费知识的满意度？

（2）这种影响在具有不同专业度水平的消费者之间是否存在差异？

（3）如何客观地衡量消费者特定知识的专业度？

为了回答上述研究问题，本章旨在探讨专业度在消费者在线知识付费满意度中扮演的角色。具体地，本章先提出一种文本挖掘方法，基于消费者从免费知识共享平台到付费知识平台的转换过程来衡量消费者对特定知识的专业度。之后，本章提出三个关于消费者在线知识付费满意度及消费者专业度调节作用的研究假设，并采用分层 OLS 回归分析对知乎和知乎

Live 的数据进行了实证检验。研究发现：①和菜鸟用户（即专业度低的消费者）相比，专家用户（即专业度高的消费者）对价格的敏感性更低；②历史价格对新手消费者知识付费满意度有正向影响，对专业消费者知识付费满意度有负向影响；③专业度高的消费者受历史满意度的影响小。

5.2 相关工作现状分析

5.2.1 专家用户的推荐

在线知识共享是指自愿在知识共享平台上免费分享知识的行为。现有研究大致分为两类：行为研究和推荐研究。在行为研究中，学者们主要关注知识共享行为的动机和影响因素（Liang 等，2008），包括个体认知（He 等，2009；Lai 等，2014）、人际互动（Chiu 等，2006；Chen L 等，2019）和组织情境（Yu C P 等，2007）。具体来说，基于社会交换视角，学者（Liang 等，2008；Lai 等，2014）解释了促使个人分享的激励因素。基于社会资本理论（Chiu 等，2006；Nov 等，2012）和组织公民行为（OCB）（Yu C P 等，2007），学者们讨论了知识共享情境下环境的作用。然而，这些研究很少关注知识内容本身，对知识内容之间的差异性及其对用户行为的影响缺乏探究。

推荐研究主要是围绕①知识领域挖掘，②专家用户发现和推荐展开。这些研究的主要目的都是通过提升算法的准确率来给用户提供更好的服务，以激励用户持续地产生优质内容。将专家用户推荐给知识寻求者，能加速互动，激励专家用户贡献知识，提升平台的活跃度。

在知识领域挖掘方面，学者们致力于从用户的查询日志（Query Log）等在线行为数据中挖掘用户的学习任务和熟练掌握的领域。Jones 和 Klinkner（2008）发现用户在知识分享平台中的学习内容是相互交叉的，并使用分类器将用户的查询序列划分成不同的学习任务。Liu 和 Belkin（2015）设计了三阶段的控制实验，通过同时考虑用户在内容上的停留时间、所处阶段和任务类型，来预测用户掌握的知识领域。Wang 等（2013）将跨会话查询任务挖掘问题表述为半监督的聚类问题，其中对任务中查询之间的依赖性结构进行了显式建模，并提出了一组自动注释规则作为弱监督。尽管文献中提出了多种方法来提取平台上用户行为数据中所反映的学习任务，但大部分仍然是粗粒度的内容挖掘，缺乏在更细化的知识领域维度上的建模。

在专家推荐的相关研究方面，学者们一般利用自然语言处理技术对用户的显性反馈信息进行分析，来定位用户的擅长领域，并采用基于用户知识特征（Pal 等，2012）或基于用户互动网络特征（Hong 等，2009）的方法来发现专家用户。例如，Zhang 等（2007）通过统计用户提问数、答题数、获赞数等数据构建了 z-score 指标，认为用户在某一领域答题越多越意味着其具备较强的专业知识，提问越多越能表明其缺乏该领域知识，通过指标评价法来发现领域内专家。Zhao 等（2018）结合了话题相关性、社会关系、领域专业性等，使用机器学习方法进行专家推荐。Hong 等（2009）通过构建知识贡献者和消费者的互动网络并利用经典网络挖掘算法来找出关键节点用户。具体地，他们利用概率潜在语义分析构建了内容主题相关的 PageRank 算法，并将其应用于专家发现。龚凯乐和成颖（2016）以知识问答社区为对象，提出基于"问题—用户"传统网络的专家发现方法，为建立用户激励机制、完善专家推荐方法提供了借鉴。以"问题"和"用户"为节点，"答题关系"为有向边，构建"问题—用户"权威值传播网络，利用答案质量改进加权的 HITS 算法。提出的算法可以较好地兼顾用户的答题数量与答案质量，能够选择出活跃度高、知识渊博的用户作为专家。此外，更多的研究综合利用信息检索、网络分析和机器学习等领域的研究成果来进行专家用户的识别和推荐。例如，Liu 等（2005）将擅长解答某一问题的专家定义为回答过相似问题的用户，通过分析全体用户的答题记录抽取出相应的词项形成专家画像，将待回答问题作为检索词，专家画像作为文档，利用查询相似度模型、关联模型和基于聚类的语言模型来发现潜在专家。Pal 等（2012）进一步引入了答题能力与积极性的概念，抽取用户特征进行度量，并使用机器学习算法预测潜在专家。Cheng 等（2015）针对 LDA 识别短文本的不足，提出了一种基于标签词的主题模型，将其应用于判别用户所属的领域，并通过机器学习算法根据用户答题的反馈情况对其排序，列举出某一问题的潜在专家。Patil 等（2016）通过分析专家与非专家的用户行为，构建基于用户活动特征、答案质量特征、语言特征和时间特征的专家判别模式。在近些年兴起的知识付费模式中，Zheng 等（2018）创新性地考虑了知识消费者的购买动机、社会影响力、知识产品的价格等要素，构建知识领域库，并设计了基于马尔科夫链的推荐方法，以帮助知识消费者匹配到最具有成本效益（Cost-Effective）的专家用户。

5.2.2 在线知识付费的模式

在线知识付费可以由知识提供者（专家用户）驱动，也可由知识消费者（普通用户）驱动。知识提供者驱动模式下，专家用户设计知识产品、服务本身，如讲座和辅导，用于一对多的推广。在知识消费者驱动模式下，消费者提出问题并给予奖励，然后邀请专业人士或名人进行一对一咨询。与现有文献的定位一致（Su L 等，2018；Cai 等，2018；Li G，2018；Sun J 等，2018；Liu X 等，2018），本章内容主要关注知识提供者驱动模式。

在知识提供者驱动模式下，一些研究侧重于单个提供者或知识产品的收入最大化，考虑了销售额（Cai 等，2018）、消费者支付意愿（Willingness-To-Pay，WTP）（Liu X 等，2018）和支付决策（Zhao Y Zhao 等，2018）。其他一些学者探究了信任（Su L 等，2018）或金钱激励（Li G，2018）对免费知识贡献的影响。然而，这些研究都忽略了知识付费满意度对知识付费行业发展的重要影响，购后满意度会进一步影响重复销售、口碑、客户忠诚度和其他领域的整体公司绩效（Oliver，2014）。知识付费满意度反映了消费者在知识付费平台获得的感知知识收益，从而进一步促进消费者回购，并鼓励知识提供者产出更多高质量的知识产品。因此，本章深入探讨了影响消费者在线知识付费满意度的因素，并对消费者进行细分，针对不同的消费者群体探究其满意度影响因素。

5.2.3 消费者专业度

消费者专业度可以定义为用户成功执行产品、服务相关任务的能力，以及他们对产品、服务类别中各种属性的了解程度（Jamal 等，2009）。专业度通常在技术相关或高度定制的服务中被广泛讨论，如金融（Eisingerich 等，2008）、DIY 零售（Jamal 等，2009）和法律服务（Garry，2008）。已有研究证实消费者专业度会显著影响其感知到的技术或功能上的服务质量，从而进一步影响消费者信任（Eisingerich 等，2008）、忠诚度（Jamal 等，2009）和满意度（Jamal 等，2009；Garry，2008）。

与对消费者专业度的研究类似，关于网上购物的研究同样揭示了消费者关于产品的专业知识对其购后满意度（Yoon 等，2013）和购买决策过程（Karimi 等，2015）具有调节作用。然而，鲜有研究探究知识付费情境下知识消费者专业度的影响作用。对于消费者专业度的衡量，大多数行为研究主要依赖于问卷数据，例如自我报告的专业度（Jamal 等，2009；Garry，2008），或通过几个简单的问题来度量（Eisingerich 等，2008；Karimi 等，2015）；而本研究基于每个用户参与知识分享平台的历史行为记录，通过文本挖掘的方法测量消费者专业度。这种测量方法的灵感来自知识管理领域的专家发现研究（Balog 等，2006；Ha-Thuc 等，2015）。具体地，寻找专家的任务定义如下：给定一个文档集合、一个候选专家列表和一组主题，我们的目的是给每个主题匹配到合适的专家。最流行的专家发现方法被称为基于候选人的方法，该方法通过主题和候选人个人资料之间的文本相似度来估计专业度得分。例如，Balog 等（2006）首先根据与个人相关的文档创建了个人知识的文本表示，然后将专业度定义为与给定主题文本表示的相似性。Ha-Thuc 等（2015）使用潜在因子向量的内积来计算成员和技能对的专业得分 $S_{ms} = x_m^T y_s$，其中 x_m 表示成员，y_s 表示技能。最终得到一个向量，代表该用户在不同技能下的专业度得分（$x_m^T y_{s1}$，$x_m^T y_{s2}$，$x_m^T y_{s3}$，$x_m^T y_{sn}$）。

5.3 理论分析与研究假设

本章的研究模型如图 5-1 所示。我们先从免费知识共享平台中提取出消费者专业度（Expertise），然后将其迁移至付费知识平台。此外，当前价格（Current Price）、历史价格（Historical Price）和历史满意度（Historical Satisfaction）均从付费知识平台的交易记录中直接获取。

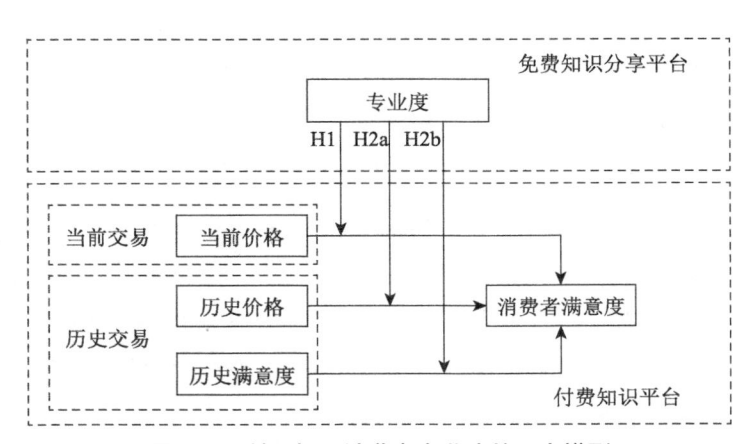

图 5-1 关于知识消费者专业度的研究模型

5.3.1 知识产品的当前价格对不同专业度用户的影响

知识是一种特殊的服务，有其独特性。服务的无形性和非标准化导

153

致了消费者满意度的不确定性（Murray 等，1990），而这种不确定性又被"知识"的性质进一步放大。对于一般服务，如送货服务，有相对可预测的结果和明确的规则对质量进行评估，而知识似乎更难被评估。对于付费知识，感知质量的差异可以归因于消费者的专业度，这是由于个人在专业度上的异质性可能会使其对同样的内容给出不同的评估结果（Garry，2008；Sharma P 等，2014）。例如，梵高的印象派画作被艺术家视为瑰宝，却也在一部分人中存在争议，究其本质是因为人们的感知质量存在差异。

付费知识的学习效果在很大程度上也是由于类似的原因，对于相同的知识，具有不同专业度的消费者，其学习效果也存在很大差异。在知识付费平台上，由于缺乏面对面的互动，在线学习者更容易产生困惑。专业度反映了用户以前在某个领域的知识积累，能够帮助他们更好地理解类似的知识。因此，专业消费者倾向于通过更好地理解知识属性来获取更多的知识。在本研究中，消费者专业度可以从免费的知识共享平台中提取，这是由于消费者在付费平台上通常只有评论、提问等反馈，而缺少主动贡献知识的行为记录，故而无法提取其对某领域知识的专业程度，而免费平台通常拥有关于用户知识兴趣和需求相关的更丰富的行为信息。

现有文献揭示了价格对在线知识付费的积极（Ruth，2012）和消极影响（Cai 等，2018；Zhao Y Zhao 等，2018；Liu X 等，2018）。根据成本收益理论（Cost-Benefit Theory）（Stigler，1961），只有边际收益超过边际成本时，理性的个人才会进行某种活动（Su H 等，2008）。直观地说，价格被视为消费者获取知识的经济成本（Cai 等，2018）。在具有相同收益但成本更高的情况下，消费者满意度将下降（Su H 等，2008）。因此，知识产品的当前价格与消费者满意度呈负相关。

与此同时，价值感知多样性模型（Value-Percept Diversity Model）认为，满意度是对认知评价（Cognitive-Evaluative）过程的反应（Su H 等，2008），即价值感知是基于当前产品或服务的价格与个人对其质量的主观感知的比较而得到的。当服务或产品的价格保持不变，但感知质量提高时，消费者的满意度将提高。对于相同的知识，新手消费者（即在该领域专业度较低的用户）可能由于有限的质量感知能力而无法意识到或理解复杂的知识（Garry，2008），而专业消费者可以获得额外的效用，从而可以在一定程度上抵消相应的成本。因此，本研究认为专业度能够削弱当前价格对消费者满意度的负向影响，提出以下假设：

H1：在在线知识付费平台中，与专业度较低的消费者相比，当前价格对专业度较高的消费者在线知识付费满意度的负向影响较低。

5.3.2 知识产品的历史价格对不同专业度用户的影响

历史价格代表以往交易的成交价。根据 Helson 的适应性水平理论（Adaptation Level Theory），个体会根据先验经验中的刺激而拥有相应的平均适应水平（Helson，1948）。因此，历史价格作为一种显性刺激，将形成消费者对价格的适应性水平，并且在她或他下一次付费行动时作为参考基础。一些研究人员如 Mayhew 和 Winer（1992），Kalwani 等（1990），以及 Lichtenstein 和 Bearden（1989）也提出将历史价格的某种形式作为适当的价格标准。这表明历史价格可以作为参考价格（Reference Price）（Klein 等，1987），定义为"与所观测到的价格进行比较的内部标准"（Kalyanaram 等，1995）。在知识付费情境下，知识付费用户会将类似知识的历史价格与当前价格进行比较，进一步影响其购买选择（Pauwels 等，2007）。显然，由于价格感知是相对的，而不是绝对的（Emery，1970），因此较高的历史价格导致对当前价格产生相对较低的感知，从而根据成本—收益理论可知，感知成本越低，消费者的满意度越高。

鉴于历史价格能够通过形成参考价格对消费者满意度产生积极影响，其影响大小可能会受到消费者对特定知识专业度的调节。以往研究发现，专家用户的决策过程和新手用户的决策过程有明显不同的特点（Alba 等，1987）。专家更有能力根据所掌握的信息与手头任务的相关性来选择合适的信息辅助决策（Johnson E J 等，1984），并在决策中表现出更好的逻辑推理。另外，新手消费者通常使用不那么复杂的决策规则，更多基于输入信息的"感知水平"来评估问题（Alba 等，1987）。例如，对于产品评估任务，拥有大量产品知识的专业消费者能够根据产品的特征可靠地估计其价值（Muehling，1999）。而新手消费者则无法分析内在线索（Biswas 等，1993），因此可能会比专业消费者更多地依赖外部线索，如价格或品牌名称来评估产品价值。这表明，包括价格和历史价格在内的环境因素可能会对专业消费者和新手消费者产生不同的影响。具体而言，Biswas 等（1993）考察了参考价格对消费者最终判断的影响，发现消费者的产品知识发挥了重要作用，熟悉和了解产品类别的消费者不太可能使用参考价格来改变他们对产品的评估（Grewal 等，1998；Lee J K 等，2009）。在本章的研究背景下，对付费知识具有高专业度的用户能够根据特定知识的内容来评估其价值，受历史价格的影响较小。因此，本研究提出如下假设：

H2a：在在线知识付费平台中，与专业性较低的消费者相比，历史价格对专业性较高的消费者在线知识付费满意度产生较低的积极影响，甚至是消极影响。

5.3.3 历史满意度对不同专业度用户的影响

Koufteros 等（2014）区分了当前特定交易的满意度和历史满意度，并研究了两者之间的关系。历史满意度是对当前交易之前所有交易的累积或汇总满意度的评估，它可以更好地预测消费者的意图和行为（Oliver，2014；Olsen 等，2003）。产品或服务的长期经验对消费者判断具有累积效应（Kalwani 等，1995），例如有积极经验的消费者往往更宽容（Anderson E W 等，1993）。由于所有的人类互动或评价都是随着时间的推移而发展和积累的，因此当前的满意度不仅来自当前的体验，还来自历史满意度。这与适应性理论（Helson，1948）一致，即历史满意度是消费者对当前体验评价的适应性锚（Anchor）。因此，以往研究认为，通过在适应性理论框架中对历史满意度进行建模，历史满意度作为当前满意度的先行因素具有积极影响（Koufteros 等，2014）。

接下来考虑专业度的调节作用，换句话说，消费者对特定知识的专业度是否与历史满意度相互作用进而影响消费者当前满意度。如上所述，包括产品评估任务在内，专业消费者和新手消费者在做决策时有不同的特点（Alba 等，1987；Muehling，1999）。与新手消费者相比，专业消费者对当前知识的质量很敏感，进而导致基于当前知识体验的公平判断。而区分知识质量能力有限的新手消费者更容易受到刻板印象的影响（Alba 等，1987）。因此，本研究假设：

H2b：在在线知识付费平台中，与专业度较低的消费者相比，历史满意度对专业度较高的消费者在线知识付费满意度的正向影响较低。

5.4 消费者专业度的度量

在知识付费平台上，消费者专业度意味着消费者对他或她支付的知识的专业程度。已有研究表明，用户的专业程度与知识内容密切相关（Liu X 等，2005），即同一个用户针对不同知识内容的专业度可能会有所不同。一个直观的想法是可以通过文本挖掘的方法计算用户与内容或技能的相似性。那么，这里存在三个要解决的问题。①如何表示用户（User Embedding）？②如何表示知识内容（Knowledge Embedding）？③使用哪种计算相似度的方法？因此，本研究参照以往研究（Balog 等，2006；Ha-Thuc 等，2015），采用人与内容或技能之间的相似性来衡量消费者的专业度，通过文本挖掘确定每对"消费者—知识内容"的专业性。

下面我们以知乎 Live 的情境为例，来介绍如何度量消费者专业度。

首先，对于每一个知识消费者，我们先收集他或她在免费平台上创建或投票过的所有答案和文章，将它们聚集后作为用户的特征文档。这是由于付费平台（知乎 Live）是由免费平台（知乎）衍生而来，一般情况下用户在免费平台上有较多的使用经验和较高的满意度后才会迁移到付费平台上，因此，可以通过免费平台上丰富的行为记录为用户画像。

其次，在表示知乎 Live 中的知识内容方面，存在以下挑战：①知识产品只有在付费后才能浏览和收听全部内容，而公开的 Live 的标题和文本描述则信息量太小，仅凭这些无法提供足够的信息来对知识内容进行向量化表示；② Live 中包含音频、视频、图片、幻灯片等多媒体信息，很难共同建模且同样存在消费前无法获得的困难。

因此，为了克服上述问题，本章使用 Live 主讲人的特征文档来代表 Live 的知识内容的表示。对于大多数主讲人来说，他们在 Live 中谈论的内容与他们在免费平台上分享的内容通常是有关的。例如，在免费知识共享平台上一位对 IT 知识有影响力的用户可能会向他或她的追随者提供关于 IT 的付费 Live，而不是关于时尚或电影的 Live。对于同一个主讲人，我们假设主讲人的免费知识分布与 Live 中的知识之间具有高度相关性。基于这一假设，我们可以用消费者与主讲人免费知识分布之间的相似性替代消费者与 Live 之间的相似性来衡量消费者的专业度。虽然在大多数情况下是合理的，但应该明确指出，这种假设可能会给在免费知识共享平台上传递很少知识或在付费知识平台上发布完全不同于免费平台中知识的主讲人带来潜在的问题。在这种情况下，主讲人的免费知识分布与 Live 中知识之间的相关性会变得薄弱，这也是本研究的局限性所在。

然后，我们应用 Doc2vec 模型来生成每个用户（包括知识消费者和 Live 主讲人）的向量化表示。Doc2vec 是一种基于神经网络的无监督学习算法，用于学习可变长度文本的向量表示，可以看作词向量模型 Word2vec 的改进版本，通过初始化一个文档向量，并使用该文档向量和词向量来对句子中下一个词进行预测，从而得到文档向量和词向量。预期能将数据集中用户对应的特征文档向量化，假设用户数量为 N，取向量维度为 P，则可以生成 N×P 的"知识分布"（Knowledge Distribution）矩阵，实现对消费者的向量表示和知识内容的向量表示。该过程可表示为图 5-2。

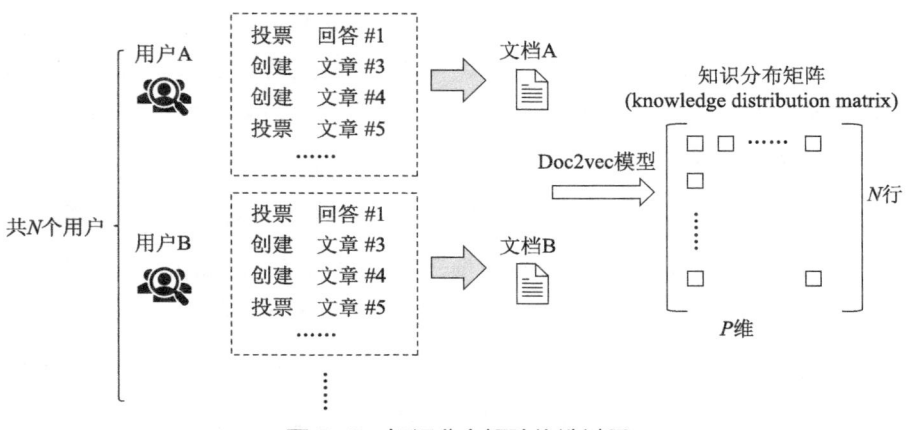

图 5-2　知识分布矩阵构造过程

最后，消费者（C_i）对主讲人Live（S_j）所发布的Live的专业度（Expertise）可以通过计算二者向量表示的相似度来获得，我们采用夹角余弦这一测度计算。其中 KD 为用户知识分布（Knowledge Distribution）的向量表示，即通过 KD_{C_i} 和 KD_{S_j} 之间的余弦值来计算，如公式（1）所示。

$$Expertise_{C_i,S_j} = \frac{KD_{C_i}}{\left\|KD_{C_i}\right\|_2} \times \frac{KD_{S_j}}{\left\|KD_{S_j}\right\|_2} \qquad (1)$$

其中 C_i 和 S_j 分别表示第 i 个消费者和第 j 个主讲人，KD 是表示由 Doc2vec 模型训练的用户知识分布的向量。

本小节所提出的专业度测度的独特性和优势在于通过将消费者的活动从免费知识共享平台链接到付费知识平台来缓解知识付费平台中的"冷启动"问题。一般来说，知识付费平台是从免费知识共享平台演变而来的，消费者在未充分体验免费内容之前不会进行购买。因此，作为付费知识平台（例如知乎Live）的初级用户，她或他可能已经积累了一些活动，如在免费平台（例如知乎）上阅读或评论。我们通过 Doc2vec 模型从免费知识共享平台中的活动了解他或她的知识分布。然后，专业度得分可以通过计算消费者与知识提供者之间知识分布的相似性获得。

为了进一步说明本小节所提出的专业度测度的合理性，我们进行了一项用户调研（User Study）。首先从知乎 Live 平台上选择了三个风格迥异的主题，分别是网络前端开发、动漫和音乐创作。以动漫为例，我们选择了 10 个最受欢迎的 Live。对于每条 Live，我们根据上述测度计算购买了各 Live 的消费者的知识专业度并按照从高到低排序，选择前 10% 的消费者作为高专业度人群（H），后 10% 的消费者作为低专业度人群（L）。然后，我们邀请了 3 位动漫专家，根据他们的自报告对 H 和 L 分组消费者的"专业度"进行评估。我们预期评分者报告的 H 组的"专业度"水平将显著高于 L 组。若能够得到这样的结果，便可以得出结论，本小节所提出的测度能够有效地区分不同的专业水平。具体地，由于消费者创建或投票的所有内容都显示在他或她的主页上，我们要求 3 名评分者浏览 H 和 L 两组中每个消费者的主页。所有消费者主页均随机分配给每位评分者。在花费足够的时间阅读主页后，3 名评分员被要求在李克特七分量表上回答以下问题。

假设消费者购买了一个关于动漫的 Live（在此处插入 Live 名称）。问题 1：该消费者是否能够理解和掌握该 Live 中的知识？问题 2：该消费者是否能够评估此 Live 的质量？问题 3：该消费者在此主题下的专业性怎么样？

该用户实验的结果如表 5-1 所示。以动漫为例，H 组有 18 个用户，L 组有 19 个用户（注：一些用户关闭了他们的账户，这导致 H 和 L 组之间的样本大小可能不完全匹配）。相比于低专业度的消费者，具有高专业度的消费者被认为能够更好地理解（4.93 > 3.33，t=3.1356）和评价（4.93 > 3.32，t=3.2199）所给定的动漫 Live，并且被认为是动漫领域的专家（4.24 > 2.58，t=3.0952）。因此，本研究提出的测量方法与现实场景中相关领域的专家对专业度的评价是一致的。同样，其他两个主题（即网络前端开发和音乐创作）的结果也显示了类似的结论，验证了所提出的测度的合理性。

表 5-1　不同专业水平的 t 检验结果

领域	样本大小 高	样本大小 低	题项	均值 高	均值 低	差异性	T 值	P 值
网络前端开发	63	63	Q1	3.88（1.08）	2.67（1.06）	1.21***	6.3732	3.30E−09
网络前端开发	63	63	Q2	3.82（1.06）	2.68（1.05）	1.14***	6.0714	1.43E−08
网络前端开发	63	63	Q3	3.66（1.16）	2.56（1.05）	1.11***	5.6078	1.27E−07
动漫	18	19	Q1	4.93（1.79）	3.33（1.27）	1.59**	3.1356	3.47E−03
动漫	18	19	Q2	4.93（1.78）	3.32（1.23）	1.61**	3.2199	2.77E−03
动漫	18	19	Q3	4.24（1.97）	2.58（1.24）	1.66**	3.0952	3.86E−03
音乐创作	22	22	Q1	4.47（1.41）	3.32（0.93）	1.15**	3.2064	2.57E−03
音乐创作	22	22	Q2	4.29（1.51）	3.11（0.88）	1.18**	3.1826	2.75E−03
音乐创作	22	22	Q3	3.73（1.62）	2.24（0.71）	1.48***	3.9364	3.05E−04

注：Live 中各领域消费者数量不同，导致不同领域的样本量存在差异。

5.5 基于二手数据的实证研究

5.5.1 数据、变量及实证模型

数据来源分成两个主要部分。①首先通过爬虫程序收集知乎Live平台上的讲座信息，包括讲座题目、描述文本、定价、时长、问题数量、文件数量、语音数量、平均评分、评分人数，主讲人的历史发布讲座数量、历史回答总数、历史发布文件数量、关注的用户数量、粉丝数、关注的话题数量，消费者的评论文本内容、评分信息。②付费知识分享平台上的用户分化成两个群体，即知识贡献者和知识消费者。消费者除了评论反馈信息外的行为数据非常有限，导致数据稀疏性问题严重而无法准确建模消费者的内容偏好和专业性等。为解决这一问题，我们还抓取了所有用户在免费平台（即知乎）上的历史行为数据，包括创建的回答和文章、投票支持过的回答和文章。通过用户账号将其在免费和付费平台上的行为进行关联，以更准确地得出用户画像，为构建测度度量用户知识专业性提供数据支持。

截至2018年7月，知乎Live上已有1756位主讲人发布了4010条Live。我们获取了完整的Live列表，其中包含超过27万名消费者的信息和超过50万条相应的评论。从这份列表中，我们通过对评论的系统抽样方法，即在每10条评论中选择第一条评论，获取了一个具有代表性的样本。然后，提取评论对应的消费者形成一个由41071名消费者组成的原始用户样本。

为了减少来自不经常购买付费知识产品用户的偏差，我们重点关注具有超过5次Live购买经历的消费者，这是因为经验丰富的消费者更容易给出合理的分数。最终，我们获取了包含8538名具有频繁购买经历的消费者数据集。该数据集包含消费者从注册时间起到2018年7月之间在免

费和付费平台的完整活动历史记录。最终，共收集到 3911 条 Live 相关的 100780 条评论。同时，我们还收集了发布知乎 Live 的主讲人（1687 人）的活动历史。表 5-2 总结了数据收集情况。

表 5-2 数据集总结

用户	#主讲人 1687	#消费者 8538	免费平台	#创作答案 157416	#投票回答 3519540
付费平台	#Live 3911	#评论 100780		#创作文章 11435	#投票文章 439898

（1）因变量。

本研究主要探讨不同专业度消费者对知识付费满意度的影响因素。在知乎 Live 中，消费者可以在参与 Live 后对 Live 进行评分，同时还可以发布评论文本。商品和服务的数字评分能够很好地反映消费者的总体满意度（Farhadloo 等，2016；Askalidis 等，2017）。因此，本研究采用数值评分来衡量每个消费者的知识付费满意度，以 $Rating$ 来表示。

（2）自变量和控制变量。

自变量包括消费者专业度，当前价格，消费者历史价格和历史满意度。

①消费者专业度。我们使用 5.4 中介绍的文本挖掘方法计算每位消费者对某个 Live 的专业度水平；为了获得相对值而不是绝对值，这些专业度得分在最终数据集中均进行了标准化。为了消除离群值的潜在影响，所有大于 3 的标准化评分均设为 3，低于 -3 的评分设为 -3。最终得到每对"消费者 -Live"的标准化专业性得分区间 [-3,3]，以 $Expertise$ 来表示。

②Live 当前价格。Live 当前价格直接显示在每个 Live 页面。所有 3911 条 Live 的价格分布见表 5-3。超过 90% 的 Live 价格在 5～40 元之间，超过 99% 的 Live 价格在 5～100 元之间，以 $Current\_price$ 来表示。

③历史价格。由于对当前 Live 价格的感知是相对的而不是绝对的

（Emery，1970），对于知乎 Live 的频繁消费者来说，他们会理所当然地将当前 Live 与他或她参加过的其他 Live 进行比较。因此，对于每个消费者，计算他或她参与过的所有 Live 的平均价格作为消费者的参考价格，以 H_price 来表示。

④历史满意度。为了衡量历史满意度，我们收集了每个消费者在以往交易中提供的所有评论评分。考虑到每个评分之间的一致性，由同一消费者给出的所有评分将围绕他或她的评分基线波动。因此，我们通过每个消费者参与的所有 Live 的平均评论评分来衡量历史满意度，以 H_sat 来表示。

此外，模型中还包括一些关于 Live 及其主讲人的控制变量。我们一共在 3911 条 Live 上收集了来自 8538 名消费者的 100780 条观察数据。表 5-4 总结了主要变量和控制变量的描述性统计。

表 5-3　Live 价格分布

价格 / 元	[0,5)	[5,10)	[10,20)	[20,30)	[30,40)	[40,100)	[100, ∞)	总计
Live 数	12	1554	1313	455	229	332	16	3911
比例 /%	0.31	39.73	33.57	11.63	5.86	8.49	0.41	100.00

表 5-4　主要变量描述性统计

变量类型	变量名	变量说明	均值	标准差	最小值	最大值
因变量	$Rating_{i,j}$	消费者 i 对 $Live_j$ 的评分	4.598	0.773	1.000	5.000
自变量	$Current\_price_{i,j}$	$Live_j$ 的价格	23.700	22.629	0.000	598.000

续表

变量类型	变量名	变量说明	均值	标准差	最小值	最大值
自变量	H_price_i	消费者i评分过的Live的平均价格	2.369	1.020	0.332	20.334
	H_sat_i	消费者i评分过的Live的平均评分	4.598	0.454	1.000	5.000
	$Customer\ Expertise_{i,j}$	消费者i和主讲人j之间知识分布的相似性	0.076	0.153	−0.434	1.000
控制变量	$Duration_j$	$Live_j$的音频持续时间	84.140	40.412	0.000	357.090
	$N\_Q\&A_j$	$Live_j$中Q&A的数量	33.350	35.096	0.000	374.000
	N_File_j	$Live_j$中共享文件的数量	20.520	24.794	0.000	328.000
	$N\_Audio\ Message_j$	$Live_j$中音频信息的数量	93.390	52.690	0.000	625.000
	N_Live_j	主讲人j发布的Live数量	6.117	5.202	1.000	27.000
	N_Answer_j	主讲人j主页发布的回答数量	251.90	449.072	0.000	4687.000
	$N\_Article_j$	主讲人j主页发布的文章数量	60.730	142.990	0.000	1562.000
	$N\_Followers_j$	主讲人j的粉丝数量	98255	187982.3	15	1723807
	$N\_Followees_j$	主讲人j关注的人数	292.200	523.865	1.000	6066.000
	N_Topic_j	主讲人j关注的主题数	50.660	75.726	1.000	767.000

注：Live 数为 3911，消费者数为 8538，观测值（评分）的数量为 100780。

本研究使用分层 OLS 回归分析对模型进行检验。为了更好地解释结果，所有变量都进行了 Z 值标准化：$Z(x)=(x-\bar{x})/sd(x)$。模型 1 仅考虑了控制变量；模型 2 在模型 1 的基础上中加入了自变量，包含当前价格、历史价格、历史满意度和消费者专业性。作为本研究的重点，我们在模型3中进一步检验了消费者专业度和其他三个变量的交互作用，如下所示：

$$\begin{aligned}Rating_{i,j} = &a_0 + a_1 \times Expertise + a_2 \times Current\_price + a_3 \times H\_price + \\ &a_4 \times H\_sat + a_5 \times Current\_price \times Expertise + \\ &a_6 \times H\_price \times Expertise + a_7 \times H\_sat \times Expertise + \\ &\boldsymbol{B}^T \times Control + \varepsilon_{i,j}\end{aligned} \quad (2)$$

其中 a_0 至 a_7 和 $\boldsymbol{B}$ 是要估计的参数。$Current\_price$ 表示当前Live的定价。H_price 表示消费者的历史所购Live的平均价格。$Expertise$ 表示消费者对当前Live的知识专业度。$Control$ 表示控制变量，包括Live的基本特征，如时长、问题数量、文件数量、语音数量；主讲人特征，如历史发布讲座数量、历史回答总数、历史发布文件数量、关注用户数、粉丝数、关注话题数量。$\varepsilon_{i,j}$ 是误差项。变量 $Expertise$ 已被Z值标准化到 [–3,3] 的范围内。

5.5.2 消费者在线知识付费满意度的影响因素

表5-5列出了主效应和交互效应的分析结果。因变量是消费者的个人评分，代表他或她对当前Live的满意度。通过VIF（方差膨胀因子）检验，表明不存在多重共线性问题（模型1为2.977，模型2为2.982，模型3为2.982）。

由表5-5可知，在基准模型中 $F(10,100769)=151.3$，$p < 0.001$，表明Live质量和主讲人的经验在影响用户满意度中扮演着重要角色。然而，由于付费知识满意度具有复杂性，这些因素解释的变化微不足道，调整后的 R^2 仅为0.01479。在模型2中加入自变量后，调整后的 R^2 显著增加至0.3534 [$F(14,100765)=3936$，$p < 0.001$]，这为当前价格、历史价格、历史满意度和消费者专业度对消费者满意度的直接影响提供了支持。

具体而言，消费者专业度对满意度有积极影响（β=1.32E-02，$p <$ 0.001），熟悉所购知识的消费者往往获得更高的满意度。此外，当前价格的回归系数为负且显著（β=-3.34E-02，$p <$ 0.001），表明较高的价格减少了消费者剩余，从而降低了满意度。具体来说，通过将标准化后的 Z 分数转换为原始价格，在其他条件相同的情况下，Live 价格每增加一个单位（1元），个人评分将降低 1.14E-03。历史价格对消费者满意度有积极影响（β=9.81E-03，$p <$ 0.001），表明消费者倾向于将历史购买价格作为参考价格，进而导致他们对当前 Live 价格的看法不同，并产生不同水平的满意度。历史满意度与消费者满意度呈正相关关系（β=5.83E-01，$p <$ 0.001）。那些对以往经历更满意的消费者更宽容，更容易满足。通过将标准化后的 Z 分数转换为其原始值，历史平均评分增加 1 分将导致当前 Live 的分数增加 0.993 分。

模型 3 结果显示，增加交互作用项使调整后的 R^2 得到了改善 [F（17,100762）=3247，$p <$ 0.001]。上述主效应的系数大小变化不大，表明主效应在不同模型下具有稳健性。值得注意的是，我们本质上更关心的是消费者专业度与其他三个主要自变量的相互作用，这将在后面进行讨论。

表 5-5 模型估计结果

	模型 1	模型 2	模型 3
自变量			
Constant	8.56E-15 （0）	6.19E-05 （0.024）	1.10E-03 （0.43）
Expertise		1.32E-02*** （5.023）	1.45E-02*** （5.512）
Current_Price		-3.34E-02*** （-11.689）	-3.34E-02*** （-11.677）
H_price		9.81E-03*** （3.372）	1.07E-02*** （3.64）

续表

	模型 1	模型 2	模型 3
H_sat		5.83E−01*** （228.906）	5.83E−01*** （228.448）
$Current\_Price \times Expertise$			1.21E−02*** （3.927）
$H\_price \times Expertise$			−6.95E−03* （−2.572）
$H\_sat \times Expertise$			−1.73E−02*** （−6.605）
控制变量			
$Duration$	6.89E−02*** （16.171）	6.37E−02*** （18.435）	6.34E−02*** （18.339）
$N\_Q\&A$	−4.66E−02*** （−10.095）	−7.59E−03* （−2.025）	−7.60E−03* （−2.028）
N_File	2.11E−02*** （5.672）	1.61E−02*** （5.349）	1.63E−02*** （5.421）
$N\_AudioMessage$	5.18E−02*** （9.594）	1.53E−02*** （3.497）	1.55E−02*** （3.553）
N_Live	7.55E−02*** （23.223）	4.13E−02*** （15.37）	4.18E−02*** （15.553）
N_Answer	1.12E−02** （2.97）	4.10E−03 （1.34）	4.30E−03 （1.406）
$N\_Article$	−3.03E−02*** （−8.197）	−1.85E−02*** （−6.161）	−1.91E−02*** （−6.359）
$N\_Follower$	1.78E−02*** （4.736）	3.61E−02*** （11.793）	3.59E−02*** （11.721）

续表

	模型 1	模型 2	模型 3
$N\_Followee$	7.63E–03* （2.331）	–1.46E–03 （–0.541）	2.30E–04 （0.081）
N_Topic	–1.89E–02*** （–5.908）	–1.20E–02*** （–4.615）	–1.24E–02*** （–4.779）
Adjusted R^2	0.0147	0.3534	0.3538

注：所有变量都进行了 Z 值标准化，括号中是 t 统计量。+$p < 0.1$；*$p < 0.05$；**$p < 0.01$；***$p < 0.001$。

5.5.3 消费者专业度所扮演的角色

通过研究交互作用，本研究发现消费者的专业度具有显著的调节作用。H1 预测消费者专业度和当前 Live 价格在影响消费者对知识产品的满意度时，具有显著的交互作用。具体而言，当前 Live 价格对具有较高专业度的消费者产生的负面影响较小，因为他们能够更好地感知 Live 质量。由表 5-5 中的模型 3 可知，交互作用效应具有统计学意义（$t=3.927$），因此 H1 得到支持。

由于专业度是一个连续变量，很难直接解释交互项的系数（如 $\beta=1.21E-02$，$p < 0.001$）。因此，本研究对 Expertise 离散化为低、中、高三个水平，进一步明确了不同专业水平下当前价格对满意度的影响。具体地，我们选择专业度分别取值为 –3，–2，–1，0，1，2，3，这里的专业度已被标准化，3 意味着距离平均值三个标准差。结果如表 5-6 第 2 行所示，当前 Live 价格的负面影响随着专业知识的增加而减少，从 –0.070（专业性 =–3）上升到 0.003（专业性 =3）。当专业等级为 3 时，当前 Live 价格对消费者满意度甚至产生轻微的正向影响（0.003）。系数的变化如图 5-3 左图所示，其中高水平的专业性（H）是指专业性 =3，中水平（M）是指专业性 =0，低水平（L）是指专业性 =–3。虽然新手消费者普遍受当前价

格的影响，但对当前知识产品的质量的精确感知使专业消费者不受当前价格的影响。

由表 5-5 中的模型 3 可知，专业度和历史价格之间存在显著的交互作用（β=-6.95E-03，$p < 0.01$）。考虑到历史价格的正向主效应，历史价格的正向影响随着专业度的增加而减小是得到支持的，结果显示从 0.032（专业性 =-3）减小到 -0.01（专业性 =3）。如表 5-6 第 3 行和图 5-3 右图所示，结果与 H2a 相一致。对于专业度较低的消费者，他们对历史价格的适应性更强，因此越高的历史价格会导致相对较低的当前价格感知和较高的满意度。然而，随着专业度的增强，消费者也逐渐适应高质量内容，进而提高了对当前交易的期望，降低了满意度。同样，表 5-5 中的结果也支持专业度和历史满意度之间的交互作用（β=-1.73E-02，$p < 0.001$），H2b 得到了支持。如表 5-6 第 4 行和图 5-3 所示，历史满意度的正向影响随着专业度的增加而降低。在图 5-3 中间图中，新手消费者的直线斜率（当专业性 =-3 时，斜率 =0.634）比专业消费者的直线斜率（当专业性 =3 时，斜率 =0.531）更陡，这表明就消费者在线知识付费满意度而言，历史满意度对新手消费者的影响大于其对专业消费者的影响。

表 5-6 不同专业水平下自变量对消费者在线知识付费满意度的影响

Expertise	-3	-2	-1	0	1	2	3
Current_price	−0.070	−0.058	−0.046	−0.033	−0.021	−0.009	0.003
H_price	0.032	0.025	0.018	0.011	0.004	−0.003	−0.010
H_sat	0.634	0.617	0.600	0.583	0.565	0.548	0.531

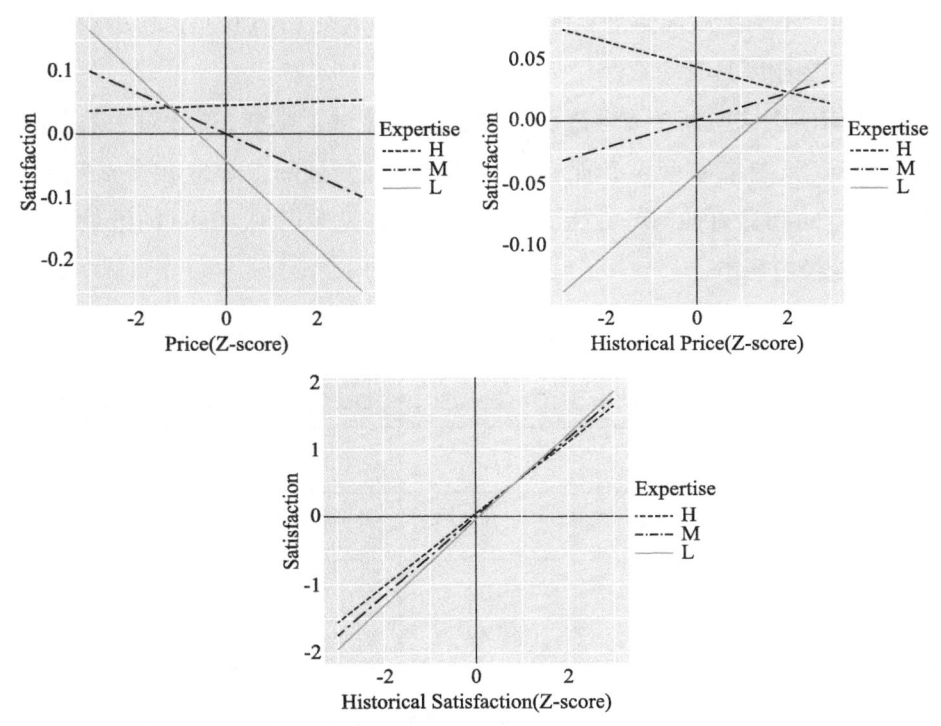

图 5-3　不同专业水平下自变量对消费者在线知识付费满意度的影响

5.5.4　稳健性检验

本小节采用包括文本挖掘方法的不同参数设置、专业度的替代测量和不同的文本向量表示方式这三种方法来进行进一步的实验,以确保研究结果的稳健性。

（1）Doc2vec 模型的维度设置。

关于我们模型估计的一个潜在问题是,专业度是通过计算给定维度水平（即 200）的两个 Doc2vec 特征向量的余弦得到的。然而,Doc2vec 的维度可能会对计算结果产生影响。为了消除这种担忧,我们还测试了其他维度设置,包括 10,50 和 100。表 5-7 展示了这些专业度值的相关矩阵,其中 Doc2vec10 表示具有 10 个维度的 Doc2vec 模型计算得到的专业度。由表

5-7 可知，不同维度向量计算的专业度值高度相关（$r > 0.7$），初步表明不同维度的专业度具有一致性。

我们使用这些新的专业度值再次进一步测试了模型 3（针对主效应和交互效应），结果如表 5-8 所示。对于所有自变量的主效应和交互效应，系数的方向和显著性与维数无关（$p < 0.05$），这表明 Doc2vec 的维数对我们的结论没有影响。

表 5-7　Doc2vec 模型中不同维度专业度的相关矩阵

	Doc2vec10	Doc2vec50	Doc2vec100	Doc2vec200
Doc2vec10	1			
Doc2vec50	0.76	1		
Doc2vec100	0.73	0.92	1	
Doc2vec200	0.71	0.89	0.93	1

表 5-8　Doc2vec 维度的稳健性检验

	N=10	N=50	N=100	N=200
自变量				
Constant	4.09E−04 （0.161）	9.13E−04 （0.359）	8.79E−04 （0.345）	1.10E−03 （0.430）
Expertise	8.62E−03*** （3.374）	1.25E−02*** （4.860）	1.47E−02*** （5.667）	1.45E−02*** （5.512）
Current_Price	−3.34E−02*** （−11.652）	−3.33E−02*** （−11.628）	−3.35E−02*** （−11.692）	−3.34E−02*** （−11.677）
H_price	1.10E−02*** （3.770）	1.11E−02*** （3.785）	1.07E−02*** （3.631）	1.07E−02*** （3.640）
H_sat	5.83E−01*** （228.943）	5.83E−01*** （228.649）	5.83E−01*** （228.493）	5.83E−01*** （228.448）

续表

	N=10	N=50	N=100	N=200
$Current\_Price \times Expertise$	1.09E−02*** （3.619）	7.57E−03* （2.513）	1.28E−02*** （4.190）	1.21E−02*** （3.927）
$H\_price \times Expertise$	−6.98E−03* （−2.448）	−6.22E−03* （−2.277）	−6.83E−03* （−2.541）	−6.95E−03* （−2.572）
$H\_sat \times Expertise$	−5.21E−03* （−2.052）	−1.45E−02*** （−5.630）	−1.50E−02*** （−5.840）	−1.73E−02*** （−6.605）
控制变量				
$Duration$	6.39E−02*** （18.477）	6.37E−02*** （18.416）	6.35E−02*** （18.356）	6.34E−02*** （18.339）
$N\_Q\&A$	−7.77E−03* （−2.071）	−7.79E−03* （−2.077）	−7.42E−03* （−1.980）	−7.60E−03* （−2.028）
N_File	1.61E−02*** （5.339）	1.64E−02*** （5.427）	1.63E−02*** （5.420）	1.63E−02*** （5.421）
$N\_AudioMessage$	1.55E−02*** （3.546）	1.55E−02*** （3.554）	1.54E−02*** （3.521）	1.55E−02*** （3.553）
N_Live	4.16E−02*** （15.511）	4.15E−02*** （15.458）	4.15E−02*** （15.460）	4.18E−02*** （15.553）
N_Answer	4.25E−03 （1.392）	4.44E−03 （1.453）	4.26E−03 （1.393）	4.30E−03 （1.406）
$N\_Article$	−1.87E−02*** （−6.224）	−1.85E−02*** （−6.170）	−1.88E−02*** （−6.275）	−1.91E−02*** （−6.359）
$N\_Follower$	3.58E−02*** （11.677）	3.56E−02*** （11.626）	3.58E−02*** （11.689）	3.59E−02*** （11.721）

续表

	N=10	N=50	N=100	N=200
$N\_Followee$	1.89E−04 （0.068）	8.74E−04 （0.310）	−4.60E−05 （−0.016）	2.30E−04 （0.081）
N_Topic	−1.26E−02*** （−4.866）	−1.26E−02*** （−4.845）	−1.24E−02*** （−4.764）	−1.24E−02*** （−4.779）
Adjusted R^2	0.3534	0.3536	0.3538	0.3538

注：所有变量都进行了 Z 值标准化，括号中是 t 统计量。†$p<0.1$；*$p<0.05$；**$p<0.01$；***$p<0.001$。

（2）专业度的替代测量。

这一小节我们构建了消费者专业度的替代度量作为稳健性检验，并得到了一致的结果。在之前的模型中，我们使用用户（即消费者和主讲人）在免费知识共享平台中的所有文本信息（包括他或她投票或创作的答案和文章）以代表他或她的知识专业度。但是，投票和创作活动之间有细微的区别。"投票"是指用户同意所写的内容，而"创作"则指他们自己写的内容。因此，可以考虑从单个视角（即"投票"或"创作"）分开构建每个用户的特征文档。

因此，我们将整个文档分别划分为主讲人和消费者的"投票文本"（Vote Text）和"创作文本"（Create Text）。由于 Doc2vec 的维度对结果没有显著影响，我们仍然将维度设置为 200。我们专注于用户感兴趣的内容，以及主讲人擅长的内容。因此，重新计算 $expertise_{sc+av}$，即主讲人创作文本和消费者投票文本的特征向量的余弦。通过比较总体专业度与 $expertise_{sc+av}$ 的结果，如表 5-9 的第三列所示，自变量和交互项的结果在方向和显著性上与总体专业度保持一致（$p<0.1$），表明结果具有较高的稳健性。

表 5-9 专业度的替代测量和文本表示方法的稳健性检验

	Overall	sc+av	TF-IDF
自变量			
Constant	1.10E−03 （0.430）	1.23E−03 （0.485）	6.48E−03* （2.426）
Expertise	1.45E−02*** （5.512）	2.26E−02*** （8.728）	7.53E−02*** （8.448）
Current_Price	−3.34E−02*** （−11.677）	−3.57E−02*** （−12.383）	−3.35E−02*** （−10.774）
H_price	1.07E−02*** （3.640）	1.08E−02*** （3.661）	1.00E−02**（3.267）
H_sat	5.83E−01*** （228.448）	5.82E−01*** （228.377）	5.77E−01*** （214.364）
Current_Price×Expertise	1.21E−02*** （3.927）	1.32E−02*** （4.611）	3.05E−02*** （3.407）
H_price×Expertise	−6.95E−03* （−2.572）	−5.31E−03. （−1.932）	−1.81E−02* （−2.368）
H_sat×Expertise	−1.73E−02*** （−6.605）	−2.41E−02*** （−9.390）	−9.08E−02*** （−9.291）
控制变量			
Duration	6.34E−02*** （18.339）	6.34E−02*** （18.348）	6.40E−02*** （17.901）
N_Q&A	−7.60E−03* （−2.028）	−6.97E−03. （−1.860）	−8.08E−03* （−2.084）
N_File	1.63E−02*** （5.421）	1.76E−02*** （5.838）	1.67E−02*** （5.343）

续表

	Overall	sc+av	TF-IDF
$N\_AudioMessage$	1.55E−02*** （3.553）	1.37E−02** （3.122）	1.52E−02*** （3.329）
N_Live	4.18E−02*** （15.553）	4.20E−02*** （15.655）	4.06E−02*** （14.521）
N_Answer	4.30E−03 （1.406）	2.26E−03 （0.738）	1.72E−03 （0.549）
$N\_Article$	−1.91E−02*** （−6.359）	−1.75E−02*** （−5.820）	−1.78E−02*** （−5.759）
$N\_Follower$	3.59E−02*** （11.721）	3.59E−02*** （11.754）	3.63E−02*** （11.610）
$N\_Followee$	2.30E−04 （0.081）	5.29E−04 （0.197）	−1.40E−03 （−0.502）
N_Topic	−1.24E−02*** （−4.779）	−1.28E−02*** （−4.926）	−1.43E−02*** （−5.363）
Adjusted R^2	0.3538	0.3544	0.3532

注：所有变量都进行了 Z 值标准化，括号中是 t 统计量。$^{+}p < 0.1$；$^{*}p < 0.05$；$^{**}p < 0.01$；$^{***}p < 0.001$。

（3）不同的文本向量表示方法。

由于除了 Doc2vec 模型外还有一些其他的文本表示方法，本部分采用 TF-IDF 法作为另一种从文本信息中构建用户专业度的方法。用户对 Live 专业性的计算方法与 5.4 小节中类似。在使用 TF-IDF 法时，我们仅考虑频繁出现的中文单词或短语（出现次数不少于 5 次），忽略数字或英文字母。此外，对于每个特征文档，最多保留 1000 个最大的 TF-IDF 向量分量，并将其他分量减少到 0。如表 5-9 第 4 列所示，自变量和交互项的结果与使用 Doc2vec 模型时的结果在方向和显著性上保持一致（$p < 0.05$）。这进一步验证了我们结论的稳健性。

5.6 本章小结

本研究通过整合免费知识共享平台和付费知识平台上的用户活动，探究影响消费者在线知识付费满意度的因素，特别是不同专业度消费者细分群体满意度的影响因素。考虑到知识获取的复杂性，先提出了一种基于文本挖掘的"消费者专业度"的新测量方法，作为消费者细分的标准。然后，基于价值感知多样性理论构建概念模型，提出就消费者满意度而言，拥有不同专业度的消费者对知识价格和历史知识消费交易的反应会有所不同。通过收集知乎和知乎 Live 数据进行分层 OLS 回归分析以验证模型与假设。结果表明：①专业度高的消费者对价格的敏感性低；②历史价格对新手消费者知识付费满意度有正向影响，对专业消费者知识付费满意度有负向影响；③专业度高的消费者受历史满意度的影响小。本研究对市场定位和知识产品的定价策略具有重要意义。

（1）理论贡献。

第一，本研究致力于探究从免费知识共享平台迁移到付费知识平台的背景下，哪些因素对消费者在线知识付费满意度产生影响。以往研究主要关注利润或销售额最大化，而忽略了消费者知识付费的购后行为。本章的研究重点主要集中于在线知识付费中消费者的购后满意度，呼吁关注在线知识付费平台的可持续发展。

第二，本研究强调了消费者专业度在在线知识付费中的作用，为消费者细分研究做出贡献。在现有的知识付费文献中，学者们主要探讨基于标签的知识提供者细分 [如是否实名认证（Zhao Y Zhao 等，2018）和性别（Cai 等，2018）] 和基于知识内容的细分 [如主题（Cai 等，2018）]，而消费者细分的标准很少。鉴于用户对知识质量的感知存在很大的不确定性，本研究将注意力集中于消费者的异质性。具体而言，我们将视野扩展到免费知识共享平台上丰富的用户行为数据，其有助于描绘用户的兴趣和特长，进而帮助我们进一步区分在各个知识领域下拥有不同专业度的知识消费者。

第三，本研究通过揭示不同专业水平下的影响机制丰富了价值感知多样性理论和适应水平理论的应用。具体而言，我们将心理学理论拓展到在线知识付费情境，发现与新手消费者相比，专业消费者对知识质量的感知不同，适应性水平也不同。

第四，本研究明确了在线知识付费中价格和历史交易对消费者满意度的影响。例如，尽管研究人员已发现当前价格扮演着经济成本指标和质量指标的双重角色，但在何种情况下哪种角色起作用还不清楚。我们考察了专业度与这些因素之间的交互作用，并发现在专业消费者和新手消费者之间产生截然相反的影响作用，这为我们理解在线知识付费满意度的机制提供了一个全面的视角。

在方法论的贡献上，我们对专业度的测量克服了在自报告实证研究中可能存在的参与者主观偏见和实验参与者规模有限的问题。此外，由于传统的测量通常是针对特定的产品、类别，因此不可能同时测量用户对不同知识领域的专业度。鉴于知识产品和知识消费者的多样性，本章提出的测量方法能够针对特定知识领域，基于消费者和知识提供者的行为相似性来单独衡量消费者的专业度。

（2）实践启示。

知识共享平台通过发展衍生的有偿知识服务以获得更大的利润。为了实现可持续发展，知识提供者和平台都应保证消费者的购后满意度，这就要求以合适的价格将合适的知识产品出售给合适的消费者。本研究以消费者的专业度作为新的细分标准，区分了专业消费者和新手消费者对价格和历史经验的不同反应，而这种差异会导致与传统营销策略相反的营销决策。

第一，由于用户更愿意获取免费的知识，不愿意支付高昂的费用，因此传统的定价策略倾向于降低价格以吸引更多的消费者。在同样的折扣条件下，对于高价格的 Live，其降价力度更大。然而，对于购买高价 Live 的用户真的需要这样的降价吗？对于大多数在高价 Live 中寻求高质量知识的消费者来说，他们可能是该领域的专家。根据我们的研究结果显示，他们实际上对价格不太敏感。因此，高价 Live 价格的大幅削减对于专业消费者来说是不必要的，这为知识提供者和平台提供了提高利润的机会。

第二，对购买力强的消费者的传统应对方法受到挑战。假设一个消费者的购买记录中的历史价格很高，在已有的应对方法上，他或她可能会被推荐使用他或她专业领域的 Live。而根据我们的研究结果，与他或她的专业领域相比，历史价格将在很大程度上提高他或她对其他领域 Live 的满意度。因此，多元化的 Live 领域推荐更能够充分利用他或她的购买力，是更好的选择。此外，对于既适应了高价格又适应了高质量的专业消费者，应该对其提供高质量的 Live，而摒弃低价格低质量的 Live。

第三，可以重新考虑如何缓解消费者的购后低满意度。假设一个挑剔的消费者总是给出最差的评分。传统上，平台可能会怀疑为该消费者推荐了错误的领域，并继续尝试更多样化的领域推荐，甚至是用户的非专业领域。然而，这种多样化策略将扩大低历史满意度的负面影响。相反的是，平台应该回到免费知识平台中去寻找消费者的专业领域，从而进行更精准的推荐。

第四，本研究也为推荐策略提供了一些启示。目前，平台可能会根据用户的兴趣而不是专业知识向他们推荐 Live。然而，我们提出的用户专业度测量为平台推荐提供了新的见解，即平台可以在免费知识共享平台上监控用户的专业知识，然后采取合适的推荐策略。例如，对于电影专业知识较低的用户，应先推荐他们购买廉价的 Live，以确保他们的满意度；之后，平台可以通过在免费问答平台上推荐电影相关答案或邀请他们加入电影相关话题的讨论来丰富他们的专业知识；在他们积累了足够的知识之后，可以推荐更复杂和昂贵的电影相关的 Live。

第五，本研究提出的知识专业度测量方法也缓解了知识付费平台"冷启动"的问题。一般来说，知识付费平台是从免费的知识共享平台演变而来，用户在完全体验免费内容后才会购买。因此，付费知识平台上（例如知乎Live）的初级用户尽管存在冷启动问题，但是他们在免费平台上（例如知乎）可能会有一些活动记录，比如阅读或评论。我们能够利用Doc2vec模型从这些活动中了解他或她的知识分布，然后计算出他或她的专业度得分，并作为他或她购买前的有效信息。

目前的研究可以往以下几个方向扩展。第一，一些用户可能会购买Live但没有留下文本评论和数值评分，验证我们研究的一种可能方法是在类似的情况下进行实验室实验，随机抽取用户样本，并评估他们对满意度的真实感知。第二，我们用知识提供者的知识分布来表示Live的知识，以衡量消费者的专业度。还可以通过结合Live内容，如音频、视频、图片和幻灯片来进一步增强该测度的准确性。第三，未来研究可以将用户之间的社交网络进一步纳入模型。第四，建立针对用户个性化评分的预测模型并生成知识内容的推荐也将是一个有趣的研究方向。

第6章

付费知识平台：印象管理重要吗

6.1　引言

近年来，知识付费模式逐渐兴起，互联网上各类知识付费平台也层出不穷。根据艾媒咨询2023年发布的国内知识付费行业发展趋势报告可知，截至2022年，知识付费使用人数已达5亿2700万，预计2023年年底将达5亿5720万。关于知识付费，有两种不同类型的平台。一种是以知识寻求者为导向的，例如付费问答平台"微博问答"；另一种是以知识提供者为导向的，例如知乎Live和慕课等付费知识产品平台。随着越来越多的用户选择成为一名付费问答的回答者或者成为一名付费产品的创作者，他们自身的竞争压力也越来越大，需要争得消费者的信任才能长久地获得收益。

消费者在知识付费平台上，需要先寻找到自己满意且值得信任的提问者或是知识产品，进而再付费购买（Zhao Y Liu等，2018）。在考虑到成本收益的情况下，知识寻求者会更加谨慎地对比不同提问者或知识产品的质量（Gao等，2021），他们会尽可能地收集相关信息来降低不确定性（Berger C R等，1975），这样他们就可以选择一个更合适的回答者或是质量更高的知识产品来进行付费购买。因此，在知识付费平台上，这些知识提供者是否披露了足够多与自身或是产品相关的信息来吸引知识寻求者的注意，这是他们被选择进行付费的重要前提。过往文献已经证实了在社交媒体中，用户会通过披露个人信息来建立理想的形象，增强可信度（Bovey，2005），这个行为被称作印象管理，其原理就是人们通过披露个人信息（如文本、图片、声音等信息）来有效地构建自己在他人心中的形象。

在信息系统文献中基本上是通过知识提供者的客观账户数据（例如粉丝数、点赞数等）来研究它们对知识付费平台上消费者付费意愿的影响的，很少有学者关注知识提供者披露的个人信息（例如个人简介、头像、声音文件等）（Shi 等，2020；Zhao Y Zhao 等，2018）。而且，很少有学者考虑到情景因素，例如过往文献仅关注每个信息特征的单独影响，没有将这些特征与知识类型联系起来，去探究是否会因为知识类型等情境因素的不同而对信息特征在用户付费行为上的影响产生其他效果。除此之外，过往文献也很少关注信息特征之间的相互关系对用户付费行为的影响。

于是，为了填补研究空白，本章以知识提供者的形象作为主要研究目标，探究形象对于用户知识付费行为的影响。一方面探究知识提供者披露的个人信息是否会与情境因素相结合来影响用户付费意愿，引入"形象一致性"的概念，即知识提供者通过披露个人信息所展现的形象与知识寻求者寻找的知识特征之间的一致性；另一方面去探究披露的个人信息特征之间是否会有相互作用的关系，进而影响用户付费意愿。具体而言，本章拟解决以下几点核心问题：

（1）知识提供者在知识付费平台上会披露哪些个人信息？这些个人信息是否会影响他们的形象建立？这种形象建立对于吸引消费者进行付费购买是否存在积极或消极的影响？

（2）若形象的影响存在，那么它们与情境之间是否有联系？在不同的情境之下，形象一致性对用户付费行为有什么不一样的影响？

（3）若形象的影响存在，那么这些披露的信息特征之间是否还会相互影响，并进一步影响对形象的建立以及对用户付费行为的作用？

本章将分为两个子研究，分别针对以知识寻求者为导向和以知识提供者为导向的两类典型知识付费平台进行展开，从印象管理的视角探究文本、图片、声音信息对于形象构建的作用以及对消费者付费意愿的影响。

本章涉及的数据分析方法包括以下几点。①文本分析法：借助自然语言处理技术，对样本中的文本信息进行分词、词性标注、词向量表示、相似度计算等处理以彰显文本特征。具体地，个人简介分词和词性标注、文本词汇的词向量表达以及相似度计算均依赖开源文本分析工具——Jieba、Word2Vec 等实现，为后续实证分析奠定基础。②图片分析法：借助图片处理技术，对样本中的头像进行信息读取、图片质量测算等处理来体现图片特征。对于图片信息的内容读取，本研究利用开源工具——ClarifAI 来实现；对于图片质量测算，利用开源图片分析工具——CV2 实现，为后续实证分析打下基础。③声音分析法：借助声音处理技术，对样本中的音频信息进行内容读取、声音特征分析等处理来体现声音特征。对于音频信息的内容读取，利用开源工具 Speech_recognition 来实现；对于声音特征分析，利用开源声音分析工具——Librosa 进行特征计算，为后续实证分析奠定基础。④实证分析法：本章抓取了微博问答、知乎 Live 中的真实数据作为数据来源，并通过多种处理方法对数据进行预处理。通过零膨胀负二项模型、负二项模型等对样本横截面数据进行回归分析，初步验证假设结果。同时，通过稳健性检验对主要研究发现进行了再次验证，并对形象和用户付费行为的形象模式进行了进一步的探讨。

本研究主要有以下三个创新点：

首先，知识付费平台的用户付费行为已经被学术界广泛研究，但是大家的侧重点各有不同，其中大部分研究都是在关注与知识提供者相关的客观数据。本章与之不同的是将重点放在知识提供者主动披露的信息上，通过这些信息特征去探究知识提供者的形象，以及这个形象对于用户付费行为的影响。

其次，在印象管理的理论基础上，创造性地将披露的信息与情境相结合，并给出了"形象一致性"在付费问答平台上的定义，研究基于文本和图片信息的"形象一致性"对用户付费行为的影响。同时，以往研究往往以问卷调查的方式去研究这种形象感知，而本研究则是利用机器学习办法，对变量按照定义进行明确精细的测量计算。

最后，丰富了基于声音信息类型的印象管理文献，将声音的不同特征结合，分析它们之间的相互关系，并且探究这种相互关系对用户付费行为的影响。本研究对于付费知识产品平台来说，也是少有的将音频的内容特征和来源特征结合在一起创新性地研究对用户付费行为影响的探索。

6.2 相关工作现状分析

6.2.1 用户付费行为的研究现状

（1）知识寻求者主导的知识付费平台。

知识寻求者主导的知识付费平台类型主要是付费问答平台，该类平台主要是提供给用户一个能够回答知识问题的平台，并且回答的来源可以是用户本身。由于是一个付费收益性质的问答平台，越来越多的用户开始申请成为回答者进行问题回答以赚取报酬，于是目前付费问答平台的回答者竞争愈发激烈；对于现有回答者来说，提高自身的吸引力以获得知识寻求者的付费选择非常重要（Zhao Y 等，2020），所以研究提问者的提问意愿是最关键的一步。表 6-1 总结了过往对于付费问答平台上关于提问者提问意愿影响因素的文献。

表6-1 付费问答平台中提问者提问意愿影响因素

视角	文献	解释变量	理论
提问者	（Zhao Y 等，2020）	经济利益、社会支持、自我提升、自我娱乐（均通过问卷的方式测量）	社会交换和社会资本理论
	（Gu 等，2019）	表现期望、便利条件、对回答者和平台的信任度、长尾效应	整合型技术接受模型
回答者	（Zhao Y Zhao 等，2018）	能力（回答次数、是否有标签）、仁慈（免费分享次数）、真诚（是否有个人主页）、名誉（粉丝数、点赞数等）	信任理论

续表

视角	文献	解释变量	理论
回答者	（Shi 等，2020）	对（免费）内容创作者的感知可信度、对内容创作者的感知喜爱度、对参与者的感知数量（均通过问卷进行测量）	信息寻觅理论
	（Daradkeh 等，2022）	知识产品描述的信息质量（每个回答的词汇数量或包含的图片数量）、知识提供者的可信度（粉丝数、分享数、披露的信息数）	信息适应理论

可以看到，先前文献中的两个研究视角，一个是从提问者的角度出发，研究从提问者视角的心理感知对于提问意愿的影响；另一个是从回答者的角度出发，研究回答者的自身数据信息对于提问者提问意愿的影响。值得注意的是，当从回答者视角去看回答者的自身数据信息对提问意愿的影响时，过往文献主要集中在有关其账户的客观数据上，很少有人探讨回答者主观披露的信息对其形象，以及对提问者提问意愿的影响。因此，本章的第一部分研究关注回答者主动披露的信息，这对于建立他们的自我形象至关重要。同时，我们也考虑到了提问者所寻求的知识类型，以便将回答者的自我形象与提问者所寻求的知识联系起来，并探索在寻找不同类型的知识情况下，回答者的自我形象对提问者提问意愿的影响是否会有所不同。

（2）知识提供者主导的知识付费平台。

知识提供者主导的知识付费平台类型主要是付费知识产品平台（如知乎 Live、慕课等），该类平台主要是提供给用户一个付费学习知识或课程的地方。在该类平台上，过多的付费知识产品上线导致消费者需要多次对比知识产品信息后才能做付费决定，不同知识提供者需要尽可能披露自身及知识产品信息来吸引消费者,以此提高消费者的购买率或复购率。本章总结了过往对于付费知识产品平台上,关于消费者购买意愿及满意度相关影响因素的文献,具体如表6-2所示。

表6-2 付费知识产品平台消费者购买意愿及满意度影响因素

被解释变量	文献	解释变量	理论
购买意愿(销量)	(Fang等,2021)	免费退货政策(0~1变量)	信号理论、期望确认理论
	(Cai等,2020)	知识产品自身信息(如价格、回复数、附件数、展示时长等)、演讲者(被认可的程度)、观众(知识产品历史销售量、点赞数、平均评分)	社会学习理论、信号理论
	(Li X等,2023)	知识差异性(同一个知识提供者提供的付费和免费的知识内容差异)	"感觉—熟悉"模型
	(Zhou S等,2022)	平台特征(沉浸度、信息质量)、知识自身特征(稀有度、个性化),知识贡献者特征(专业度、魅力性)(均通过问卷的方式测量)	刺激机体反应
满意度(评分)	(Li X等,2023)	知识差异性(同一个知识提供者提供的付费和免费的知识内容差异)	"感觉—熟悉"模型
	(Zhang J等,2023)	语言流畅度(停顿次数占总词数的比例)	加工流畅度理论
	(Zhang M Zhang等,2020)	评分、粉丝数、支持数	信号理论
	(Fu等,2020)	感知风险、期待度(均通过问卷的方式测量)	期望确认理论

由表6-2可知，先前文献对消费者的心理感知研究主要从两个方面进行，一个是从购买前的购买意愿出发，研究在决定购买付费知识产品前的影响消费者做决策的因素；另一个是从购买后的消费者满意度出发，研究消费者在购买付费知识产品后的心理满意度影响因素。本章的研究重心在购买前的心理决策，因此第二个研究主要集中在消费者购买意愿的影响因素上。根据表6-2可知，过去对于付费意愿的影响仍然集中在知识提供者和其产品的客观数据上，很少有人探讨知识提供者主动披露的信息对其形象及消费者购买意愿的影响，于是研究二继续关注信息披露与形象及购买意愿之间的关系。

6.2.2 印象管理的研究现状

（1）印象管理概述。

印象管理（Goffman，2016）是指人们为了调整或优化自己在他人心中的印象，展现适当的关于自己的信息来创造或维护理想的形象（Leary等，1990；Dutton等，1991）。印象管理的两大好处是：①取悦观众，②保持自己期望的形象和当前形象之间的一致性，因此人们使用印象管理来构建他们所重视的身份维度的形象（Baumeister，2010），展现自己有价值的方面（Goffman，2016）。印象管理带来的形象影响是持续和长久的，尤其是当它们体现了刻板印象并与期望的形象一致时（Todorov，2017）。对于在线社区，用户自我披露信息是印象管理的一种方式，通过披露个人信息建立用户形象以达到管理自己在他人心中形象的作用。自我披露是指非正式个人信息的交流，包括想法、感受和经历（Luo N等，2018），它可以建立并维持与其他用户的亲密关系及信任（Zeng等，2013），并且这种形象建立效果对于陌生人来说更为显著（Jones G R，1986；Ibarra，1999；Asch，1946）。

（2）印象管理在文本和图片信息的相关研究。

在在线媒体、社交网络等领域中，图片和文本是用户披露信息进行印象管理的主要途径（Johnson S L 等，2015；Hall 等，2020；Ert 等，2016；Luo N 等，2018）。在不同场景下，图文特征拥有不同的形象建立效果。例如，就图片而言，在医疗平台上，头像中有微笑的医生会带给用户亲切感（Hall 等，2020）；在评论网站上，若评论者的头像是其自身肖像且肖像年龄、容貌、社会地位与用户类似时，用户认为该评论者更可信（Leong 等，2021；Karimi 等，2017；Wang Z 等，2017）；在脸书上招聘员工时，若头像是自身肖像且具有高吸引力时，应聘者更有可能被选择（Baert，2018）；在线上销售平台中，销售者头像的 HSV 指数、是否包含微笑均会影响租房绩效（Peng L 等，2020）。就文本而言，发布文本的语言特征（可读性、词汇丰富度、积极情感）会影响对用户是否为社区领导者的判断（Johnson S L 等，2015）；在企业内部博客上，分享与工作无关的内容可以体现出员工之间的亲密感（Luo N 等，2018）；在评论网站上，评论内容与用户的语言、词汇、风格相似性高，该评论的发布者更可信（Leong 等，2021）；在众筹平台上，用户名是否为匿名会影响筹资用户的可信度（Jiang Y 等，2021）；在食品平台上，知识分享者的经验描述中包含更多与烹饪相关的词及更多与积极情绪相关的词汇时，被认为更加可信（Huurne 等，2017）。就微博用户的可信度而言，一些关于用户的信息线索可以进行预测，这些线索包括用户账户验证与否和微博回复的内容（Jiang J 等，2014）、作者性别、昵称风格、账户头像（Armstrong 等，2009；Yang J 等，2013；Bovey，2005）、转发次数和内容长度（ODonovan 等，2012）、主题关键词和写作风格（Shariff 等，2017）。

（3）印象管理在声音信息的相关研究。

除了文本和图片，声音信息也是印象管理的一大方式之一。语速的提高与能力的提高有显著的联系（Brown 等，1974），演讲者语速越高时，观众会认为演讲者的能力越强；而当语速越低时，观众会认为演讲者越仁慈。Niebuhr 等（2016）曾研究了一位魅力型领导者——史蒂夫·乔布斯的演讲特征，发现他是一位讲话流利且快节奏的演讲者。

一些研究将响度作为能够表现人物性格相关的声音变量。Mallory 和 Miller（1958）发现较低的声音响度与内向的性格相关；同时 Trimboli（1973）证明了响度和外向性之间存在正相关关系，且响度是声音特征中跟外向性关联最大的一个特征（Scherer，1979）。Markel（1969）验证了响度和其他声音特征与情感表现力之间的关联。Robinson 和 McArthur（1982）的研究表明，听众倾向于将现场发生的事情都归因于更大的声音响度。Niebuhr 等（2016）在研究史蒂夫·乔布斯的讲话后认为魅力型领导的演讲声音具有高强度和可变强度的特点。

音调是描述声音震动频率高低的声音特征，一些研究调查了平均音高（Apple 等，1979；Brown 等，2005；Costanzo 等，1969；Markel，1969；Brown 等，1974）并发现了与人物形象的相关性。除了平均音高，过往文献还证实了音调的变化量对人物形象的影响，其一是音调变化量对能力和仁慈都有影响（Addington，1971，1968；Pearce 等，1971；Brown 等，1974，2005）。其中，Pearce 和 Conklin（1971）验证了音调变化量越大，人物越被感知具有魅力和仁慈形象；而音调变化量越小，则人物被感知的专业能力越差。Niebuhr 等（2016）认为，作为魅力型领导的乔布斯使用的语调模式具有高而多变的音高水平。

在以上的声音特征对人物形象的影响中，还存在着性别差异。例如，女性治疗师的语气通常被认为比男性治疗师的语气更温暖、更不强势、更不专业、更焦虑、更诚实（Blanck 等，1986）。

6.3 基于文本和图片信息的印象管理对用户付费行为的影响

6.3.1 任务—技术匹配理论与研究假设

任务—技术匹配理论认为，当信息技术的能力与用户必须执行的任务相匹配时，信息技术更有可能被使用，并对个人绩效产生积极影响（Goodhue 等，2014）。在组织中，如果员工与组织的文化、价值观相一致，即代表人与组织的契合度高，则员工表现更好，工作满意度更高（Hoffman 等，2006）。当人们追求一个目标时，他们付诸行动的方式和他们的目标高度一致时，他们对活动的感知价值会增加（Higgins，2005）。线上办公时，高度的任务技术匹配度会提高工作满意度和工作绩效，还能减少居家办公的孤独感（Abelsen 等，2021）。在电子学习平台上，成功的任务技术适配会提高学生的学习满意度及对平台的持续使用率（Alyoussef，2021）。在线上购物平台中，购物任务的特征和面向购物者的技术形成任务技术匹配，推动了购物者在购物前后使用相应的购物技术（Wang X 等，2021）。所有这些研究结果都表明，目标特征和技术特征越一致时，越会带来积极的结果。

（1）基于文本信息的形象一致性。

为了更好地区分不同答主擅长的知识领域，付费问答平台将答主按专业话题进行划分。提问者可以在不同的话题下选择自己满意的答主进行提问。在同一个话题下的答主，需要展现各自的形象来吸引提问者的注意。例如，答主会通过披露文本信息（如个人简介）来展现个人形象，以此达到吸引提问者进行提问的目的（Huurne 等，2017）。提问者在选择答主时，会考虑该答主是否能够满足自己的知识需求。根据任务—技术匹配理论，在付费问答平台中，提问者的目标是寻求需要的知识，那么答主所在的话题领域就是他们的知识目标；而答主通过披露个人简介所体现出的形象就是实现目标所需的技术特征，当两者相一致时，提问者会认为该答主的个人特征与自己所需的知识特征一致（Wang X 等，2021），这种一致性促使提问者认为该答主会提供一个更好、更令自己满意的答案（Wang X 等，2021；Goodhue 等，2014）。因此，当提问者注意到答主通过个人简介所体现出的形象与话题之间的一致性程度高时，他们会认为该答主与自己所需知识是匹配的，这种高度的匹配度体现了答主有能力提供一个高质量且专业的答案（Goodhue 等，2014）。于是，该答主被选择作为提问对象的可能性就更大。因此，提出以下假设：

H1：基于文本信息，答主通过披露个人简介所体现出的形象与提问者所需知识目标越一致，答主被选择作为提问对象的可能性越高。

（2）基于图片信息的形象一致性。

本章选取的付费问答平台上共有 18 个话题分类，例如财经、互联网、医疗健康等，这些不同的话题类别同时也是不同的行业类别。由于不同行业对于专业视觉形象表达的要求有所不同（Sharma J 等，2021），本章先对这 18 个话题进行划分，分为专业表达型和自由展现型。专业表达型的话题代表着该行业的从业人员在提供服务时，其专业形象会很大程度受非语言线索的影响（Bassett 等，1979）。例如着装，其作为一种非语言线索，能够体现出行业相应的专业形象（Sampson，1990）。在服务提供行业，员工的着装风格有助于传达服务提供商的专业精神和能力（Yan R N 等，2011）。为了给予就医人员信心和满意度，医生在为其治疗时会穿着职业装，以此体现出更加积极的形象（Rehman 等，2005；Parmar 等，2018）。律师为客户提供专业服务时，会身着职业装体现己方的专业度和正式感（Scholar，2013）。财经从业者也会通过服装来增强自身的感知专业性。房地产中介商也会在服务客户时穿正式的服装来体现他们的专业性增强可信度（Arndt 等，2019）。因此，本研究将以下话题定义为专业表达型话题：医疗健康、房产家装、法律、财经。将以下话题定义为自由展现型话题：

互联网、体育、娱乐明星、幽默搞笑等14个话题。

由上文可知，对于专业表达型的话题，被服务方对于服务方的专业能力判断会受到视觉形象的影响（Yan R N 等，2011；Scholar，2013），因此答主的头像作为答主披露的另一种图片信息，会最先被提问者进行直观快速地分析并判断出头像所体现的形象特征。根据任务—技术匹配理论，当答主通过披露头像体现出的个人形象是实现目标所需的技术特征，而答主所在话题领域是提问者的知识目标，两者相一致时，提问者会认为该答主的个人特征与自己所需的知识特征一致，这种一致性促使提问者认为该答主会提供一个更好、更令自己满意的答案（Wang X 等，2021；Goodhue 等，2014）。因此，当提问者注意到答主通过头像所体现出的形象与话题之间的一致性程度高时，他们会认为该答主与自己所需知识是匹配的，这种高度的匹配度体现了答主有能力提供一个高质量且专业的答案（Goodhue 等，2014）。于是，该答主被选择作为提问对象的可能性就越大。于是，提出以下假设：

H2a：基于图片信息，在专业表达型话题下，答主通过披露头像所体现出的形象与提问者所需知识目标越一致，答主被选择作为提问对象的可能性越高。

对于自由展现型的话题，被服务方对于服务方的专业能力判断不依赖于视觉形象的影响（Yan R N 等，2011；Scholar，2013）。因此答主通常并不习惯于披露这种形象一致性程度高的个人图片信息，并且由这种图片信息带来的形象一致性对专业能力的判断结果也并不明显（Hilligoss 等，2008），对提问者的提问意愿也几乎没有影响。因此，若答主使用与话题一致性程度高的图片作为头像时，用户反而会注意到这一突出特点并对其做出"反合规"的判断。这种"反合规"的现象可以理解为与社会中惯例相反的行为带来的可信度降低（Lomonaco 等，2008；Van Kleef 等，2015）。此前有研究也证实了这一点，例如在众筹平台上，借款人的惯例是使用匿名名称，因此使用非匿名性用户名会令借款方产生一种不合规的印象，降低了筹款人的可信度及借款人的借款意愿（Jiang Y 等，2021）。

根据"反合规"行为，在自由展现型的话题下，若答主选择的头像与话题一致性程度高时，该答主反而因为独特而显得反合规，会引起提问者对其专业能力的怀疑，从而使得答主的可信度降低，提问者的提问意愿也降低。因此，在付费问答平台上，对于自由展现型的话题，若答主通过披露头像所体现出的形象与话题的一致性程度高，那么答主的"反合规"行为将引起提问者对其能力的怀疑，答主的可信度降低，该答主被选择进行提问的可能性也就降低。于是，提出以下假设：

H2b：基于图片信息，在自由展现型话题下，答主通过披露头像所体现出的形象与提问者所需知识目标越一致，答主被选择作为提问对象的可能性越低。

6.3.2 研究设计

（1）数据来源。

为了验证以上假设，本研究在微博付费问答平台上获取了 9896 名答主的个人信息和问答数据（如图 6-1）。微博付费问答是微博于 2016 年 12 月推出的新板块，基于微博已有的用户规模，微博付费问答在众多同类型付费平台的竞争中具有领先优势。在数据爬取过程中，首先通过 Fiddler 爬虫技术获取微博 App 中微博问答板块的 9896 名答主数据，包括答主头像、答主简介、回答次数、被围观次数、提问价格等。随后，使用 Clarifai API（Zhang M 等，2023）进一步提取每张答主头像中的特定内容词汇（如图 6-2）。最后，对 9896 条答主数据进行清洗，删去数据空缺值后，共有 9887 条有效答主数据。

(1) 答主列表　　　　(2) 答主问答页面　　　　(3) 答主主页信息

图 6-1　微博付费问答数据截图

图 6-2　Clarifai API 使用案例

（2）变量定义。

在被解释变量的选取上，通常会将答主被提问的次数作为衡量答主被提问可能性大小的变量。然而，微博无法呈现被提问次数的数据，因此本研究借鉴了 Zhang M Zhang（2020）、Chen W（2021）等人的文章，选择了答主的回答次数作为被解释变量的替代测量方式。

关于解释变量的定义与衡量，本研究将答主披露的信息所体现出的个人形象与提问者寻求的知识目标这两者之间的一致性作为关键解释变量——形象一致性。首先，用话题名称代表提问者寻求的知识目标，而答主披露信息所体现出的个人形象将会根据信息类型，用两种方式进行计算衡量。其次，针对基于文本信息的披露，提取个人简介中的所有名词，再利用 Word2Vec 对这些名词和话题名称词进行向量化。最后，计算简介中的名词与话题词的平均余弦相似度作为文本信息形象一致性的衡量办法；针对基于图片信息的披露，利用 Clarifai API 提取每张头像的内容词汇，并使用与文本信息同样的方法，利用 Word2Vec 对这些词汇和话题名称词进行向量化，再计算头像中的内容词汇与话题词的最高余弦相似度作为图片信息形象一致性的衡量办法。为了使分析结果更加准确，本研究参考既往关于付费问答平台提问者提问意愿的文献（Chen L 等，2020；Sun C 等，2021；Zhang J 等，2019；Zhao Y Liu 等，2018），先后加入了多个控制变量。相关变量的定义和描述性统计结果见表 6-3。

表 6-3 变量定义与描述性统计结果

变量类型	变量	描述	均值	标准差	最小值	最大值
被解释变量	$Question\_num$	答主的回答次数	15.930	154.000	0.000	6310.000
解释变量	$Bio\_similarity$	答主简介中名词与话题词的平均余弦相似度	0.432	0.342	0.000	1.000
	$Avatar\_similarity$	答主头像关键词与话题词的最大余弦相似度	0.470	0.057	0.328	0.813

续表

变量类型	变量	描述	均值	标准差	最小值	最大值
控制变量	$Listen\_num$	答主的被围观次数	2961.000	46066	0.000	2.195e+06
	$Avatar\_color$	计算答主头像的HSV、对比度、清晰度、色彩丰富度并取平均值	0.456	0.105	0.065	0.830
	$Face$	Face++分析答主头像是否有人脸，有人脸为1，无人脸为0	0.448	0.497	0.000	1.000
	Ask_price	提问价格	193.600	1078	1.000	10000.000
	$Credit$	信用较好为1，信用一般为0	0.889	0.314	0.000	1.000
	$Create\_time$	以年为单位，用2022−答主建号年份	10.400	2.025	5.000	13.000
	$Gender$	男为1，女为0	0.677	0.468	0.000	1.000
	$Follower\_num$	答主的粉丝数量	946098	2.658e+06	6.000	1.565e+08
	$Following\_num$	答主关注其他用户的数量	872.100	1390.0	0.000	20000.000

（3）模型设定。

由于被解释变量是计数变量，且过离散并存在大量的零值，因此这里使用零膨胀负二项模型来检验相关假设。在模型（1）中，本研究检验了解释变量 $Bio\_similarity$ 和 $Avatar\_similarity$ 对被解释变量 $Question\_num$

的主效应，具体回归模型如下所示：

$$Question\_num = \alpha_0 + \alpha_1 Bio\_similarity + \alpha_2 Avatar\_similarity + \alpha_3 \boldsymbol{Controls} + \varepsilon$$

（1）

其中 **Controls** 包含 9 个控制变量，分别是被围观次数（*Listen_num*）、答主头像的色彩属性（*Avatar_color*）、答主头像是否有人脸（*Face*）、提问价格（*Ask_price*）、答主信用水平（*Credit*）、答主注册账号时长（*Create_time*）、答主性别（*Gender*）、答主粉丝数（*Follower_num*）、答主关注数（*Following_num*）。ε 是模型的误差项。基于上述模型，可以通过检验系数 α_1 和 α_2 来估计形象一致性对用户付费行为的影响。

6.3.3　针对形象一致性的结果分析

为了检验 H1 和 H2，本小节基于模型（1）进行零膨胀负二项回归。表 6-4 给出了 2 个解释变量（基于文本信息的形象一致性和基于图片信息的形象一致性）在不同话题分类下的回归系数和括号中的标准误差。

表 6-4　零膨胀负二项模型回归结果

变量	（1） 全部话题 Question_num	（2） 专业表达型 Question_num	（3） 自由展现型 Question_num
Bio_similarity	1.183*** （0.106）	1.006*** （0.241）	0.740*** （0.108）
Avatar_similarity	−2.718*** （0.546）	8.107*** （2.773）	−2.680*** （0.543）
Listen_num	0.0001*** （0.000）	0.0003*** （0.000）	0.0001*** （0.000）
Avatar_color	0.019 （0.342）	−0.289 （0.609）	0.243 （0.411）

续表

变量	（1） 全部话题 Question_num	（2） 专业表达型 Question_num	（3） 自由展现型 Question_num
Face	0.451*** （0.075）	0.352** （0.146）	0.140* （0.080）
Credit	1.062*** （0.106）	1.825*** （0.234）	0.483*** （0.122）
Ask_price	0.0001 （0.000）	0.0001 （0.000）	0.0001 （0.000）
Create_time	0.032* （0.017）	0.092*** （0.033）	0.016 （0.020）
Gender	0.345*** （0.092）	0.007 （0.225）	0.265*** （0.082）
Follower_num	0.000*** （0.000）	0.000*** （0.000）	0.000** （0.000）
Following_num	0.0001 （0.000）	−0.00002 （0.000）	0.0001** （0.000）
常数项	0.338 （0.375）	−4.845*** （1.353）	1.629*** （0.408）
观测量	9887	2429	7458
Log likelihood	−22853	−7073	−13702

注：（括号中为标准误）*** $p<0.01$，** $p<0.05$，* $p<0.1$。

如表6-4所示，可以看到第（1）列，对于所有话题下的答主，个人简介与话题名称词的余弦相似度的回归系数为1.183，在0.01的检验水平上显著为正。这表明，当答主披露的文本信息（如个人简介）与话题名称词的一致性程度高时，该答主更有可能被认为是有能力提供高质量且令人满意的答案的；于是该答主被提问者选择的可能性就更高，这对答主的被提问次数有显著的正向影响，从而 H1 成立。而对于第（2）列和第（3）列这两列区分话题类型的分析结果，答主简介与话题名称词的相似度的回归系数均显著为正，进一步验证了 H1 结果的稳健性。

接下来是基于图片信息的分析结果，如表 6–4 第（2）列和第（3）列所示。首先表 6–4 第（2）列在专业表达型话题下，答主头像与话题名称词的余弦相似度的回归系数为 8.107，在 0.01 的检验水平上显著为正。这表明，在专业表达型话题下，当答主披露的图片信息（如头像）与话题名称词的一致性程度高时，该答主更被相信是能够提供高质量且令人满意的答案；于是该答主被提问者选择进行提问的可能性也随之提高，这对答主的被提问次数有显著的正向影响，从而 H2a 成立。

再看表 6–4 第（3）列，在自由展现型话题下，答主头像与话题名称词的余弦相似度的回归系数为 –2.680，在 0.01 的检验水平上显著为负。这表明，与专业表达型的答主不同，在自由展现型话题下的答主，若披露的图片信息（如头像）与话题名称词的一致性程度较高，该答主反而会因为与众不同的反合规行为而使自己的可信度降低，提问者认为答主在试图说服自己进行提问；于是，该答主被选择进行提问的可能性就降低，这对答主被提问次数有显著的负向影响，从而 H2b 成立。

值得注意的是，在表 6–4 第（1）列的结果中，解释变量答主头像与话题名称词的余弦相似度的回归系数为 –2.718，在 0.01 的检验水平上显著为负。虽然在统计意义上是显著的，但是在实际情况中，由于基于图片信息的形象一致性效应需要分话题讨论，因此我们对于 H1 中的该系数不做关注。

6.3.4 稳健性检验

到目前为止，该研究一的实证分析均验证了前文提出的三个假设：基于文本信息和图片信息的形象一致性对用户选择答主进行提问存在显著影响。为了验证前文结果的可靠性,本小节进行了三个稳健性分析。

(1)相似度的替代测量方法:欧氏距离。

本研究的解释变量是形象一致性,根据其定义,即要计算文本信息(简介的关键名词)或图片信息(头像的内容词汇)与话题名称词之间的词向量距离。正文中使用了余弦相似度对词向量间的距离进行了计算,然而除了余弦相似度之外,欧氏距离也是测量词向量间距离的一种方式。于是我们采用欧氏距离 $Bio\_distance$ 和 $Avatar\_distance$ 作为解释变量的替代测量方法,替换了模型(1)的解释变量,测试 H1 和 H2a、H2b 是否稳健。调整后的模型如下所示:

$$Question\_num = \alpha_0 + \alpha_1 Bio\_distance + \alpha_2 Avatar\_distance + \alpha_3 \textbf{\textit{Controls}} + \varepsilon$$

(2)

模型(2)的结果如表 6-5 所示。可以看到第(1)列,对于所有话题下的答主,个人简介与话题名称词的欧氏距离的回归系数为 −0.211,在 0.01 的检验水平上显著为负。这表明,当答主披露的文本信息(如个人简介)与话题名称词的欧氏距离较短时(即两者之间的一致性程度较高时),答主被提问的可能性更高。于是 H1 的结论得到了证实。再看第(2)列,对于专业表达型话题下的答主,头像与话题名称词的欧氏距离的回归系数为 −0.479,在 0.05 的检验水平上显著为负。这表明,在专业表达型话题下,当答主披露的图片信息(如头像)与话题名称词的欧氏距离较短时(即两者之间的一致性程度较高时),答主被提问的可能性更高。于是 H2a 的结论得到了证实。最后看第(3)列,对于自由展现型话题下的答主,头像与话题名称词的欧氏距离的回归系数为 0.21,在 0.01 的检验水平上显著为正。这表明,在自由展现型话题下,当答主披露的图片信息(如头像)与话题名称词的欧氏距离较短时(即两者之间的一致性程度较高时),答主被提问的可能性更低。于是 H2b 的结论也得到了证实。

表 6-5　欧氏距离代替余弦相似度的稳健性检验结果

变量	（1）全部话题 Question_num	（2）专业表达型 Question_num	（3）自由展现型 Question_num
$Bio\_distance$	−0.211*** （0.020）	−0.155*** （0.046）	−0.131*** （0.020）
$Avatar\_distance$	0.336*** （0.057）	−0.479** （0.186）	0.210*** （0.070）
$Listen\_num$	0.0001*** （0.000）	0.00003*** （0.000）	0.0001*** （0.000）
$Avatar\_color$	0.062 （0.342）	−0.199 （0.599）	0.263 （0.415）
$Face$	0.423*** （0.074）	0.428*** （0.143）	0.116 （0.082）
$Credit$	1.086*** （0.103）	1.861*** （0.214）	0.511*** （0.121）
Ask_price	0.0001 （0.0000）	0.0001 （0.0001）	0.00004 （0.0001）
$Create\_time$	0.034** （0.017）	0.098*** （0.033）	0.022 （0.020）
$Gender$	0.352*** （0.091）	0.077 （0.209）	0.296*** （0.088）
$Follower\_num$	0.000*** （0.000）	0.000*** （0.000）	0.000** （0.000）
$Following\_num$	0.0001* （0.000）	−0.00002 （0.000）	0.0001** （0.0001）
常数项	−0.867** （0.418）	2.710** （1.118）	0.347 （0.515）

续表

变量	（1）全部话题 Question_num	（2）专业表达型 Question_num	（3）自由展现型 Question_num
观测数	9887	2429	7458
Log likelihood	−22856	−7074	−13726

注：（括号中为标准误）***$p<0.01$，**$p<0.05$，*$p<0.1$。

（2）调整样本容量大小。

由于本研究选取的被解释变量存在过离散现象，于是本小节剔除部分极端活跃和非活跃样本值，将答主回答次数为0及答主回答次数倒序排前1%的数据剔除，并采用负二项模型对剩余样本进行回归分析，测试H1和H2a、H2b是否稳健，结果如表6-6所示。可以看到第（1）列，对于所有话题下的答主，个人简介与话题名称词的余弦相似度的回归系数为0.689，在0.01的检验水平上显著为正，于是H1的结论再次得到了证实。再看第（2）列和第（3），基于图片信息，在专业表达型话题下，头像内容词汇与话题名称词的余弦相似度的回归系数为5.887，在0.01的检验水平上显著为正，于是H2a的结论得到了证实；在自由表达型话题下，头像内容词汇与话题名称词的余弦相似度的回归系数为−2.131，在0.01的检验水平上显著为负，于是H2b的结论也得到了证实。

表6-6 调整样本容量的稳健性检验结果

变量	（1）全部话题 Question_num	（2）专业表达型 Question_num	（3）自由展现型 Question_num
Bio_similarity	0.689*** （0.055）	0.434*** （0.142）	0.520*** （0.057）

续表

变量	（1） 全部话题 Question_num	（2） 专业表达型 Question_num	（3） 自由展现型 Question_num
$Avatar\_similarity$	−2.340*** （0.349）	5.887*** （1.568）	−2.131*** （0.326）
$Listen\_num$	0.0001*** （0.000）	0.0001*** （0.000）	0.0001*** （0.000）
$Avatar\_color$	0.168 （0.166）	0.099 （0.337）	0.381** （0.184）
$Face$	0.249*** （0.035）	0.166** （0.078）	0.069* （0.039）
$Credit$	0.604*** （0.066）	1.066*** （0.137）	0.372*** （0.072）
Ask_price	−0.000 （0.000）	0.000 （0.000）	−0.0001*** （0.000）
$Create\_time$	0.020** （0.009）	0.030* （0.017）	0.025*** （0.010）
$Gender$	0.179*** （0.039）	0.063 （0.096）	0.102** （0.042）
$Follower\_num$	0.000** （0.000）	0.000*** （0.000）	0.000** （0.000）
$Following\_num$	0.00003*** （0.000）	−0.00001 （0.000）	0.0001*** （0.000）
常数项	1.531*** （0.220）	−2.167*** （0.784）	1.480*** （0.221）
观测数	5425	1498	3927
Log likelihood	−16865	−5308	−11313

注：（括号中为标准误）*** $p<0.01$，** $p<0.05$，* $p<0.1$。

（3）更换模型。

由于在本研究得到的二手数据中，关于被解释变量答主回答次数的数据有 4364 条为 0 值，占了全部样本的 44%，因此本研究的主分析采用零膨胀负二项模型进行回归。为了增强假设结果的稳健性，本小节使用 OLS 回归代替零膨胀负二项回归，考虑到被解释变量存在零且过离散的情况，这里对其取对数，并调整模型（1）得到新的模型，如下所示：

$$log(Question\_num+1) = \alpha_0 + \alpha_1 Bio\_similarity \\ + \alpha_2 Avatar\_similarity + \alpha_3 \boldsymbol{Controls} + \varepsilon \quad (3)$$

模型（3）的结果如表 6-7 所示。可以看到第（1）列，对于所有话题下的答主，个人简介与话题名称词的余弦相似度的回归系数为 0.174，在 0.01 的检验水平上显著为正，于是 H1 的结论证明是稳健的。再看第（2）列和第（3）列，基于图片信息，在专业表达型话题下，头像内容词汇与话题名称词的余弦相似度的回归系数为 2.392，在 0.01 的检验水平上显著为正，于是 H2a 的结论得到了证实；在自由表达型话题下，头像内容词汇与话题名称词的余弦相似度的回归系数为 –0.525，在 0.01 的检验水平上显著为负，于是 H2b 的结论也得到了证实。

表 6-7　使用 OLS 模型的稳健性检验结果

变量	（1） 全部话题 Question_num	（2） 专业表达型 Question_num	（3） 自由展现型 Question_num
$Bio\_similarity$	0.174*** （0.019）	0.160*** （0.050）	0.123*** （0.019）
$Avatar\_similarity$	−0.577*** （0.114）	2.392*** （0.632）	−0.525*** （0.107）
$Listen\_num$	0.381*** （0.002）	0.450*** （0.005）	0.345*** （0.003）

续表

变量	（1）全部话题 Question_num	（2）专业表达型 Question_num	（3）自由展现型 Question_num
$Avatar\_color$	−0.001 （0.059）	−0.142 （0.132）	0.092 （0.062）
$Face$	0.054*** （0.013）	0.037 （0.030）	0.027** （0.013）
$Credit$	0.058*** （0.020）	−0.001 （0.046）	0.064*** （0.021）
Ask_price	−0.054*** （0.004）	−0.070*** （0.009）	−0.064*** （0.004）
$Create\_time$	−0.006* （0.003）	−0.007 （0.007）	−0.002 （0.003）
$Gender$	0.055*** （0.014）	0.005 （0.038）	0.035** （0.014）
$Follower\_num$	−0.008** （0.003）	0.010 （0.009）	0.001 （0.003）
$Following\_num$	0.025*** （0.005）	0.022** （0.010）	0.022*** （0.006）
常数项	0.404*** （0.082）	−0.936*** （0.320）	0.288*** （0.083）
观测量	9887	2429	7458
调整后 R^2	0.756	0.812	0.738

注：（括号中为标准误）*** $p<0.01$，** $p<0.05$，* $p<0.1$。

6.3.5 进一步探索：文本信息量与微笑形象

为了探究更多付费问答平台中答主形象特征对用户付费行为的作用，本小节分别选取了其他文本信息（如文本信息量）和图片信息（如微笑形象）来探究它们各自对上文得到的假设结果的调节效应。本小节基于已爬取的二手数据做进一步分析，加入了两个调节变量 *Bio_length*（个人简介长度）和 *Avatar_smile*（头像中是否含有微笑）。其中 *Bio_length* 通过个人简介的字符数长度来测量；在判断头像中是否有微笑时，使用 Face++ 分析头像中微笑的值，大于 50 取为有微笑（取 1），小于 50 为无微笑（取 0）。基于模型（1），此处加入这两个调节变量，调整后的新模型（4）如下所示：

$$\begin{aligned}Question\_num = &\alpha_0 + \alpha_1 Bio\_similarity + \alpha_2 Avatar\_similarity + \\ &\alpha_3 Bio\_length + \alpha_4 Avatar\_smile + \alpha_5 Bio\_similarity \times \\ &Bio\_length + \alpha_6 Avatar\_similarity \times Avatar\_smile + \\ &\alpha_7 Controls + \varepsilon\end{aligned} \quad (4)$$

（1）文本信息量的调节作用。

根据减少不确定性理论（Berger C R 等，1975），初次见面的陌生人会尽可能地汇集非言语线索以了解对方。在线上社交平台中，一个很常见的减少不确定性的方法就是尽可能地获取详尽的用户信息（Larrimore 等，2011）。当了解用户的信息越多时，关于用户的不确定性就越低，其可信度就越高（Michels，2012；Zhao Y Zhao 等，2018）；而减少不确定性的同时可以降低感知风险，感知风险的降低又会减少用户在判断产品质量时所需的线索数量（Tan X 等，2019）。因此，在付费问答平台上，作为答主披露的文本信息，答主个人简介可以帮助提问者在发现答主时进行初步了解，对于披露个人简介长度较短的答主，提问者在选择的过程中对于答主的不确定性较高。此时，感知风险提高，提问者对于答主简介和话题的一致性的信息需求就更高，一致性的影响力也就更大。而对于披露个人简介长度较长的答主，提问者在选择的过程中对答主的不确定性降低。此时感知风险下降，提问者对于简介和话题的一致性的信息需求就会降低，一致性的影响力也就更小。

由表 6-8 的第（1）列可知，对于文本信息量的调节效应，调节变量的回归系数为 0.045，在 0.01 的检验水平上显著为正，这意味着调节变量（文本信息量）对答主被提问的可能性也与主要解释变量（基于文本信息的形象一致性）一样存在着显著的正向影响；并且，答主简介与话题名称词的相似度和文本信息量的交互项回归系数为 −0.051，在 0.01 的检验水平上显著为负。这表明，当文本信息量越大时，答主通过披露文本信息所展现的形象与提问者的知识目标之间的一致性程度对答主被提问的可能性的正向影响会更小，文本信息量的影响替代了基于文本信息的形象一致性影响（Tan X 等，2019）。

表 6-8 文本信息量与微笑形象的回归结果

变量	（1）全部话题 Question_num	（2）专业表达型 Question_num	（3）自由展现型 Question_num
$Bio\_similarity$	0.582*** （0.145）	0.215 （0.309）	0.394*** （0.133）
Bio_length	0.045*** （0.007）	0.051*** （0.014）	0.031*** （0.007）
$Bio\_similarity \times Bio\_length$	−0.051*** （0.017）	−0.094** （0.043）	−0.031* （0.017）
$Avatar\_similarity$	−2.390*** （0.571）	7.503*** （2.437）	−2.358*** （0.550）
$Avatar\_smile$	−0.063 （0.124）	−0.357* （0.214）	0.170 （0.117）

续表

变量	（1） 全部话题 Question_num	（2） 专业表达型 Question_num	（3） 自由展现型 Question_num
$Avatar\_similarity \times Avatar\_smile$	−0.419 （1.273）	13.237** （6.448）	−2.596** （1.241）
$Listen\_num$	0.0001*** （0.000）	0.00003*** （0.000）	0.0001*** （0.000）
$Avatar\_color$	0.046 （0.330）	−0.312 （0.574）	0.178 （0.387）
$Face$	0.443*** （0.105）	0.467** （0.181）	0.069 （0.085）
$Credit$	1.034*** （0.112）	1.835*** （0.203）	0.444*** （0.133）
Ask_price	0.0001 （0.000）	0.00004 （0.000）	0.0001 （0.000）
$Create\_time$	0.035** （0.017）	0.099*** （0.032）	0.013 （0.020）
$Gender$	0.308*** （0.104）	−0.100 （0.246）	0.260*** （0.083）
$Follower\_num$	0.000*** （0.000）	0.000*** （0.000）	0.000** （0.000）
$Following\_num$	0.00004 （0.000）	−0.00003 （0.000）	0.000** （0.000）
常数项	−0.072 （0.399）	−4.820*** （1.228）	1.379*** （0.413）
观测量	9887	2429	7458
$Log\ likelihood$	−22783	−7050	−13659

注：（括号中为标准误）***$p<0.01$，**$p<0.05$，*$p<0.1$。

（2）微笑形象的调节作用。

在图片特征方面，是否有微笑也是图片特征的一个重要体现。微笑的脸通常会令人产生良好的情感印象（Abel 等，2002），因为它可以唤起一种熟悉感并增加对人的积极评价（Scharlemann 等，2001）。作为视觉形象的一大体现，面带微笑可以展现出友善的形象（Thornton，1943）。友善是指受托人在不考虑经济利益的情况下，自愿向委托人提供额外帮助和服务的行为（Schoorman 等，2007）。友善作为信任度的三大组成部分之一（Mayer 等，1995），会使信任度提高，从而提高被选择的可能性（Park 等，2014）。例如，在线上销售场景中，含有微笑的销售者头像可以让人感到友善，以此提高销售者的信任度和吸引力（Peng C H 等，2020；Strickland，1958）；在线上医疗平台，含有微笑的医生头像会建立友善的形象，以此提高亲切感和信任度（Hall 等，2020）。在付费问答平台中，含有微笑的头像更能体现出答主的友善形象，这种友善形象增强了答主的可信度，提高了提问者对该答主的提问意愿（McKnight 等，2002；Park 等，2014）。因此，含有微笑的头像比不含微笑的头像在相似度对提问意愿的影响中更加有利。从付费问答平台来看，对于专业表达型的话题，若头像中含有微笑，则其展现出答主亲切友善的形象，那么此时答主头像和话题一致性程度越高，带来的可信度会因为仁慈形象而越强烈。同样，对于自由展现型的话题来说，头像中含有微笑带来了亲切友善的形象，在这种情况下答主头像和话题一致性程度越低，答主对于提问者的可信度越高，此时微笑带来的友善形象增强了可信度，即增强了头像与话题一致性对用户付费行为的负向关系。

看表 6-8 的第（2）列和第（3）列，由于基于图片信息的一致性主效应存在不同影响，所以在分析调节效应时也同样分情况讨论。在专业表达型的话题下，头像中是否有微笑和头像内容词汇与话题名称词的余弦相似度的交互项系数为 13.237，在 0.05 的检验水平上显著为正。这表明，在专业表达型话题下，答主的个人微笑形象越强时，答主通过披露图片信息展现的形象和提问者的知识目标之间的一致性对答主被提问可能性的正向影响也越强，于是答主的个人微笑形象对主效应的影响存在着强化作用。而在自由展现型的话题下，头像中是否有微笑和头像内容词汇与话题名称词的余弦相似度的交互项系数为 -2.596，在 0.05 的检验水平上显著为负，由于主效应为负，因此答主的个人微笑形象对主效应的影响也同样存在着强化作用。与上文同理，因为关于头像的调节效应需要分话题分析，因此我们不关注第（1）列结果中的微笑调节效应的交互项系数。

  本研究主要探讨了以知识寻求者为导向的知识付费场景下，答主通过披露个人信息所展现的形象对提问者提问意愿的影响。从答主形象和提问者所需知识目标的一致性入手，通过披露文本（答主简介）与图片（答主头像）两种信息类型进行形象分析，得出以下结论。第一，基于文本信息，对于所有话题下的答主而言，通过披露简介所展现的形象与提问者所需知识目标的一致性对答主被提问的可能性有正向影响，且文本信息量在这个影响中存在着替代作用。第二，基于图片信息，对于专业表达型话题下的答主，通过披露头像所展现的形象与提问者所需知识目标的一致性对答主被提问的可能性有正向影响；而对于自由展现型话题下的答主，通过披露头像所展现的形象与提问者所需知识目标的一致性对答主被提问的可能性有负向影响。这是由于不同类型的话题对视觉形象关注程度不一致所导致的差异。第三，在图片信息中，若包含微笑形象的展现，会提高基于图片信息的一致性程度对答主被提问的可能性的影响程度。

6.4 基于声音信息的印象管理对用户付费行为的影响

6.4.1 启发式—系统式信息处理模型与研究假设

面对不同的决策情境时，人们在处理信息时会采用不同的方式。以前的文献将人们的信息决策模式总结为启发式—系统式信息处理模型。此模型主要将决策模式分为两种：第一种是启发式决策（Mikels 等，2011），是基于个人直觉的、快速和自动化的信息加工，信息接收者花很少的精力，依靠可获得的信息线索（如信息源的特征）来得出结论（Chaiken，1980）；第二种是系统式决策，是基于头脑逻辑分析的、缓慢的需要个人意识参与的信息加工（Evans 等，2013）。启发式加工方式属于一种自动化的决策策略，而系统式的决策策略属于一种以逻辑思维为基础的、理性的分析方式（Bryant，2014）。启发式—系统式信息处理模型强调这两种信息处理方式可以同时发生（Eagly 等，1993），且两种处理的结果是可加的，即信息内容的系统式信息处理和非内容线索的启发式信息处理对判断决策产生独立的影响（Bohner 等，1994；Chaiken 等，1994）。

Rosen 和 Olshavsky（1987）提出，消费者在购买决策过程中，既寻求属性价值信息，也寻求信息源特征信息。本研究从这个角度出发，运用启发式—系统式信息处理模型，探究音频信息的内容属性和来源特征属性对消费者决策的影响。在本研究中，我们利用音频信息的内容特征表示消费者对音频信息的系统式信息处理方式，用音频信息的声音特征表现消费者对音频信息的启发式信息处理方式。

在知识付费平台上，消费者需要收集信息进行处理来降低对付费产品的不确定性（Larrimore 等，2011）。当消费者被知识产品的标题吸引后，对该产品的具体知识内容产生了期望，此时若知识提供者提供的音频信息介绍内容能够满足消费者的期望，那么消费者的期望得到了满足（Lee J 等，2020），知识提供者的可信度会提高，消费者付费购买此知识产品的可能性更大。因此，当音频信息传递的内容与知识产品标题的一致性程度越高时，音频信息提供的内容越能满足消费者对该知识产品的期望，当期望得到满足后，知识提供者在消费者心中的可信度形象就越高，消费者就越有可能对该知识产品进行付费购买。于是，提出以下假设：

H1：基于系统式信息处理，知识产品提供者发布的音频信息所表达的内容与知识产品标题的一致性越高，该知识产品提供者被消费者选择进行付费购买产品的可能性越大。

接下来，根据 Chaiken（Chaiken，1980）的研究，本研究将音频信息来源可信度定义为消费者对音频的声音主体特征感知形象，而不是音频信息的内容。本研究选取了人们说话音频的三个主要声音特征（语速、响度、音调）进行假设探究，分析它们对知识提供者的形象影响，进而对消费者选择该知识提供者的知识产品的可能性大小的影响。

（1）基于音频特征，语速体现出的答主形象对用户付费行为的影响。

在购买付费知识产品时，消费者需要通过知识提供者提供的试听音频介绍判断是否要购买。对于每件付费知识产品，这种音频信息的时间长度是固定且有限的，消费者需要在有限的时间内尽可能获得更多有效信息来支持自己的付费决定（Pirolli 等，1999；Shi 等，2020）。当说话者的语速越快时，其在有限的时间内可以提供更多的信息量，所以消费者能在同样的时间内获得更多的信息来辅助决策。同时，多个研究证明（Burgoon，1990；Apple 等，1979；McCroskey 等，1969）较快的语速可以提高说话者的说服力，因为其体现出了说话者的流畅度。流畅度越高，越被认为是对知识熟悉的、有能力的（Brown 等，2005），消费者也会更信任该知识提供者的专业能力（Edinger 等，1983；Erickson 等，1978；McCroskey 等，1969），于是知识提供者越能说服消费者进行付费购买。因此，消费者倾向于选择语速较快的说话者提供的付费知识产品进行购买学习。于是，提出以下假设：

H2：基于启发式信息处理，在付费知识产品的音频特征中，语速越快，消费者越有可能选择该知识提供者提供的付费知识产品进行购买。

（2）基于音频特征，响度体现出的答主形象对用户付费行为的影响。

声音的响度可以体现出发出声音的人的性格特征（Addington，1968；Apple等，1979），当响度越高时，发声者被认为是对表达的内容有信心的。在购买付费知识产品时，当知识提供者的音频信息的声音响度越大时，知识提供者对于自己提供的信息内容更有信心，这让消费者也感知到知识提供者提供的音频内容具有较强的可信度，同时知识提供者的专业能力也得到了认可。因此，消费者倾向于选择声音响度更大的说话者提供的付费知识产品进行购买学习。于是，提出以下假设：

H3a：基于启发式信息处理，在付费知识产品的音频特征中，响度越大，消费者越有可能选择该知识提供者提供的付费知识产品进行购买。

除了声音响度的绝对值对说话者的性格特征有影响外，声音响度的变化幅度也对其有影响（DErrico等，2013）。变化幅度越大，发声者的演讲方式越被认为是具有情感波动的，此时发声者会被认为是具有丰富感情且有魅力的（Niebuhr等，2016）。在付费知识产品平台中，当消费者感知到知识提供者的声音响度的变化幅度大时，知识提供者会被认为是有魅力的，且能够提供一个具有感情、生动有趣的付费知识课程，因此，消费者倾向于选择声音响度变化幅度更大的说话者提供的付费知识产品进行购买学习。于是，提出以下假设：

H3b：基于启发式信息处理，在付费知识产品的音频特征中，响度的变化幅度越大，消费者越有可能选择该知识提供者提供的付费知识产品进行购买。

（3）基于音频特征，音调体现出的答主形象对用户付费行为的影响。

声音的音调可以体现出人的性格（Trimboli，1973；Brown等，2005），当声音的音调较高时，发声者会被认为是不诚实、没有同情心且更加紧张的（Apple 等，1979）。在付费知识产品平台中，当知识提供者的声音音调较高时，消费者会认为其缺少同情心和正直度，这降低了他们的感知友善度，同时感知到的知识提供者的紧张情绪也会让消费者认为他们对自己的知识产品缺乏自信、能力不足，于是感知友善度和感知能力的降低使得对知识提供者的信任度下降（Ismagilova 等，2020；Ray，1986），因此消费者选择这些知识提供者的知识产品进行付费购买的可能性会降低。于是，提出以下假设：

H4：基于启发式信息处理，在付费知识产品的音频特征中，音调越高，消费者越不倾向于选择该知识提供者提供的付费知识产品进行购买。

6.4.2 研究设计

（1）数据来源。

为了验证以上假设，本研究在知乎平台上获取了 11733 条知乎 Live 数据。知乎 Live 是知乎推出的新板块，旨在通过语音分享专业有趣的信息。后来，知乎 Live 新增了试听功能，以便消费者在购买前免费试听 5 分钟的 Live 内容简介。在用 Python 获取到每条知乎 Live 的客观数据、作者信息、试听音频文件后，对这 11733 条数据进行清洗，删去数据空缺值及重复样本后，共有 6359 条有效知乎 Live 数据。

（2）变量定义。

在被解释变量的选取上，通常会将知乎 Live 的销售数量作为衡量消费者购买知乎 Live 可能性大小的变量。然而，知乎无法呈现每条 Live 的销售数量数据，因此这里选择了每条 Live 的热度数据作为被解释变量的替代测量方式。关于解释变量的定义与衡量，本研究将从两个方面设定解释变量：一个是从系统式决策方式出发，以音频内容和知乎 Live 标题的一致性作为解释变量；另一个是从启发式决策方式出发，以音频的基本特征（如响度、速度、音调）所展现出的答主形象作为其他的解释变量。

对于音频内容和知乎 Live 标题的一致性，我们提取了音频内容中出现次数前 10 名的词云，以及标题中的重要名词，对词云中的 10 个词与标题中的重要名词分别算余弦相似度，然后取平均值衡量音频内容和知乎 Live 标题的一致性。而对于音频的声音响度、音调和速度，我们使用 Python 中的 Librosa 库进行声音特征分析和内容识别，得到了每条 Live 的试听音频的响度、音调数据，以及每条 Live 的音频内容，计算内容字数长度并得到每秒说话字数，将其作为语速。为了使分析结果更加准确，本研究参考既往关于付费知识产品平台消费者购买意愿的文献（Fang 等，2021；Cai 等，2020；Zhou S 等，2022；Zhang J 等，2023），先后加入了多个控制变量。变量定义和描述性统计结果如表 6-9 所示。

表 6-9 变量定义和描述性统计结果

变量类型	变量	描述	均值	标准差	最小值	最大值
被解释变量	$Live\_hotness$	消费者对于知乎 Live 的购买意愿	1614.000	1989.000	1.000	9978.000
解释变量	$Audio\_title\_simi$	每条 Live 的试听音频内容与标题的余弦相似度	0.549	0.053	0.303	0.771
	$Audio\_speed$	每条 Live 的试听音频的语速	3.526	1.203	0.007	5.950
	$Audio\_loudness$	每条 Live 的试听音频的响度	62.000	5.725	15.69	76.80
	$Audio\_loudness\_var$	每条 Live 的试听音频的响度变化幅度	13.400	4.365	2.570	83.240
	$Audio\_pitch$	每条 Live 的试听音频的音调	28.360	10.510	0.653	126.500

续表

变量类型	变量	描述	均值	标准差	最小值	最大值
控制变量	$Duration$	每条Live的总时长	3200.000	1509.000	6.000	16138.000
	$Price$	每条Live的付费价格	20.650	25.860	0.000	598.000
	$Live\_rate$	每条Live的评分	7.318	3.078	0.000	9.800
	$Live\_n\_rate$	每条Live的评论数	78.880	175.500	0.000	3949.000
	$Live\_descriptive\_volumn$	每条Live的文字介绍篇幅	216.700	117.100	0.000	1012.000
	$Live\_outline\_volumn$	每条Live的文字大纲篇幅	178.500	111.600	15.000	1652.000
	$Owner\_sum$	每条Live的作者历史成就数	964.800	1807.000	0.000	17176.000
	$Owner\_followers$	每条Live的作者的粉丝数	108123.000	245000.000	3.000	3.467e+06
	$Owner\_n\_live$	每条Live的作者历史Live数	7.275	9.473	1.000	110.000
	$Owner\_n\_success$	每条Live的作者的历史获奖数	3.205	1.470	0.000	6.000
	$Audio\_energy\_var$	每条Live的试听音频能量变化幅度	1.947	1.570	0.003	19.730
	$Outline\_title\_simi$	每条Live的文字大纲与标题余弦相似度	0.571	0.058	0.302	0.802

续表

变量类型	变量	描述	均值	标准差	最小值	最大值
控制变量	*Live_QA_num*	每条 Live 的问答数	14.700	24.670	0.000	365.000
	Live_notes	每条 Live 的文件数	16.460	26.360	0.000	495.000

（3）模型设定。

由于本研究的被解释变量为计数变量且存在过离散的情况，因此这里使用负二项回归分析检验相关假设。在模型（5）中，我们检验了解释变量 *Audio_title_simi*、*Audio_speed*、*Audio_loudness*、*Audio_loudness_var* 和 *Audio_pitch* 对被解释变量 *Live_hotness* 的主效应，具体回归模型如下所示：

$$Live\_hotness = \alpha_0 + \alpha_1 Audio\_title\_simi + \alpha_2 Audio\_speed + \\ \alpha_3 Audio\_loudness + \alpha_4 Audio\_loudness\_var + \\ \alpha_5 Audio\_pitch + \gamma_1 \mathbf{Controls} + \varepsilon_1 \quad (5)$$

其中 Controls 包含 14 个控制变量，分别是每条 Live 的总时长（*Live_Duration*）、每条 Live 的付费价格（*Live_price*）、每条 Live 的评分（*Live_rate*）、每条 Live 的评论数（*Live_n_rate*）、每条 Live 的文字介绍篇幅（*Live_descriptive_volumn*）、每条 Live 的文字大纲篇幅（*Live_outline_volumn*）、每条 Live 的作者历史成就数（*Owner_sum*）、每条 Live 的作者粉丝数（*Owner_followers*）、每条 Live 的作者历史 Live 数（*Owner_n_live*）、每条 Live 的作者的历史获奖数（*Owner_n_success*）、每条 Live 的试听音频能量变化幅度（*Audio_energy_var*）、每条 Live 的文字大纲与标题余弦相似度（*Outline_title_simi*）、每条 Live 的问答数（*Live_QA_num*）和每条 Live 的文件数（*Live_notes*）。ε_1 是模型的误差项。基于这个公式，可以通过检

验系数 α_1、α_2、α_3、α_4 和 α_5 来估计试听音频的特征所展现的知识提供者形象对消费者付费行为的影响。

6.4.3 针对声音的语速、响度、音调的结果分析

为了检验 H1、H2、H3 和 H4，本研究基于模型（5）进行负二项回归，表 6-10 给出了主效应中各个自变量的回归系数和括号中的标准误差。由表 6-10 可知，Live 的音频内容和标题的余弦相似度的回归系数为 0.663，在 0.05 的水平上显著为正。这表明，当 Live 的音频内容与标题越一致时，消费者越愿意选择该 Live 进行付费购买学习，因此 H1 通过检验。再看试听音频的语速，其回归系数是 0.073，在 0.01 的水平上显著为正。这表明，当知识提供者的语速较高时，消费者会因为该高语速而展现的知识提供者可信形象而选择其 Live 进行付费购买学习，于是 H2 通过检验。对于试听音频的响度，其回归系数是 0.017，在 0.01 水平上显著为正。这表明，当知识提供者的声音响度越大时，其表现出来的专业形象与可信度越高，会吸引消费者进行付费购买，所以 H3a 通过了检验。试听音频的响度变化幅度，其回归系数是 0.037，在 0.01 水平上显著为正，说明当知识提供者的声音响度变化幅度越大时，其越能表现出感情丰富、有魅力的形象，这会更加吸引消费者购买其付费知识产品进行学习，于是 H3b 得到了检验。试听音频的音调回归系数是 −0.011，在 0.01 水平上显著为负。这表明当知识提供者的音调越高时，消费者越可能因为感知到其不友善与紧张而导致对其的可信度下降，从而付费意愿降低，于是 H4 得到验证。

表 6-10　负二项模型的主效应回归结果

变量	主效应
	Live_hotness
Audio_title_simi	0.663** （0.327）

续表

变量	主效应 Live_hotness
Audio_speed	0.073*** (0.010)
Audio_loudness	0.017*** (0.003)
Audio_loudness_var	0.037*** (0.003)
Audio_pitch	−0.011*** (0.001)
Outline_title_simi	0.506* (0.293)
Duration	0.094*** (0.021)
Price	0.012 (0.021)
Live_rate	−0.095*** (0.006)
Live_n_rate	0.560*** (0.013)
Live_descriptive_volumn	0.062*** (0.015)
Live_outline_volumn	0.224*** (0.019)
Live_QA_num	−0.038*** (0.010)

续表

变量	主效应 Live_hotness
Live_notes	−0.048*** （0.009）
Owner_sum	−0.015* （0.009）
Owner_followers	0.087*** （0.008）
Owner_n_live	−0.012*** （0.001）
Owner_n_success	−0.006 （0.012）
Audio_energy_var	−0.058*** （0.012）
常数项	1.178*** （0.302）
观测量	6359
Log likelihood	−51185

注：（括号中为标准误）***$p<0.01$，**$p<0.05$，*$p<0.1$。

6.4.4 稳健性检验

到目前为止，本研究主要分析验证了在以知识提供者为导向的付费知识产品平台中，声音信息（声音内容和声音特征）会反映人的性格特征，且会最终影响消费者的付费意愿。为了验证该研究结果的可靠性，本小节进行了两个稳健性分析，具体如下。

（1）更换模型。

由于在本研究得到的二手数据中，关于被解释变量知识产品 Live 的热度数据为计数型变量且存在过离散现象，因此在主模型中采用负二项模型进行回归。为了增强假设结果的稳健性，本小节使用 OLS 回归代替负二项回归，考虑到被解释变量过离散的情况，我们对其取对数，数据分析结果如表 6-11 所示。可以看出，五个解释变量的回归系数正负均与前文一致，且均在 0.05 水平上显著，因此，H1 ~ H4 的主效应结果稳健。

表 6-11 更换回归模型的稳健性检验结果

变量	主效应 Live_hotness
Audio_title_simi	0.750** （0.361）
Audio_speed	0.082*** （0.013）
Audio_loudness	0.016*** （0.003）
Audio_loudness_var	0.030*** （0.004）
Audio_pitch	−0.007*** （0.001）
Outline_title_simi	0.348 （0.342）
Duration	0.105*** （0.026）
Price	0.043** （0.020）

续表

变量	主效应 Live_hotness
Live_rate	−0.072*** （0.009）
Live_n_rate	0.579*** （0.021）
Live_descriptive_volumn	0.069*** （0.019）
Live_outline_volumn	0.187*** （0.024）
Live_QA_num	−0.037*** （0.010）
Live_notes	−0.025** （0.010）
Owner_sum	−0.009 （0.011）
Owner_followers	0.081*** （0.010）
Owner_n_live	−0.008*** （0.001）
Owner_n_success	−0.014 （0.015）
Audio_energy_var	−0.049*** （0.012）
常数项	0.525 （0.373）

续表

变量	主效应
	Live_hotness
观测量	6359
调整后 R^2	0.446

注：（括号中为标准误）$^{***}p<0.01$，$^{**}p<0.05$，$^{*}p<0.1$。

（2）相似度的替代测量方法：欧氏距离。

本研究的解释变量之一是试听音频内容与知识产品标题的一致性，根据其定义，即要计算两个文本信息（音频内容与标题的词云）之间的词向量距离。正文中使用了余弦相似度对词向量间的距离进行了计算，本部分采用欧氏距离作为解释变量的替代测量方法，替换了模型（5）的解释变量，测试 H1～H4 是否稳健。数据分析结果如表 6-12 所示。可以看到，试听音频内容和标题的一致性回归系数为负，且在 0.05 的水平上显著。这表明当词之间欧氏距离越短，即试听音频内容和标题越一致时，消费者的付费意愿越强，因此 H1 得到了验证。其余解释变量的回归系数 α_2、α_3、α_4 为正数，α_5 为负数，且均在 0.01 水平上显著，与前文结果一致。

表 6-12　使用欧氏距离测量相似度的稳健性检验结果

变量	主效应
	Live_hotness
Audio_title_dist	−0.077** （0.038）
Audio_speed	0.075*** （0.010）
Audio_loudness	0.017*** （0.003）

续表

变量	主效应 Live_hotness
$Audio\_loudness\_var$	0.037*** （0.003）
$Audio\_pitch$	−0.011*** （0.001）
$Outline\_title\_dist$	−0.077** （0.034）
$Duration$	0.095*** （0.021）
$Price$	0.013 （0.020）
$Live\_rate$	−0.094*** （0.006）
$Live\_n\_rate$	0.559*** （0.013）
$Live\_descriptive\_volumn$	0.062*** （0.015）
$Live\_outline\_volumn$	0.225*** （0.019）
$Live\_QA\_num$	−0.038*** （0.009）
$Live\_notes$	−0.049*** （0.009）
$Owner\_sum$	−0.016* （0.009）

续表

变量	主效应
	Live_hotness
Owner_followers	0.087***
	（0.008）
Owner_n_live	−0.012***
	（0.001）
Owner_n_success	−0.005
	（0.012）
Audio_energy_var	−0.058***
	（0.012）
常数项	2.534***
	（0.305）
观测量	6359
Log likelihood	−51180

注：（括号中为标准误）*** $p<0.01$，** $p<0.05$，* $p<0.1$。

6.4.5 响度与音调的相互作用

为了探究更多付费知识产品平台中知识提供者形象特征对用户付费行为的作用，本小节试图探究不同音频特征变量之间的调节关系。我们基于已爬取的二手数据做进一步分析，加入了两个交互项 $Audio\_loudness \times Audio\_pitch$ 和 $Audio\_loudness\_var \times Audio\_pitch$，调整后的新模型（6）如下所示：

$$\begin{aligned} Live\_hotness = &\alpha_0 + \alpha_1 Audio\_title\_simi + \alpha_2 Audio\_speed + \\ &\alpha_3 Audio\_loudness + \alpha_4 Audio\_loudness\_var + \\ &\alpha_5 Audio\_pitch + \alpha_6 Audio\_loudness \times Audio\_pitch + \\ &\alpha_7 Audio\_loudness\_var \times Audio\_pitch + \alpha_8 \boldsymbol{Controls} + \varepsilon \end{aligned} \quad (6)$$

ε 是模型的误差项。基于上述公式，可以通过检验系数 α_1、α_2、α_3、α_4 和 α_5 估计试听音频的特征所展现的知识提供者形象对消费者付费行为的影响，通过检验系数 α_6 和 α_7 估计试听音频的音调的调节作用。响度与音调的相互作用如表 6-13 所示。

表 6-13　响度与音调的相互作用

变量	主效应 Live_hotness	调节效应 Live_hotness
$Audio\_title\_simi$	0.663** （0.327）	0.682** （0.327）
$Audio\_speed$	0.073*** （0.010）	0.073*** （0.010）
$Audio\_loudness$	0.017*** （0.003）	0.019*** （0.003）
$Audio\_loudness\_var$	0.037*** （0.003）	0.039*** （0.003）
$Audio\_pitch$	−0.011*** （0.001）	−0.012*** （0.001）
$Audio\_loudness \times Audio\_pitch$		−0.0004*** （0.000）
$Audio\_loudness\_var \times Audio\_pitch$		−0.0004* （0.000）
$Outline\_title\_simi$	0.506* （0.293）	0.496* （0.293）
$Duration$	0.094*** （0.021）	0.094*** （0.021）
$Price$	0.012 （0.021）	0.012 （0.021）

续表

变量	主效应 Live_hotness	调节效应 Live_hotness
Live_rate	−0.095*** （0.006）	−0.095*** （0.006）
Live_n_rate	0.560*** （0.013）	0.561*** （0.013）
Live_descriptive_volumn	0.062*** （0.015）	0.062*** （0.015）
Live_outline_volumn	0.224*** （0.019）	0.224*** （0.019）
Live_QA_num	−0.038*** （0.010）	−0.038*** （0.010）
Live_notes	−0.048*** （0.009）	−0.048*** （0.009）
Owner_sum	−0.015* （0.009）	−0.016* （0.009）
Owner_followers	0.087*** （0.008）	0.088*** （0.008）
Owner_n_live	−0.012*** （0.001）	−0.012*** （0.001）
Owner_n_success	−0.006 （0.012）	−0.007 （0.012）
Audio_energy_var	−0.058*** （0.012）	−0.060*** （0.012）
常数项	1.178*** （0.302）	1.087*** （0.303）

续表

变量	主效应 Live_hotness	调节效应 Live_hotness
观测量	6359	6359
Log likelihood	−51185	−51180

注：（括号中为标准误）***p<0.01，**p<0.05，*p<0.1。

声音的基本特征对发声者性格特征的形成会受到性别特征的影响（Blanck 等，1986）。女性的声音往往会与温柔相关联，而男性的声音会更多地与专业相关联（Rosenthal 等，1979；Blanck 等，1982）。例如，在医疗领域，女性医生的语气通常被认为比男性医生的语气更温柔、更不强势等（Blanck 等，1986）。对于音频的基本特征而言，音调与性别的关系也非常明显。一般来说，男性的声音通常较低沉，即男声音调低；女性声音较高，即女声音调高（Lattner 等，2005）。

当音调偏低时，发声者被认为更偏向于男性声音特征，此时发声者被认为是更加专业的。因此，在付费知识产品的平台上，知识提供者的声音响度越大，其在消费者心中的形象会更专业、更可信；此时若知识提供者的音调越低、越偏向男性声音特征，会被认为是更加专业的，于是通过声音响度所展现出的知识提供者形象对消费者购买付费知识产品的影响作用会加强。而当音调偏高时，知识提供者被认为更偏向于女性声音特征，此时其被认为是更加温柔的，对于响度展现出的知识提供者的专业能力形象会被这一温柔形象部分代替（Tan X 等，2019），对消费者购买付费知识产品的影响作用会减弱。

如表 6-13 的第（2）列所示，试听音频的响度和音调交互项回归系数为 −0.0004，在 0.01 水平上显著为负。这个结果表明，当音调越高时，通过响度表现出来的知识提供者的形象对于消费者购买付费产品意愿的影响效果减弱，即音调在这两者之间具有负向的调节作用。

此外，对于响度变化幅度而言，当音调偏低时，知识提供者的声音特征被认为更偏向于男性，此时发声者被认为是更加专业的，通过声音响度变化幅度所展现出的知识提供者有魅力且富有感情的形象对消费者购买付费知识产品的影响作用会加强。而当音调偏高时，知识提供者被认为更偏向于女性声音特征，此时其被认为是更加温柔平和的，对于响度变化幅度展现出的知识提供者的富有情感、有魅力的形象会被这一温柔平和的形象代替（Tan X 等，2019），对消费者购买付费知识产品的影响作用会减弱。

该部分研究主要探讨了在以知识提供者为导向的付费知识产品平台中，知识提供者的声音信息披露对其形象的影响及该形象对消费者付费行为的影响。主要有四个方面的结论。第一，基于系统式的信息处理方式，声音信息披露的内容与消费者期望的知识目标越一致，消费者对于该发声者所提供的知识产品的购买意愿越强。第二，基于启发式的信息处理方式，声音信息的来源特征（如响度、语速、音调等）对消费者的付费行为有显著影响，当语速越快、响度越大、响度变化幅度越大时，发声者会被认为是更加专业、自信且富有魅力的，于是消费者更加相信具有该声音特征的知识提供者，会更倾向于购买他们所提供的知识产品。第三，当音调越高时，消费者反而因为感知到知识提供者的不友善与紧张而导致对他们的感知可信度降低，最终降低付费意愿。第四，由于声音的音调与性别特征强相关，当音调越低时（偏向于男性特征时），响度和响度变化幅度所体现出的知识提供者专业形象对消费者付费行为的影响程度会增强，这是由于具有男性特征的声音更易给人以专业的感知；而当音调越高时（偏向于女性特征时），响度和响度变化幅度所体现出的知识提供者专业形象对消费者付费行为的影响程度会减弱，这是由于具有女性特征的声音更易给人以温柔的感知，专业的印象会被其部分代替，所以音调在主效应的基础上对响度和响度变化幅度对消费者付费行为的影响具有负向的调节作用。

6.5 本章小结

本章主要探讨了在两种知识付费场景下,知识提供者的信息披露对形象及后续的付费意愿的影响。其中,研究一从答主通过信息披露所展现的形象和提问者所需知识目标的一致性入手,通过披露文本(答主简介)与图片(答主头像)两种信息类型进行形象分析,得出以下结论:第一,基于文本信息所展现出的形象一致性始终能正向影响答主被提问的可能性,并且这个影响效果会被文本信息量所代替。第二,基于图片信息所展现出的形象一致性需要分情况讨论,对于专业表达型话题下的答主,形象一致性对答主被提问的可能性有正向影响;而对于自由展现型话题下的答主,这种形象一致性反而对答主被提问的可能性有负向影响。这是由于不同类型的话题对视觉形象关注程度不一致所导致的"反合规行为"感知。且微笑会加强这种图片信息的形象一致性程度对答主被提问的可能性的影响程度。

研究二主要探讨了在付费知识产品平台中,知识提供者的声音信息披露对于其形象的影响及该形象对消费者付费行为的影响。主要结论如下:第一,基于系统式的信息处理方式,声音信息披露的内容与消费者期望的知识目标越一致,消费者对于该发声者所提供的知识产品的购买意愿越强;第二,基于启发式的信息处理方式,声音信息的来源特征(如响度、语速)对消费者的付费行为有正向显著影响,但音调对消费者的付费行为是负向影响;第三,声音的音调在主效应的基础上对响度和响度变化幅度对消费者付费行为的影响具有负向的调节作用。

(1)理论贡献。

随着互联网的发展,印象管理的场景由原本的面对面交流扩展到了线上社交媒体平台互动,如在线评论平台的评论信息披露、社交论坛的博主简介信息披露等。本章扩展了印象管理在社交媒体平台的应用(Dew等,

2021；Baert，2018），具体延伸到了知识付费平台，探究在两类知识付费平台下，印象管理对知识提供者形象及知识寻求者付费意愿的影响。

以往的文献主要将形象一致性的概念应用于市场营销中，并且集中探究消费者形象与品牌形象的一致性（Shan 等，2020；Min 等，2019；Malodia 等，2017）。本章将形象一致性的概念延伸到知识付费平台的用户上，探究"卖方"形象与"产品"形象之间的一致性，即知识提供者与提问者寻找的知识形象之间的一致性对提问者提问意愿的影响。同时，挑战了传统观点，形象高度一致性的积极作用并不是一直存在的；当话题下的视觉形象重要性低时，若仍刻意强调高形象一致性，反而会因产生"不合规的行为"导致可信度降低。

启发式—系统式的信息处理模型往往被用在文本型的信息类型上进行研究，本章拓展了其研究场景，将该信息处理模型运用到了声音信息类型上，验证了声音信息的内容特征（表达内容和标题的一致性）、部分来源特征（语速、响度）对知识寻求者付费意愿存在显著的正向影响，还有部分来源特征（如音调）对知识寻求者付费意愿存在显著的负向影响。

过往关于声音与人物形象的研究仅关注声音特征的独立影响，如声音的响度、音调等对建立人物形象的作用，很少有学者将这两种声音特征结合起来，探究两者之间的相互影响关系。本章引入声音的基本特征，并探究这些基本特征（如响度、音调）之间的交互关系对用户付费行为有的影响。

（2）实践启示。

本章内容为知识付费平台上的用户提供了如何通过有效披露信息吸引消费者进行付费的实际建议。

一方面，在付费问答平台上，对知识提供者而言，关注个人简介与头像的披露情况。简介中尽可能表明自己与所在知识话题的一致性，若简介中缺少相关技能关键词时，可以适当增加简介的信息量来减弱形象一致性的负面影响。对于不同话题下的答主，在披露头像时，要注意与话题一致性的差异。当自身所在的知识话题较关注外在专业形象时，需要使用与知识话题相似的图片来作为头像；但当自身所在话题不关注外在专业形象时，需谨慎使用与知识话题一致性程度高的图片作为头像，以免让消费者误认为是在刻意说服其付费。不过，无论如何，使用包含微笑的头像对提问者提问意愿的提高总是能有积极效果。

另一方面，在包含了音频试听功能的付费知识产品平台上，知识提供者在披露试听音频时，可以关注两个方面：第一个是音频的内容需要与知识产品的标题中心一致，以满足消费者的知识需求期望；第二个是在音频录制时，及时调整自身声音的响度及语速，尽可能降低音调、提高响度和响度变化幅度及语速以表现出自身的专业形象。

此外，本章内容还对知识付费平台本身提供了发展建议。对于付费问答平台，可以根据答主披露的信息建立答主推荐机制，增加能够提高提问者提问意愿的答主的流量，从而增大该答主被提问的概率，提高平台的用户活跃度。对于付费知识产品平台，可以通过音频分析比较出优秀试听音频的知识产品，并加大对它们的推荐；同时可以推出一项声音培训课程，给知识提供者训练发声技巧。

第7章

人工智能技术下的挑战

7.1　大语言模型带来的冲击

近年来，人工智能（Artificial Intelligence，AI）技术发展迅速，大语言模型（Large Language Models）的开创式、突破式进展更是催生了一些强大的语言生成工具，例如大众熟知的 ChatGPT。在此背景下，用户能够以较低的搜寻成本与人工智能系统进行文字交互、获取信息，这对传统的以用户生成内容为主导的在线问答平台社区（如知乎、Quora 等）产生了巨大冲击（Xue 等，2023）。ChatGPT 正式发布后，一经上线，其便以强大的功能（如日常对话、诗歌创作、代码生成等）吸引了诸多用户。许多在线问答平台的用户借助它进行内容创作，回答平台提问者的问题，这直接导致在各类在线问答平台中人工智能生成内容（AI-Generated Content，AIGC）的数量激增，逐渐侵占问答平台。

随着各种质量参差不齐的回答涌入用户问答社区，部分平台在初期对 ChatGPT 持否定态度，限制其生成的内容进入社区。知名的在线技术问答社区 Stack Overflow 发布了一条社区公告，宣布禁止平台用户发布 ChatGPT 生成的回答。具体来说，Stack Overflow 的版主有权封禁疑似发布 ChatGPT 等 AI 生成内容的账号。然而，在不久后，平台突然放松了这个禁令。在新政策下，版主的权利被大幅限制，几乎所有 AI 生成的答案都可以自由发布。除此之外，也有部分问答平台对 ChatGPT 等内容生成工具的使用持积极态度。国外知名问答平台 Quora 面向大众发布了一款名为"Poe"的 AI 聊天机器人应用程序，允许用户向一系列 AI 聊天机器人提问、获取回答。

不难看出，大众借助 AI 生成工具进行内容创作似乎成了一种不可逆转的趋势；而随着越来越多的 AI 生成内容涌入在线问答社区，平台方也将采取一系列政策，以便更好地管理平台用户对 AI 生成内容的使用。以知乎为例，知乎社区曾发布了一则关于 AI 辅助创作的声明，鼓励创作者

第 7 章　人工智能技术下的挑战

在使用 AI 工具辅助写作时，主动在内容里添加"包含 AI 辅助创作"的标签，便于其他用户更好地分辨、理解阅读内容。除此之外，平台还将对疑似 AI 生成但未主动进行披露的内容进行严格管控。对于这部分回答，平台会对其添加"疑似 AI 创作"的标签，并进行折叠处理，限制该内容的流通，提醒读者该内容是由 AI 生成的。根据平台发布的处置公告，截至 2023 年 6 月，平台累计标记了 33 万多条不规范使用创作声明的内容。除此之外，批量发布 AIGC 内容的账号会被进行不同天数的禁言处罚。图 7-1、图 7-2 展示了知乎问答平台上，"AI 辅助创作"以及"疑似 AI 创作"的两类回答。

图 7-1　知乎社区"AI 辅助创作"回答截图

图 7-2　知乎社区"疑似 AI 创作"回答截图

人工智能将给互联网和数字经济的创新发展提供强大动力，诸如支撑空间计算，给创作者提供强大助手，以及提供新的、复杂的叙事方式等。在内容生产层面，生成性AI、数字虚拟人等人工智能和机器学习模型将带来一场零边际成本的内容生产变革，可以自主生成文本、图像、音频、视频、虚拟场景等各类数字内容，这将带来人工智能生成内容（AIGC）的蓬勃发展，打造新的数字内容生成与交互形态。其中，生成式AI、数字虚拟人成为AI技术的重要发展方向。

生成式人工智能是过去十年中被视为人工智能领域最具潜力的发展，并被认为是AI的未来走向。Gartner将其列为2022年五大影响力技术之一，并预期到2025年，生成性AI产生的数据将占所有已产生数据的10%，而当前这一比例不足1%。简洁地说，生成式AI是一种人工智能和机器学习技术，它能够依据训练数据自我产生新的文本、图像、音频和视频等内容。换言之，生成性AI有能力学习并提炼输入数据的内在规律，并依据这些规律创造新的、类似的内容。就现状来看，生成式AI能够几乎不需要人类干预就能产生高品质的创新内容，如实现图片风格转换、文本到图像的转换、图片到表情包的转换、图片或视频的修复、合成逼真的人声、生成人脸或其他视觉对象、创建3D虚拟环境等。人类只需设定场景，生成式AI就能自动产出所需的结果，这不仅将引发零边际成本的内容生产革命，而且在一定程度上也能避免人类思维和经验带来的偏见。

数字化虚拟人是通过3D计算机图形软件创建的数字化人形角色。与过去的电影视觉效果中的虚拟角色相比，数字化虚拟人结合了AI合成和实时动作捕捉等技术，可以更智能地、实时地与我们进行语言、表情和动作的交流。数字化虚拟人正在逐渐成为一个融合了计算机图形学、AI、VR、运动学和多模态感知等多学科的前沿交叉领域，并且正在从线上娱乐逐渐转向更多的线下实用场景。虚拟人的形态有很多种：从艺术类型来看，可以分为电影级高保真、写实和卡通等不同风格；根据所需输入的信息，可以包括预制动画、实时复制演员表演、以文本（语音）驱动等；根据应用场景，可以包括虚拟主播、虚拟偶像、虚拟主持人、虚拟客服等。

虚拟人的发展趋势之一是与会话式 AI 系统的结合，这给传统的 Siri 等虚拟助手、智能客服等聊天机器人提供了一个具象化、富有亲和力的人类形象，增强了交流中的情感连接，预计将为这个领域带来更大的市场前景。随着线上空间的丰富，更多的普通用户希望拥有自己的个性化虚拟形象。因此，虚拟人的第二个发展方向是制作工具的丰富和易用性。例如，Epic 在其虚幻引擎中集成的 Metahuman 虚拟人工具，用户可以在系统提供的基础形象模板上修改参数，只需 30 分钟就能创建出独一无二的形象。可调整的内容包括整体的肤色、身材，以及面部轮廓、五官大小等细节。

结合上述对两种变革性技术的介绍，可以看出 AI 技术将对互联网、数字经济、内容生成平台等均带来重要影响。

（1）借助更多样化、实时性的用户互动方式，弥合数字鸿沟。大语言模型可以提高用户交互体验，如在用户需要帮助或有问题时提供自动回复，或者根据用户的兴趣和行为生成个性化的内容推荐。例如，大语言模型可以被用于客户服务聊天机器人，为用户提供 24/7 的支持。它们可以回答用户的问题，提供帮助，甚至在用户需要人工服务时将对话转接给人工服务员。因此，AI 技术将提高互联网应用的包容性和普惠性，确保每个人都能享受到更自然的互动体验。再一个显著的实例是实时翻译，机器翻译、语音识别和合成、对话型 AI 系统的融合，使使用不同语言的用户之间可以进行更自然的沟通。比如，Meta 公司为其元宇宙平台研发了全面语音翻译器（Universal Speech Translator，UST），这款 AI 系统将能提供所有语言的实时语音翻译。由 AI 系统驱动的实时翻译将成为互联网应用的常规配置。此外，行为识别、眼球追踪、脑机接口等技术的应用也将为 VR/AR、元宇宙等未来互联网应用提供更多的互动方式。

（2）实现零边际成本的内容生成变革，规模化创造 AI 生成内容（AIGC）。大语言模型可以帮助用户在博客或论坛上发表更高质量的帖子。它可以帮助用户改进他们的写作，提供写作提示，或者帮助他们生成全新的内容。这可以降低内容创建的门槛，让更多的用户有能力创作高质量的内容。在一些创作平台上，大语言模型甚至可以帮助用户创作故事、诗歌或歌词。

此外，VR/AR、元宇宙等未来的互联网应用正在向一个多媒体平台转型，用户在这个平台上可以获取和体验丰富多彩的沉浸式内容。为了在元宇宙中生成满足大量用户不同需求的内容，除了依赖不可替代的人类创作者外，人工智能作为虚拟创作者将起到越来越关键的作用，主要用于创建数字空间、数字物品等。可以说，AIGC（AI生成内容）对于VR/AR、元宇宙等未来互联网应用的重要性，就如同UGC（用户生成内容）对于现在的互联网应用的重要性一样。生成式AI现在已经能够生成人脸、物品、场景等各种逼真的内容。比如，Meta公司的元宇宙AI应用BuilderBot能够根据用户的语音指令自动创建相应的场景。基于GAN的AI生成艺术已经与区块链NFT结合，引发了新的数字艺术潮流。生成式AI不仅可以创造创新文本内容，还可以从文字描述或简单的草图中生成逼真的图像，如OpenAI的AI模型DALL·E-2、NVIDIA的深度学习模型GauGAN2都能将简单的文字描述或语句转化为逼真的、高清的图像。这些进步意味着通过结合人工智能和AR/VR，元宇宙将能够创造大规模的、逼真的虚拟世界。总的来说，对于元宇宙来说，生成式AI的变革性意义在于它将实现零边际成本的内容生成，这是一场内容生成的革命，只有通过AIGC，元宇宙才能以低成本、高效率的方式满足大量用户的不同内容需求。

（3）带来更加智能化的虚拟化身。在未来3D化的互联网应用中，用户通过一个虚拟化身在其中体验各种内容与服务，用户的虚拟形象（Avatar）的准确性将决定用户之间体验的质量。AI引擎可以分析用户的2D图片或3D扫描文件，然后形成高度逼真的仿真渲染，同时结合脸部表情、情绪、发型、年龄特征等因素让用户的虚拟形象更具活力。目前，Meta、NVIDIA等众多科技公司已经在利用AI技术帮助用户在虚拟世界打造虚拟化身，如Omniverse Avatar可以生成、模拟、渲染可互动的虚拟形象。此外，生成式 AI 创造的虚拟化身，以及合成的人类语音，在很多情况下也可以给用户的身份和隐私提供一层安全保障。

（4）基于数字人打造更具沉浸感的使用体验。对话式 AI 系统、先进的实时图形处理等技术的结合，将使数字人、虚拟助手、虚拟伴侣、NPC 等数字智能体能够逼真地模仿人类的音容笑貌，变得更加智能化和人性化。例如，Epic 的 MetaHuman 工具可以把创造数字人的时间从数月减少到数分钟，并且可以给数字人注入活力，实现逼真的运动、行动、语言表达等。这将带来更复杂的、自然交互的 AI 虚拟角色，除了模仿人类的语言表达，还具有表情、肢体语言、情绪，甚至物理交互等能力，给用户在元宇宙中提供更直观的、更具沉浸感的数字化体验。可以说，数字人等新型 AI 角色将决定 VR/AR、元宇宙等未来互联网应用的体验质量和吸引力。

（5）AI 推荐算法能支持未来互联网应用中个性化的内容与服务。在信息大爆炸的互联网时代，AI 推荐算法无疑是最成功、最具商业价值的 AI 应用之一。可以肯定的是，当前的互联网时代所面临的信息大爆炸、信息过载等问题，在 VR/AR、元宇宙等未来互联网应用中依然存在，甚至可能会变得更为突出，因此高性能 AI 推荐系统驱动的个性化推荐仍将发挥关键作用。

（6）内容审核，识别、打击恶意行为。未来 UGC 平台上不仅内容的种类会更加丰富，而且内容的数量也将呈指数级增长。这意味着色情、暴力、恐怖等违法有害内容可能在元宇宙中变得更加突出，而且生成式 AI 被滥用于对音视频进行伪造或篡改的行为有可能带来新的安全问题。因此，利用 AI 技术识别、打击元宇宙中的恶意行为将变得越来越重要和必要。大语言模型可以被用来自动审核 UGC 平台上的内容，检测并过滤掉违规或有害的内容，如仇恨言论、网络欺凌、虚假信息等。再如，对于图片、视频的篡改问题，腾讯优图实验室开发的换脸甄别模型，基于图像算法和视觉 AI 技术，可以实现对视频中的人脸真伪进行高效快速的检测和分析，鉴别视频、图片中的人脸是否为 AI 换脸算法所生成的假脸。这可以帮助平台更有效地管理用户生成的内容，保护用户免受有害内容的影响。

　　人工智能技术的突破将给内容分享平台的发展提供强大动力，但也可能带来新的挑战，包括但不限于以下几个方面：

　　（1）内容真实性：由于基于生成式 AI 的大语言模型可以生成逼真的内容，可能会出现更多的虚假信息或误导性内容，这对 UGC 平台的内容质量和用户信任构成挑战。例如，AI 可以生成虚假的新闻报道、社交媒体帖子、评论等，这可能对公众的观点和行为产生影响。再者，AI 可以生成逼真的图像和视频，这被称为深度伪造。深度伪造可能被用于制造虚假的证据，对个人和社会产生伤害。

　　（2）用户数据隐私：大语言模型的训练需要大量的数据，如果没有妥善处理，可能会对用户的数据隐私产生影响。例如，如果一个模型被用于生成个性化的内容推荐，那么它可能需要访问用户的浏览历史、购买记录，甚至更私密的生物识别数据，给用户的隐私和数据安全提出新的挑战。恶意分子可能擅自使用他人的肖像、声音等，利用生成性 AI 和数字虚拟人技术从事伪造、仿冒、欺骗、诈骗等非法活动。

　　（3）权利归属的问题：AI 创作内容的知识产权如何保护？再如，AI 可以生成类似于某位音乐家风格的音乐，这可能引发关于谁拥有这段音乐的版权的争议。

　　（4）技术依赖：过度依赖 AI 技术可能会降低用户的创新能力和批判思维，因为用户可能会过于依赖机器生成的内容，而忽视了人类的创造性和多样性。

　　因此，对于 UGC 平台来说，引入 AI 生成内容需要谨慎考虑，既要充分利用其带来的益处，也要防范可能产生的风险。

7.2 用户对 AI 生成内容的态度

随着 AI 技术在内容分享平台的逐渐渗透，由此产生了一个有趣的话题，当平台上的提问者看到这类 AI 创作的回答（即 AI 生成内容）时，他们的反应是什么？他们是否愿意采纳、评论这类回答？

用户对 AIGC 的态度可能会因人而异，取决于多种因素，如他们的技术熟练程度、对 AI 的理解、个人偏好、信任程度等。有些用户可能会欢迎和接受 AIGC，因为它可以提供更多样化、个性化的内容。例如，AI 可以根据用户的兴趣和行为生成定制的新闻报道、文章、音乐、艺术作品等。但有些用户可能会对 AIGC 持怀疑和担忧的态度。他们可能担心 AI 生成的内容会导致虚假信息的传播，或者对人类创作者的工作产生威胁。此外，他们也可能对 AI 能否真正理解和创造有深度和质量的内容表示怀疑。还有一部分用户可能对 AIGC 持中立和观望态度，他们既不特别反对，也不特别支持。他们可能会观望 AIGC 的发展，看看它会如何影响他们的日常生活和工作。有些用户可能对 AIGC 并不了解，或者对其并无特别感觉。他们可能只关心内容本身，而不太关心内容是由人类还是 AI 生成的。因此，在 AIGC 逐渐涌入内容分享平台的大趋势下，有必要探究 AIGC 对个人行为的影响机理，讨论不同内容、不同场景下的用户对 AIGC 的态度，可以为平台更好地管理 AIGC 提供理论支持。

在顾客服务场景下，已有研究表明，当顾客得知销售客服的身份是 AI 时，他们之间的通话时间会变短，同时顾客购买服务的意愿也会降低（Luo X 等，2019）。语音和文本同属 AI 生成内容的两种形式，但由于顾客服务场景与问答场景之间的众多差异，来自顾客服务场景的结论并不能简单迁移到问答场景。综合来看，两个场景之间存在以下三个主要差异。首先，在顾客服务场景中，客服通常扮演商家与顾客中间人的角色；而在问答场景下，提问者与回答者通常是同辈，他们之间的社会关系会更加紧密。由此推断，在这两个场景下，当个人得知交互对象是 AI 时，他们的反应可能有所不同。其次，客服通常为顾客提供产品、服务相关的咨询，他们的服务通常是高度标准化、以解决问题为导向的。而反观另一个场景，提问者提问可能是出于不同的目的，如为了解决某个问题，也可能是寻求心理安慰和情感慰藉。换而言之，他们既可能是在寻求信息支持，也可能是在寻求情感支持。最后，在顾客服务场景中，与顾客进行交流的通常是机器人或者人工客服中的一个，现有的大部分相关研究也主要区分人与 AI 两类角色（Luo X 等，2019；Tong 等，2021；Han 等，2023；Yalcin 等，2022；Garvey 等，2023）。但在问答场景下，除了纯粹 AI 和人写的两种回答外，还有用户经 AI 辅助生成并发布的回答。尽管有部分文献区分了第三种——机器人、人工客服先后与顾客进行交流，即混合式客服（Adam 等，2023；Gnewuch 等，2023），但这样的混合式客服仍然与 AI 辅助的用户存在不同。在现实场景中，混合式客服时，机器人客服与人工客服是明确存在先后顺序的，而问答场景下人与 AI 参与内容创作的顺序是模糊、难以区分的。综合来看，在问答场景下，从回答者身份角度出发，除了 AI 和人外，还有必要研究第三种回答者的身份——即 AI 辅助的人。

在探讨用户对 AI 生成内容的态度这一问题时，可能会与以下几个方面的研究相关：AI 厌恶、人机互补性及心智感知理论。下面分别简要介绍。

（1）AI 厌恶。

近年来，人工智能技术发展迅速，并在诸多领域得到了应用。然而，尽管人工智能在执行一些特定任务（如疾病诊断、艺术创作等）时的表现明显优于人类，却依旧遭受到了偏见和抵制。在实际应用场景中，有相当一部分人并不愿意使用人工智能提供的服务，这个普遍的现象被称为 AI 厌恶或算法厌恶（Dietvorst 等，2015，2018）。

根据已有研究，AI 厌恶的成因可以概括为客观因素、主观因素两类。客观方面，人工智能存在一些缺陷，其中最为明显的一点就是决策规则的不透明性、不可解释性，即"黑箱"本质（Edmonds 等，2019；Cadario 等，2021）。除此之外，人们对 AI 的抵触很大程度上是由于自身的主观感知所驱动的。例如，认为算法无法从错误中学习（Dietvorst 等，2015）、认为算法忽略了使用者的"特殊性"（Longoni 等，2019）、自主权受威胁（Saunderson 等，2021）等。此外，也有研究表明，人们对 AI 的厌恶与任务类型、使用场景有关。Castelo 等（2019）通过实验研究发现，相较于主观性任务（如提供约会建议），人们更信任算法在执行客观性任务方面（如分析数据）的表现。Dietvorst 等（2020）指出，人对预测误差的敏感性递减，这导致他们在进行风险决策时更愿意选择方差更大的决策方案（不考虑平均表现）。因此在不确定性较高的领域（如金融投资），即使 AI 的风险决策误差更稳定，人们依旧会更倾向于选择人类决策方案。

综上所述，目前关于决策式 AI 对个人行为影响的研究有很多，场景也极为丰富。然而，目前关于生成式 AI 的研究刚刚兴起，也并没有研究在内容分享平台场景下 AIGC 对个人行为的影响机理。

（2）人机互补性。

诸多研究表明，人与 AI 之间存在互补性（Tan S 等，2018；Bansal 等，2019；Zhang Y Liao 等，2020；Fügener 等，2021，2022）。具体来说，人类和 AI 都有自己的"独特知识"，这个源自于人与算法在决策规则上的结构性差异（Fügener 等，2022）。算法主要依赖大量的数据，而人在解决问题时，通常会有一些独特的决策方式（比如直觉）。因此，从理论上来说，人与 AI 都会有自己专属的"独特知识"，他们都有自己专长的领域，二者在潜力上是互补的。当执行一些特定任务时（如虚假新闻识别），人与 AI 的联合表现很可能会比其中单独一方的表现更好（Wei 等，2022）。

人与 AI 各有所长，人的想法有时可能不全面，这时 AI 可以提供帮助，即 AI 可以互补人；而 AI 也可能会犯错，比如会生成不准确，甚至错误的内容，这时人可以提出质疑，即人与 AI 可以互补。从信息框架的角度出发，强调 AI 互补人，实际上是在强调 AI 的价值，是积极框架；而强调人互补 AI，实际上是在强调人的价值，是消极框架。因此，在 AIGC 或者 AI 辅助人创作的场景下，适当地强调人机互补的价值，可能成为缓解或消除 AI 厌恶的一个重要研究方向。

（3）心智感知理论。

在讨论用户对待真人创作的内容和 AI 创作内容的不同态度时，应该从用户对这两类实体的感知入手来找出其本质的不同。心智感知理论（Mind Perception Theory）认为，人们或多或少会从主体性、感受性两个维度感知社会实体的心理状态及相关能力（Gray H M 等，2007）。换而言之，人们认为每一个社会实体具备不同程度的心智能力。心智感知的两个维度分别反映了个体对主体两种拟人化能力的感知：主体性维度主要指个体会从社会实体感知其思考、交流、规划行为等方面的能力，感受性维度主要指个体感知实体拥有感受情绪、共情他人的能力。以人为例，一名成年人通常被认为同时具备高水平的主体性、感受性能力（Gray H M 等，2007；Gray K Wegner，2012）。

心智感知的两个维度通常被认为与道德决策紧密相关。在道德决策的情境中，拥有主体性的实体被视作具有行为意图和自主能力的道德主体，而拥有感受性的实体则因为其感受情绪的特质被视为道德对象（Gray K Young 等，2012）。正因如此，心智感知理论在道德判断、行为问责等场景中得到了广泛研究（Bigman 等，2018；Young 等，2019；Srinivasan 等，2021；Yam 等，2021；Sullivan 等，2022）。结合内容分享平台的场景，人类回答者（普通用户）、AI 辅助的用户及纯粹的 AI 问答助手是三个不同的社会实体，个体对于这三种社会实体的心智感知很可能是完全不同的，这可能会直接影响个体对于不同实体所生成回答的态度。

因此，鉴于各类在线问答平台上都出现了大量疑似 AI 生成的内容，对平台内的用户生成内容造成了巨大冲击，我们可以通过借助上述理论和相关研究来尝试回答以下问题。①当个人得知某个回答是 AI 或者 AI 辅助的人生成的时候，他们的反应是什么？②在上述过程中，人们行为意图的心理机制是什么？③人们对回答者身份的感知是否会因为问题类型的不同而有所差异？④若个人对 AIGC 持厌恶态度，那么应当如何处理？

7.3 总结与展望

（1）内容总结与贡献。

本书内容立足我国国情，聚焦于蓬勃发展的数字与平台经济，从大数据环境下决策范式转变这一背景出发，针对如何有效激励内容分享平台的用户生产优质内容的现实问题，探索宽假设条件下的激励机制的影响效果，为今后知识分享平台上形成持续、优质的内容提供最新的理论依据和决策指导。

在理论方面有以下两点：①突破激励机制已有研究中对声誉或经济激励的经典假设，包括声誉激励的"累加性""外显性""同质性"和经济激励的"外部性"与"被动性"，识别经典假设与现实情况之间的差异，并探索了在拓宽传统假设条件下激励机制的影响效果，是大数据环境下的决策范式转变在激励机制研究中的重要体现；②从平台视角、个体视角及综合视角全方位地探索不同类型的激励机制的影响路径和影响效果，是对已有声誉激励和经济激励相关研究的重要补充和完善，并且厘清产生这些影响的用户内在动机变化，比较平台的"累加性声誉与重评估声誉""同质性激励水平与个性化激励水平"及"外部经济刺激与内部自由定价"的不同作用机理和适用场景。

在实践方面有以下三点：①对几种宽假设条件下激励机制的效果进行探究，能够帮助平台在制定激励策略时拓宽思路，能够为平台是否引入新型激励机制及相关元素的设计提供科学的理论与实践双层面的指导；②对知识产品个性化定价和后续用户内容贡献的关系的探究能够帮助知识付费平台指导用户定价以提高消费者满意度，促进知识产品的持续贡献和质量提升，推动知识付费模式的健康发展；③能够刺激知识分享平台上的知识消费者向知识贡献者转化，成为缓解知识分享平台上马太效应的一个重要方向，能够增加用户的社交互动，促进生成高质量内容，同时降低用户的信息搜索成本，为泛知识内容行业的健康发展提供科学指导。

（2）未来可能的研究方向。

针对知识分享平台受到 AI 技术带来的冲击，未来有许多值得研究的方向，包括但不限于：

① 内容审核和管理：随着 AIGC 技术的发展，内容分享平台可能会面临大量由 AI 生成的内容。这些内容可能包括误导信息、深度伪造等潜在问题。如何有效地审核和管理这些内容是一个重要的研究方向。

② 用户行为研究：AI 生成内容可能会改变用户的行为和偏好。例如，用户可能更喜欢由 AI 生成的个性化内容，也可能对 AI 生成的内容持怀疑态度。理解这些用户行为的变化对于内容分享平台的运营和管理至关重要。

③ 商业模式创新：AI 生成内容可能会对内容分享平台的商业模式产生影响。例如，平台可能需要找到新的方式来激励和奖励 AI 生成内容的创作者。同时，平台也可能需要开发新的盈利模式，比如通过提供 AI 生成服务来获取收入。

④ 社区管理和建设：AI 生成内容可能会改变内容分享平台的社区氛围和结构。例如，AI 生成的内容可能会引发社区内的争议和分歧。如何处理这些争议，如何建设一个既包容 AI 生成内容，又能维持良好社区氛围的社区，是一个重要的研究方向。

⑤ 法律和伦理问题：AI 生成内容可能会引发一系列法律和伦理问题，如版权问题、隐私问题等。内容分享平台需要找到合理的方式应对这些问题。

⑥ AI 应用的透明度和可解释性：如何确保用户知道其在与人工智能而非人类互动，如何让用户理解、信任推荐系统等 AI 应用，以及因算法

歧视问题而带来对用户权益的损害都是未来可研究的方向。

从更广泛的角度来看，AIGC 的出现还对企业的创新管理、人力资源管理、战略管理等方面都提出了新的挑战，也将是未来关注的研究方向，具体如下。

一是创新管理。如何利用 AIGC 推动企业创新？如何在企业内部落地 AIGC 技术以提高效率或创造新的业务模式？

二是人力资源管理。AIGC 对工作岗位的影响是什么？它可能会替代一些创作类的工作，那么这些工作岗位的人员该如何转型？企业应如何进行人才培养和人力资源规划？

三是战略管理。在 AIGC 的大背景下，企业应如何制定战略？如何通过 AIGC 获取竞争优势？

四是伦理和社会责任。AIGC 可能会带来一些伦理问题，如深度伪造可能导致虚假信息的传播。企业在使用 AIGC 时应如何履行其社会责任？

五是项目管理。AIGC 的开发和应用可能会涉及大型项目，如何进行有效的项目管理、确保项目的成功执行？

六是供应链管理。在内容生产和分发的供应链中，AIGC 将如何改变现有的模式？如何优化供应链以适应 AIGC 的发展？

参考文献

[1] 蔡舜，石海荣，傅馨，等.知识付费产品销量影响因素研究：以知乎Live为例[J].管理工程学报，2019，33（3）：71-83.

[2] 陈国青，曾大军，卫强，等.大数据环境下的决策范式转变与使能创新[J].管理世界，2020（2）：95-106.

[3] 龚凯乐，成颖.基于"问题—用户"的网络问答社区专家发现方法研究[J].图书情报工作，2016，60（24）：115.

[4] 秦芬，李扬.用户生成内容激励机制研究综述及展望[J].外国经济与管理，2018，40（8）：141-152.

[5] 徐扬，沈宇飞.基于社会化影响理论的声誉系统与知识分享的关系初探[J].情报科学，2018，36（9）：123-128.

[6] 严建援，秦芬，李凯.订阅型在线知识付费的商业模式研究[J].管理学报，2019，16（9）：1405.

[7] 赵杨，袁析妮，李露琪，等.基于社会资本理论的问答平台用户知识付费行为影响因素研究[J].图书情报知识，2018（4）：15-23.

[8] Adam M, Roethke K, Benlian A. Human vs. Automated Sales Agents: How and why customer responses shift across sales stages[J]. Information Systems Research, 2023, 34（3）: 1148-1168.

[9] Addington D W. The relationship of selected vocal characteristics to personality perception[J]. Speech Monographs, 1968, 35（4）: 492-503.

[10] Addington D W. The effect of vocal variations on ratings of source credibility[J]. Speech Monographs, 1971, 38（3）: 242-247.

[11] Aggarwal R, Midha V, Sullivan N. The effect of gender expectations and

physical attractiveness on discussion of weakness in online professional recommendations[J]. Information Systems Research, 2023（4）: 1-17.

[12] Alba J W, Hutchinson J W. Dimensions of consumer expertise[J]. Journal of consumer research, 1987, 13（4）: 411-454.

[13] Anderson E W, Sullivan M W. The antecedents and consequences of customer satisfaction for firms[J]. Marketing science, 1993, 12（2）: 125-143.

[14] Andrews F M, Farris G F. Time pressure and performance of scientists and engineers: A five-year panel study[J]. Organizational Behavior and Human Performance, 1972, 8（2）: 185-200.

[15] Apple W, Streeter L A, Krauss R M. Effects of pitch and speech rate on personal attributions. [J/OL]. Journal of Personality and Social Psychology, 1979, 37（5）: 715-727. DOI:10. 1037/0022-3514. 37. 5. 715.

[16] Armstrong C L, Mcadams M J. Blogs of information: how gender cues and individual motivations influence perceptions of credibility[J/OL]. Journal of Computer-Mediated Communication, 2009, 14（3）: 435-456. DOI:10. 1111/j. 1083-6101. 2009. 01448. x.

[17] Arndt A D, Evans K R, Zahedi Z, et al. Competent or threatening? When looking like a "salesperson" is disadvantageous[J/OL]. Journal of Retailing and Consumer Services, 2019（47）: 166-176. DOI:10. 1016/j. jretconser. 2018. 11. 012.

[18] Asch S E. Forming impressions of personality. [J/OL]. The Journal of Abnormal and Social Psychology, 1946, 41（3）: 258-290. DOI:10. 1037/h0055756.

[19] Askalidis G, Kim S J, Malthouse E C. Understanding and overcoming biases in online review systems[J]. Decision Support Systems, 2017（97）: 23-30.

[20] Askay D A, Gossett L. Concealing communities within the crowd: hiding organizational identities and brokering member identifications of the Yelp elite squad[J/OL]. Management Communication Quarterly, 2015, 29 (4): 616-641. DOI:10. 1177/0893318915597301.

[21] Ba S, Whinston A B, Zhang H. Building trust in online auction markets through an economic incentive mechanism[J]. Decision Support Systems, 2003, 35 (3): 273-286.

[22] Baek H, Ahn J, Choi Y. Helpfulness of online consumer reviews: readers' objectives and review cues[J/OL]. International Journal of Electronic Commerce, 2012, 17 (2): 99-126. http://www. tandfonline. com/doi/full/10. 2753/JEC1086-4415170204. DOI:10. 2753/JEC1086-4415170204.

[23] Baert S. Facebook profile picture appearance affects recruiters' first hiring decisions[J/OL]. New Media and Society, 2018, 20 (3): 1220-1239. DOI:10. 1177/1461444816687294.

[24] Bansal G, Nushi B, Kamar E, et al. Beyond accuracy: the role of mental models in human-AI team performance[J/OL]. Proceedings of the AAAI Conference on Human Computation and Crowdsourcing, 2019 (7): 2-11. DOI:10. 1609/hcomp. v7i1. 5285.

[25] Bassett R E, Spicer A Q S, Jack L. Effects of source attire on judements of credibility[J/OL]. Communication Studies, 1979, 30 (3): 282-285. DOI:10. 1080/10510977909368022.

[26] Batson C D. The altruism question: toward a social-psychological answer[M]. London: Psychology Press, 1991.

[27] Batson C D, Sager K, Garst E, et al. Is empathy-induced helping due to self-other merging?[J/OL]. Journal of Personality and Social Psychology, 1997, 73 (3): 495-509. DOI:10. 1037/0022-3514. 73. 3. 495.

[28] Bechwati N N, Xia L. Do computers sweat? The impact of perceived effort of online decision aids on consumers' satisfaction with the decision process[J]. Journal of Consumer Psychology, 2003, 13 (1-2): 139-148.

[29] Berger C R, Calabrese R J. Some explorations in initial interaction and beyond: toward a developmental theory of interpersonal communication[J/OL]. Human Communication Research, 1975, 1 (2): 99-112. DOI:10. 1111/j. 1468-2958. 1975. tb00258. x.

[30] Berger J, Sorensen A T, Rasmussen S J. Positive effects of negative publicity: when negative reviews increase sales[J/OL]. Marketing Science, 2010, 29 (5): 815-827. http://pubsonline. informs. org/doi/abs/10. 1287/mksc. 1090. 0557. DOI:10. 1287/mksc. 1090. 0557.

[31] Berger P, Hennig P, Bocklisch T, et al. A journey of bounty hunters: analyzing the influence of reward systems on stackoverflow question response times[C]//2016 IEEE/WIC/ACM international conference on web intelligence (WI). 2016: 644-649.

[32] Bhattacharya U, Holden C W, Jacobsen S. Penny wise, dollar foolish: Buy-sell imbalances on and around round numbers[J]. Management Science, 2012, 58 (2): 413-431.

[33] Bigman Y E, Gray K. People are averse to machines making moral decisions[J/OL]. Cognition, 2018 (181): 21-34. DOI:10. 3176/chem. geol. 1974. 4. 04.

[34] Biswas A, Sherrell D L. The influence of product knowledge and brand name on internal price standards and confidence[J]. Psychology & Marketing, 1993, 10 (1): 31-46.

[35] Blanck P D, Rosenthal R, Snodgrass S E, et al. Longitudinal and cross-sectional age effects in nonverbal decoding skill and style. [J/OL]. Developmental Psychology, 1982, 18 (3): 491-498. DOI:10.

1037/0012-1649. 18. 3. 491.

[36] Blanck P D, Rosenthal R, Vannicelli M, et al. Therapists' tone of voice: descriptive, psychometric, interactional, and competence analyses[J/OL]. Journal of Social and Clinical Psychology, 1986, 4 (2): 154-178. DOI:10. 1521/jscp. 1986. 4. 2. 154.

[37] Blohm I, Riedl C, Füller J, et al. Rate or trade? Identifying winning ideas in open idea sourcing[J]. Information Systems Research, 2016, 27 (1): 27-48.

[38] Bodoff D, Raban D. Question types and intermediary elicitations[J]. Journal of the Association for Information Science and Technology, 2016, 67 (2): 289-304.

[39] Bohner G, Chaiken S, Hunyadi P. The role of mood and message ambiguity in the interplay of heuristic and systematic processing[J/OL]. European Journal of Social Psychology, 1994, 24 (1): 207-221. DOI:https:// doi. org/10. 1002/ejsp. 2420240115.

[40] Bonezzi A, Brendl C M, De Angelis M. Stuck in the middle: The psychophysics of goal pursuit[J]. Psychological science, 2011, 22 (5): 607-612.

[41] Boudreau K J, Lacetera N, Lakhani K R. Incentives and problem uncertainty in innovation contests: An empirical analysis[J]. Management science, 2011, 57 (5): 843-863.

[42] Bovey J. Tweeting is believing? Understanding microblog credibility perceptions[J/OL]. Nursing Standard, 2005, 19 (41): 30-31. DOI:10. 7748/ns. 19. 41. 30. s31.

[43] Brown B L, Strong W J, Rencher A C. Fifty-four voices from two: The effects of simultaneous manipulations of rate, mean fundamental frequency, and variance of fundamental frequency on ratings of

personality from speech[J/OL]. Journal of the Acoustical Society of America, 1974, 55（2）: 313-318. DOI:10. 1121/1. 1914504.

[44] Brown B L, Strong W J, Rencher A C. Perceptions of personality from speech: effects of manipulations of acoustical parameters[J/OL]. The Journal of the Acoustical Society of America, 2005, 54（1）: 29-35. DOI:10. 1121/1. 1913571.

[45] Bryant D J. Strategy selection in cue-based decision making[J]. Canadian Journal of Experimental Psychology, 2014, 68（2）: 97-110.

[46] Burgoon J K. Nonverbal behaviors, persuasion, and credibility[J/OL]. Human Communication Research, 1990, 17（1）: 140-169. DOI: https://doi. org/10. 1111/j. 1468-2958. 1990. tb00229. x.

[47] Burtch G, He Q, Hong Y, et al. How do peer awards motivate creative content? Experimental evidence from reddit[J/OL]. Management Science, 2022, 68（5）: 3488-3506. DOI:10. 1287/mnsc. 2021. 4040.

[48] Burtch G, Hong Y, Bapna R, et al. Stimulating online reviews by combining financial incentives and social norms[J/OL]. Management Science, 2018, 64（5）: 2065-2082. DOI:10. 1287/mnsc. 2016. 2715.

[49] Cabral L, Hortacsu A. The dynamics of seller reputation: Evidence from eBay[J]. The Journal of Industrial Economics, 2010, 58（1）: 54-78.

[50] Cabral L, Li L (Ivy). A dollar for your thoughts: feedback-conditional rebates on eBay[J/OL]. Management Science, 2015, 61（9）: 2052-2063. http://pubsonline. informs. org/doi/10. 1287/mnsc. 2014. 2074. DOI:10. 1287/mnsc. 2014. 2074.

[51] Cadario R, Longoni C, Morewedge C K. Understanding, explaining, and utilizing medical artificial intelligence[J/OL]. Nature Human Behaviour, 2021, 5（12）: 1636-1642. DOI:10. 1038/s41562-021-01146-0.

[52] Cai S, Luo Q, Fu X, et al. Paying for knowledge: why people paying

for live broadcasts in online knowledge sharing community?[C]//PACIS. 2018: 286.

[53] Cai S, Luo Q, Fu X, et al. What drives the sales of paid knowledge products? A two-phase approach[J/OL]. Information & Management, 2020, 57(5): 103264. DOI:10. 1016/j. im. 2019. 103264.

[54] Campbell R S, Pennebaker J W. The secret life of pronouns[J/OL]. Psychological Science, 2003, 14(1): 60-65. DOI:10. 1111/1467-9280. 01419.

[55] Cao Q, Duan W, Gan Q. Exploring determinants of voting for the "helpfulness" of online user reviews: A text mining approach[J]. Decision Support Systems, 2011, 50(2): 511-521.

[56] Castelo N, Bos M W, Lehmann D R. Task-dependent algorithm aversion[J]. Journal of Marketing Research, 2019, 56(5): 809-825.

[57] Centola D. The spread of behavior in an online social network experiment[J/OL]. Science (New York, N. Y.), 2010, 329(5996): 1194-1197. DOI: 10. 1126/science. 1185231.

[58] Cha M, Haddadi H, Benevenuto F, et al. Measuring user influence in Twitter: the million follower fallacy[C]. In Proceedings of the International AAAI Conference on Web and Social Media, 2010(10): 10-17.

[59] Chaiken S. Heuristic versus systematic information processing and the use of source versus message cues in persuasion[J/OL]. Journal of Personality and Social Psychology, 1980, 39(5): 752-766. DOI:10. 1037/0022-3514. 39. 5. 752.

[60] Chaiken S, Maheswaran D. Heuristic processing can bias systematic processing: Effects of source credibility, argument ambiguity, and task importance on attitude judgment[J/OL]. Journal of Personality and Social

Psychology, 1994, 66（3）: 460-473. DOI:10. 1037/0022-3514. 66. 3. 460.

[61] Charnov E L. Optimal foraging, the marginal value theorem[J]. Theoretical population biology, 1976, 9（2）: 129-136.

[62] Chaudhuri A, Paichayontvijit T, Smith A. Belief heterogeneity and contributions decay among conditional cooperators in public goods games[J/OL]. Journal of Economic Psychology, 2017（58）: 15-30. http://dx. doi. org/10. 1016/j. joep. 2016. 11. 004. DOI:10. 1016/j. joep. 2016. 11. 004.

[63] Chen C J, Hung S W. To give or to receive? Factors influencing members' knowledge sharing and community promotion in professional virtual communities[J/OL]. Information & Management, 2010, 47（4）: 226-236. DOI:10. 1016/j. im. 2010. 03. 001.

[64] Chen L, Baird A, Straub D. Why do participants continue to contribute? Evaluation of usefulness voting and commenting motivational affordances within an online knowledge community[J/OL]. Decision Support Systems, 2019（118）: 21-32. https://doi. org/10. 1016/j. dss. 2018. 12. 008. DOI:10. 1016/j. dss. 2018. 12. 008.

[65] Chen L, Xu P, Liu D. Effect of crowd voting on participation in crowdsourcing contests[J/OL]. Journal of Management Information Systems, 2020, 37（2）: 510-535. DOI:10. 1080/07421222. 2020. 1759342.

[66] Chen W, Cheng Y, Feng M. Research on payment attractiveness of knowledge contributors in paid Q&A based on hidden Markov model[C]. IEEE 11th International Conference on Software Engineering and Service Science（ICSESS）, 2020: 453-456.

[67] Chen W, Cheng Y, Li J. A Causal configuration analysis of payment

decision drivers in paid Q&A[J/OL]. Journal of Data and Information Science, 2021, 6（2）: 139-162. DOI:10. 2478/jdis-2021-0017.

[68] Chen W, Wei X, Zhu K X. Engaging voluntary contributions in online communities: a Hidden Markov Model[J]. MIS Quarterly, 2018, 36（4）: 1-4.

[69] Chen Y, Harper F M, Konstan J, et al. Social comparisons and contributions to online communities: a field experiment on MovieLens[J]. American Economic Review, 2010, 100（4）: 1358-1398.

[70] Cheng X, Zhu S, Chen G, et al. Exploiting user feedback for expert finding in community question answering[C]//2015 IEEE International Conference on Data Mining Workshop（ICDMW）, 2015: 295-302.

[71] Chintagunta P K, Gopinath S, Venkataraman S. The effects of online user reviews on movie box office performance: Accounting for sequential rollout and aggregation across local markets[J/OL]. Marketing Science, 2010, 29（5）: 944-957. DOI:10. 1287/mksc. 1100. 0572.

[72] Chiu C M, Hsu M H, Wang E T G. Understanding knowledge sharing in virtual communities: An integration of social capital and social cognitive theories[J]. Decision support systems, 2006, 42（3）: 1872-1888.

[73] Choudhury S, Alani H, Kmi U. Exploring user behavior and needs in Q & A communities[C]//European Conference on Social Media, 2014: 80-89.

[74] Chua A Y K, Banerjee S. Answers or no answers: studying question answerability in Stack Overflow[J/OL]. Journal of Information Science, 2015, 41（5）: 720-731. DOI:10. 1177/0165551515590096.

[75] Cialdini R B, Goldstein N J. Social influence: compliance and conformity[J]. Annual Review of Psychology, 2004（55）: 591-621.

[76] Costanzo F S, Markel N N, Costanzo P R. Voice quality profile and

perceived emotion. [J/OL]. Journal of Counseling Psychology, 1969, 16 (3): 267-270. DOI:10. 1037/h0027355.

[77] Coulter K S, Roggeveen A. Deal or no deal? How number of buyers, purchase limit, and time-to-expiration impact purchase decisions on group buying websites[J/OL]. Journal of Research in Interactive Marketing, 2012, 6 (2): 78-95. http://www. emeraldinsight. com/doi/abs/10. 1108/17505931211265408. DOI:10. 1108/17505931211265408.

[78] D'Acunto F, Hoang D, Paloviita M, et al. IQ, expectations, and choice[J]. The Review of Economic Studies, 2023, 90 (5): 2292-2325.

[79] Dai H, Milkman K L, Riis J. The fresh start effect: Temporal landmarks motivate aspirational behavior[J]. Management Science, 2014, 60 (10): 2563-2582.

[80] Dai H, Milkman K L, Riis J. Put your imperfections behind you: Temporal landmarks spur goal initiation when they signal new beginnings[J]. Psychological science, 2015, 26 (12): 1927-1936.

[81] Daradkeh M, Gawanmeh A, Mansoor W. Information adoption patterns and online knowledge payment behavior: the moderating role of product type[J/OL]. Information (Switzerland), 2022, 13 (9): 1-23. DOI:10. 3390/info13090414.

[82] DeAngelis D, Barber S. Systemic reciprocal rewards: Motivating expert participation in online communities with a novel class of incentives[J]. International Journal of Agent Technologies and Systems (IJATS), 2014, 6 (2): 30-50.

[83] Dehaene S. Cross-linguistic regularities in the frequency of number words[J/OL]. Cognition, 1992, 43 (1): 1-29. DOI:10. 1016/0010-0277 (92) 90030-L.

[84] Deng Y, Zheng J, Khern-am-nuai W, et al. More than the quantity: the

value of editorial reviews for a user-generated content platform[J/OL]. Management Science, 2022, 68(9): 6865-6888. DOI:10. 1287/mnsc. 2021. 4238.

[85] DErrico F, Signorello R, Demolin D, et al. The perception of charisma from voice: a cross-cultural study[C/OL]. 2013 Humaine Association Conference on Affective Computing and Intelligent Interaction, 2013: 552-557. DOI:10. 1109/ACII. 2013. 97.

[86] Desouza K C, Awazu Y, Wan Y. Factors governing the consumption of explicit knowledge[J]. Journal of the American Society for Information Science and Technology, 2006, 57(1): 36-43.

[87] Dew R, Ansari A, Toubia O. Letting logos speak: leveraging multiview representation learning for data-driven logo design[J/OL]. Marketing Science, 2022, 41(2): 401-425. DOI:10. 2139/ssrn. 3406857.

[88] Dietvorst B J, Bharti S. People reject algorithms in uncertain decision domains because they have diminishing sensitivity to forecasting error[J]. Psychological science, 2020, 31(10): 1302-1314.

[89] Dietvorst B J, Simmons J P, Massey C. Algorithm aversion: people erroneously avoid algorithms after seeing them err. [J]. Journal of Experimental Psychology: General, 2015, 144(1): 114.

[90] Dietvorst B J, Simmons J P, Massey C. Overcoming algorithm aversion: People will use imperfect algorithms if they can(even slightly)modify them[J]. Management science, 2018, 64(3): 1155-1170.

[91] Dissanayake I, Mehta N, Palvia P, et al. Competition matters! Self-efficacy, effort, and performance in crowdsourcing teams[J]. Information & management, 2019, 56(8): 103158.

[92] Dissanayake I, Zhang J, Gu B. Task division for team success in crowdsourcing contests: Resource allocation and alignment effects[J].

Journal of Management Information Systems, 2015, 32（2）: 8-39.

[93] Dissanayake I, Zhang J, Yasar M, et al. Strategic effort allocation in online innovation tournaments[J]. Information & Management, 2018, 55（3）: 396-406.

[94] Duffy J, Kornienko T. Does competition affect giving?[J]. Journal of Economic Behavior \& Organization, 2010, 74（1-2）: 82-103.

[95] Dutta S. Analyzing consumer intention to pay for online content: A systematic approach[J]. Journal of Theoretical and Applied Information Technology, 2012, 38（1）: 89-102.

[96] Dutton J E, Dukerich J M. Keeping an eye on the mirror: image and identity in organizational adaptation[J/OL]. Academy of Management Journal, 1991, 34（3）: 517-554. DOI:10. 5465/256405.

[97] Eagly A H, Chaiken S. The psychology of attitudes[M]. Orlando: Harcourt Brace Jovanovich College Publishers. 1993.

[98] Easley D, Ghosh A. Incentives, gamification, and game theory: an economic approach to badge design[J]. ACM Transactions on Economics and Computation（TEAC）, 2016, 4（3）: 1-26.

[99] Edinger J A, Patterson M L. Nonverbal involvement and social control. [J/OL]. Psychological Bulletin, 1983, 93（1）: 30-56. DOI:10. 1037/0033-2909. 93. 1. 30.

[100] Edmonds M, Gao F, Liu H, et al. A tale of two explanations: Enhancing human trust by explaining robot behavior[J]. Science Robotics, 2019, 4（37）: 46-63.

[101] Eisingerich A B, Bell S J. Perceived service quality and customer trust: does enhancing customers' service knowledge matter?[J]. Journal of service research, 2008, 10（3）: 256-268.

[102] Emanuel A, Katzir M, Liberman N. Why do people increase effort near

a deadline? An opportunity-cost model of goal gradients[J]. Journal of Experimental Psychology: General, 2022.

[103] Emery F. Some psychological aspects of price[J]. Pricing strategy, 1970: 98-111.

[104] Erickson B, Lind E A, Johnson B C, et al. Speech style and impression formation in a court setting: The effects of "powerful" and "powerless" speech[J/OL]. Journal of Experimental Social Psychology, 1978, 14 (3): 266-279. DOI:10.1016/0022-1031(78)90015-X.

[105] Ert E, Fleischer A, Magen N. Trust and reputation in the sharing economy: The role of personal photos in Airbnb[J/OL]. Tourism Management, 2016 (55): 62-73. DOI:10.1016/j.tourman.2016.01.013.

[106] Evans J S B T, Stanovich K E. Dual-process theories of higher cognition: advancing the debate[J/OL]. Perspectives on Psychological Science, 2013, 8 (3): 223-241. DOI:10.1177/1745691612460685.

[107] Fandt P M, Ferris G R. The management of information and impressions: When employees behave opportunistically[J/OL]. Organizational Behavior and Human Decision Processes, 1990, 45 (1): 140-158. DOI:10.1016/0749-5978(90)90008-W.

[108] Fang B, Fu X, Liu S, et al. Post-purchase warranty and knowledge monetization: Evidence from a paid-knowledge platform[J/OL]. Information and Management, 2021, 58 (3): 103446. DOI:10.1016/j.im.2021.103446.

[109] Fang B, Liu X. Do money-based incentives improve user effort and UGC quality? Evidence from a travel blog platform[C]//PACIS 2018. Yokohama, Japan.

[110] Farhadloo M, Patterson R A, Rolland E. Modeling customer satisfaction

from unstructured data using a Bayesian approach[J]. Decision Support Systems, 2016 (90): 1-11.

[111] Farzan R, DiMicco J M, Millen D R, et al. Results from deploying a participation incentive mechanism within the enterprise[C]//Proceedings of the SIGCHI Conference on Human Factors in Computing Systems. 2008: 563-572.

[112] Fayazi A, Lee K, Caverlee J, et al. Uncovering crowdsourced manipulation of online reviews[C/OL]. Proceedings of the 38th International ACM SIGIR Conference on Research and Development in Information Retrieval – SIGIR '15, 2015: 233-242. http://dl.acm.org/citation.cfm?doid=2766462.2767742. DOI:10.1145/2766462.2767742.

[113] Forman C, Ghose A, Wiesenfeld B. Examining the relationship between reviews and sales: The role of reviewer identity disclosure in electronic markets[J]. Information systems research, 2008, 19 (3): 291-313.

[114] Fradkin A, Grewal E, Holtz D. The determinants of online review informativeness: evidence from field experiments on airbnb[J]. Available at SSRN 2939064, 2017: 1-61.

[115] Fradkin A, Grewal E, Holtz D. Reciprocity and unveiling in two-sided reputation systems: Evidence from an experiment on airbnb[J/OL]. Marketing Science, 2021, 40 (6): 1013-1029. DOI:10.1287/mksc.2021.1311.

[116] Fraser-Mackenzie P, Sung M, Johnson J E V. The prospect of a perfect ending: Loss aversion and the round-number bias[J]. Organizational Behavior and Human Decision Processes, 2015 (131): 67-80.

[117] Frey B S, Gallus J. Volunteer organizations: motivating with awards[J]. Economic psychology, 2017: 273-286.

[118] Fu X, Liu S, Fang B, et al. How do expectations shape consumer satisfaction? An empirical study on knowledge products[J]. Journal of Electronic Commerce Research, 2020, 21（1）: 1-20.

[119] Fügener A, Grahl J, Gupta A, et al. Will humans-in-the-loop become borgs? Merits and pitfalls of working with AI[J/OL]. MIS Quarterly, 2021, 45（3）: 1527-1556. DOI:10. 25300/MISQ/2021/16553.

[120] Fügener A, Grahl J, Gupta A, et al. Cognitive challenges in human-artificial intelligence collaboration: investigating the path toward productive delegation[J/OL]. Information Systems Research, 2022, 33（2）: 678-696. DOI:10. 1287/isre. 2021. 1079.

[121] Gallus J. Fostering public good contributions with symbolic awards: A large-scale natural field experiment at Wikipedia[J]. Management Science, 2017, 63（12）: 3999-4015.

[122] Gans J S, Halaburda H. Some economics of private digital currency[J]. Economic analysis of the digital economy, 2015: 257-276.

[123] Gao K, Yang Y, Qu X. Diverging effects of subjective prospect values of uncertain time and money[J/OL]. Communications in Transportation Research, 2021, 1（October）: 100007. DOI:10. 1016/j. commtr. 2021. 100007.

[124] Garnefeld I, Iseke A, Krebs A. Explicit incentives in online communities: boon or bane?[J/OL]. International Journal of Electronic Commerce, 2012, 17（1）: 11-38. DOI:10. 2753/JEC1086-4415170101.

[125] Garry T. Affect and the role of corporate customer expertise within legal services[J]. Journal of Services Marketing, 2008, 22（4）: 292-302.

[126] Garvey A M, Kim T, Duhachek A. Bad news? Send an AI. Good news? Send a human[J]. Journal of Marketing, 2023, 87（1）: 10-25.

[127] Gierl H, Plantsch M, Schweidler J. Scarcity effects on sales volume in retail[J]. The International Review of Retail, Distribution and Consumer Research, 2008, 18 (1): 45-61.

[128] Gilovich T, Griffin D, Kahneman D. Heuristics and biases: the psychology of intuitive judgment[M]. Cambridge university press, 2002.

[129] Gneezy U, Meier S, Rey-Biel P. When and why incentives (don't) work to modify behavior[J/OL]. Journal of Economic Perspectives, 2011, 25 (4): 191-210. http://pubs. aeaweb. org/doi/10. 1257/jep. 25. 4. 191. DOI:10. 1257/jep. 25. 4. 191.

[130] Gneezy U, Niederle M, Rustichini A. Performance in competitive environments: Gender differences[J]. The Quarterly Journal of Economics, 2003, 118 (3): 1049-1074.

[131] Gnewuch U, Morana S, Hinz O, et al. More than a bot? The impact of disclosing human involvement on customer interactions with hybrid service agents[J]. Information Systems Research, 2023, artile in advance: 1-20.

[132] Goes P B, Guo C, Lin M. Do incentive hierarchies induce user effort? Evidence from an online knowledge exchange[J/OL]. Information Systems Research, 2016, 27 (3): 497-516. DOI:10. 1287/isre. 2016. 0635.

[133] Goes P B, Lin M, Yeung C man A. "Popularity effect" in user-generated content: evidence from online product reviews[J]. Information Systems Research, 2014, 25 (2): 222-238.

[134] Goh J M, Gao G, Agarwal R. The creation of social value: can an online health community reduce rural-urban health disparities?[J]. MIS quarterly, 2016, 40 (1): 247-264.

[135] Goodhue D L, Thompson R L. Task-technology fit and individual performance[J/OL]. MIS Quarterly, 2014, 19 (2): 213-236. DOI:10.

265

1093/bib/bbp020.

[136] Gowing A. Peer-peer relationships: a key factor in enhancing school connectedness and belonging[J]. Educational and Child Psychology, 2019, 36(2): 64-77.

[137] Gray H M, Gray K, Wegner D M. Dimensions of mind perception[J]. Science, 2007, 315(5812): 619.

[138] Gray K, Wegner D M. Feeling robots and human zombies: Mind perception and the uncanny valley[J]. Cognition, 2012, 125(1): 125-130.

[139] Gray K, Young L, Waytz A. Mind perception is the essence of morality[J]. Psychological inquiry, 2012, 23(2): 101-124.

[140] Grewal D, Monroe K B, Krishnan R. The effects of price-comparison advertising on buyers' perceptions of acquisition value, transaction value, and behavioral intentions[J]. Journal of marketing, 1998, 62(2): 46-59.

[141] Gu J, Liu L. Investigating the determinants of users' willingness to pay for answers on Q&A platforms[C/OL]. Communications in Computer and Information Science. 2019, 1034: 13-20. DOI:10.1007/978-3-030-23525-3_2.

[142] Guan T, Wang L, Jin J, et al. Knowledge contribution behavior in online Q&A communities: An empirical investigation[J]. Computers in Human Behavior, 2018(81): 137-147.

[143] Gunasti K, Ozcan T. The role of scale-induced round numbers and goal specificity on goal accomplishment perceptions[J/OL]. Marketing Letters, 2019, 30(2): 207-217. DOI:10.1007/s11002-019-09492-w.

[144] Ha-Thuc V, Venkataraman G, Rodriguez M, et al. Personalized expertise search at LinkedIn[C]. IEEE International Conference on Big

Data（Big Data），2015：1238-1247.

[145] Hall J A, Ruben M A, Swatantra. First impressions of physicians according to their physical and social group characteristics[J/OL]. Journal of Nonverbal Behavior, 2020, 44（2）: 279-299. DOI:10. 1007/s10919-019-00329-8.

[146] Hallinan M T, Williams R A. Students' characteristics and the peer-influence process[J]. Sociology of education, 1990: 122-132.

[147] Hamari J. Do badges increase user activity? A field experiment on the effects of gamification[J/OL]. Computers in Human Behavior, 2017（71）: 469-478. DOI:10. 1016/j. chb. 2015. 03. 036.

[148] Han E, Yin D, Zhang H. Bots with feelings: should AI agents express positive emotion in customer service?[J]. Information Systems Research, 2023, 34（3）: 1296-1311.

[149] Hanson S, Jiang L, Dahl D. Enhancing consumer engagement in an online brand community via user reputation signals: a multi-method analysis[J/OL]. Journal of the Academy of Marketing Science, 2019, 47（2）: 349-367. DOI:10. 1007/s11747-018-0617-2.

[150] Hata H, Guo M, Babar M A. Understanding the heterogeneity of contributors in bug bounty programs[C]. ACM/IEEE International Symposium on Empirical Software Engineering and Measurement（ESEM）, 2017: 223-228.

[151] He W, Wei K K. What drives continued knowledge sharing? An investigation of knowledge-contribution and-seeking beliefs[J]. Decision support systems, 2009, 46（4）: 826-838.

[152] Helson H. Adaptation-level as a basis for a quantitative theory of frames of reference[J]. Psychological review, 1948, 55（6）: 297.

[153] Hennig-Thurau T, Gwinner K P, Walsh G, et al. Electronic word-

of-mouth via consumer-opinion platforms: what motivates consumers to articulate themselves on the Internet?[J/OL]. Journal of Interactive Marketing, 2004, 18(1): 38-52. DOI:10. 1002/dir. 10073.

[154] Hervé F, Schwienbacher A. Round-number bias in investment: evidence from equity crowdfunding[J/OL]. Finance, 2018, 39(1): 71-105. DOI:10. 3917/fina. 391. 0071.

[155] Higgins E T. Value from regulatory fit[J/OL]. Current Directions in Psychological Science, 2005, 14(4): 209-213. DOI:10. 1111/j. 0963-7214. 2005. 00366. x.

[156] Hilligoss B, Rieh S Y. Developing a unifying framework of credibility assessment: construct, heuristics, and interaction in context[J/OL]. Information Processing and Management, 2008, 44(4): 1467-1484. DOI:10. 1016/j. ipm. 2007. 10. 001.

[157] Hochwarter W A, Ferris G R, Gavin M B, et al. Political skill as neutralizer of felt accountability—job tension effects on job performance ratings: A longitudinal investigation[J/OL]. Organizational Behavior and Human Decision Processes, 2007, 102(2): 226-239. http://linkinghub. elsevier. com/retrieve/pii/S0749597806000902. DOI:10. 1016/j. obhdp. 2006. 09. 003.

[158] Hoffman B J, Woehr D J. A quantitative review of the relationship between person-organization fit and behavioral outcomes[J/OL]. Journal of Vocational Behavior, 2006, 68(3): 389-399. DOI:10. 1016/j. jvb. 2005. 08. 003.

[159] Hollands J G, Dyre B P. Bias in proportion judgments: The cyclical power model[J]. Psychological review, 2000, 107(3): 500.

[160] Hong L, Yang Z, Davison B D. Incorporating participant reputation in community-driven question answering systems[C]. International

Conference on Computational Science and Engineering, 2009.

[161] Horng S M. A study of the factors influencing users' decisions to pay for Web 2.0 subscription services[J]. Total Quality Management & Business Excellence, 2012, 23 (7-8): 891-912.

[162] Hsiao K L. Why internet users are willing to pay for social networking services[J]. Online Information Review, 2011, 35 (5): 770-788.

[163] Hsieh G, Kraut R E, Hudson S E. Why pay? Exploring how financial incentives are used for question & answer[C]. Proceedings of the SIGCHI Conference on Human Factors in Computing Systems, 2010: 305-314.

[164] Hsu M H, Ju T L, Yen C H, et al. Knowledge sharing behavior in virtual communities: The relationship between trust, self-efficacy, and outcome expectations[J]. International journal of human-computer studies, 2007, 65 (2): 153-169.

[165] Hu N, Koh N S, Reddy S K. Ratings lead you to the product, reviews help you clinch it? The mediating role of online review sentiments on product sales[J]. Decision support systems, 2014 (57): 42-53.

[166] Huang N, Burtch G, Gu B, et al. Motivating user-generated content with performance feedback: Evidence from randomized field experiments[J/OL]. Management Science, 2019, 65 (1): 327-345. DOI:10.1287/mnsc.2017.2944.

[167] Huang Y, Singh P, Mukhopadhyay T. Crowdsourcing contests: A dynamic structural model of the impact of incentive structure on solution quality[C]. International Conference on Information Systems (ICIS), 2012: 2505-2521.

[168] Huang Y, Vir Singh P, Srinivasan K. Crowdsourcing new product ideas under consumer learning[J]. Management science, 2014, 60 (9): 2138-2159.

[169] Hull C L. The goal-gradient hypothesis and maze learning[J]. Psychological review, 1932, 39（1）: 25.

[170] Huurne M, Moons J, Ronteltap A, et al. How linguistic features of seller profiles in the sharing economy predict trustworthiness[J]. 2017（31）: 1-44.

[171] Ibarra H. Provisional selves: experimenting with image and identity in professional adaptation[J/OL]. Administrative Science Quarterly, 1999, 44（4）: 764-791. DOI:10. 2307/2667055.

[172] Isaac M S, Schindler R M. The top-ten effect: consumers' subjective categorization of ranked lists[J]. Journal of Consumer Research, 2014, 40（6）: 1181-1202.

[173] Isaac R M, Walker J M. Group size effects in public goods provision: the voluntary contributions mechanism[J/OL]. Quarterly Journal of Economics, 1988, 103（1）: 179-199. DOI:10. 2307/1882648.

[174] Ismagilova E, Slade E, Rana N P, et al. The effect of characteristics of source credibility on consumer behaviour: A meta-analysis[J]. Journal of Retailing and Consumer Services, 2020, 53（January）: 1-9.

[175] Jabr W, Mookerjee R, Tan Y, et al. Leveraging philanthropic behavior for customer support: the case of user support forums[J]. MIS Quarterly, 2014, 38（1）: 187-208.

[176] Jain S, Chen Y, Parkes D C. Designing incentives for online question and answer forums[J]. Games and Economic Behavior, 2014（86）: 458-474.

[177] Jamal A, Anastasiadou K. Investigating the effects of service quality dimensions and expertise on loyalty[J]. European Journal of marketing, 2009, 43（3/4）: 398-420.

[178] Jiang J, Tong Y, Tan S S L. Do you retweet heath advice on

microblogging platforms? The effects of health topic and website design on credibility assessment[J/OL]. 2014, 38（2）: 497-520. DOI:10. 1002/fut.

[179] Jiang Y, Ho Y C（Chad）, Yan X, et al. What's in a "username"? The effect of perceived anonymity on herding in crowdfunding[J/OL]. Information Systems Research, 2022, 33（1）: 1-17. DOI:10. 1287/isre. 2021. 1049.

[180] Jin J, Li Y, Zhong X, et al. Why users contribute knowledge to online communities: An empirical study of an online social Q&A community[J/OL]. Information and Management, 2015, 52（7）: 840-849. http://dx. doi. org/10. 1016/j. im. 2015. 07. 005. DOI:10. 1016/j. im. 2015. 07. 005.

[181] Johnson E J, Russo J E. Product familiarity and learning new information[J]. Journal of Consumer Research, 1984, 11（1）: 542-550.

[182] Johnson S L, Safadi H, Faraj S. The emergence of online community leadership[J/OL]. Information Systems Research, 2015, 26（1）: 165-187. DOI:10. 1287/isre. 2014. 0562.

[183] Jones G R. Socialization tactics, self-efficacy, and newcomers' adjustments to organizations. [J/OL]. Academy of Management Journal, 1986, 29（2）: 262-279. DOI:10. 2307/256188.

[184] Jones R, Klinkner K L. Beyond the session timeout: automatic hierarchical segmentation of search topics in query logs[C]. Proceedings of the 17th ACM conference on Information and knowledge management, 2008: 699-708.

[185] Kahneman D, Tversky A. Prospect theory: an analysis of decision under risk[J/OL]. Econometrica, 1979, 47（2）: 263-292. DOI:10. 2307/1914185.

[186] Kalwani M U, Narayandas N. Long-term manufacturer-supplier relationships: do they pay off for supplier firms?[J]. Journal of Marketing, 1995, 59 (1): 1-16.

[187] Kalwani M U, Yim C K, Rinne H J, et al. A price expectations model of customer brand choice[J]. Journal of Marketing Research, 1990, 27 (3): 251-262.

[188] Kalyanaram G, Winer R S. Empirical generalizations from reference price research[J]. Marketing Science, 1995, 14 (3): G161-G169.

[189] Karau S J, Kelly J R. The effects of time scarcity and time abundance on group performance quality and interaction process[J]. Journal of Experimental Social Psychology, 1992, 28 (6): 542-571.

[190] Karimi S, Papamichail K N, Holland C P. The effect of prior knowledge and decision-making style on the online purchase decision-making process: A typology of consumer shopping behaviour[J]. Decision Support Systems, 2015 (77): 137-147.

[191] Karimi S, Wang F. Online review helpfulness: impact of reviewer profile liage[J]. Decision Support Systems, 2017 (96): 39-48.

[192] Kavaler D, Filkov V. Determinants of quality, latency, and amount of Stack Overflow answers about recent Android APIs[J]. PloS one, 2018, 13 (3): e0194139.

[193] Khansa L, Ma X, Liginlal D, et al. Understanding members' active participation in online question-and-answer communities: a theory and empirical analysis[J/OL]. Journal of Management Information Systems, 2015, 32 (2): 162-203. DOI:10. 1080/07421222. 2015. 1063293.

[194] Khern-am-nuai W, Kannan K, Ghasemkhani H. Extrinsic versus intrinsic rewards for contributing reviews in an online platform[J/OL]. Information Systems Research, 2018, 29 (4): 871-892. DOI:10.

1287/ISRE. 2017. 0750.

[195] Kim C, Lin G, Bang H. Discovering Yelp elites: reifying Yelp elite selection criterion[D]. San Diego: University of California-San Diego, 2015.

[196] Kim J, Malkoc S A, Goodman J K. The threshold-crossing effect: Just-below pricing discourages consumers to upgrade[J]. Journal of Consumer Research, 2022, 48 (6): 1096-1112.

[197] Klein N H, Oglethorpe J E. Cognitive reference points in consumer decision making[J]. ACR North American Advances, 1987(14): 183-187.

[198] Korfiatis N, García-Bariocanal E, Sánchez-Alonso S. Evaluating content quality and helpfulness of online product reviews: the interplay of review helpfulness vs. review content[J]. Electronic Commerce Research and Applications, 2012, 11 (3): 205-217.

[199] Koufteros X, Droge C, Heim G, et al. Encounter satisfaction in e-tailing: are the relationships of order fulfillment service quality with its antecedents and consequences moderated by historical satisfaction?[J/OL]. Decision Sciences, 2014, 45 (1): 5-48. DOI:10. 1111/deci. 12056.

[200] Kuang L, Huang N, Hong Y, et al. Spillover effects of financial incentives on non-incentivized user engagement: evidence from an online knowledge exchange platform[J/OL]. Journal of Management Information Systems, 2019, 36 (1): 289-320. https://doi. org/10. 1080/07421222. 2018. 1550564. DOI:10. 1080/07421222. 2018. 1550564.

[201] Kuo W Y, Lin T C, Zhao J. Cognitive limitation and investment performance: Evidence from limit order clustering[J/OL]. Review of

Financial Studies, 2015, 28 (3): 838-875. DOI:10. 1093/rfs/hhu044.

[202] Kurzban R, Duckworth A, Kable J W, et al. An opportunity cost model of subjective effort and task performance[J]. Behavioral and Brain Sciences, 2013, 36 (6): 661-679.

[203] Lai H M, Chen T T. Knowledge sharing in interest online communities: A comparison of posters and lurkers[J]. Computers in Human Behavior, 2014 (35): 295-306.

[204] Larrimore L, Jiang C, Larrimore J, et al. Peer to peer lending: the relationship between language features, trustworthiness, and persuasion success[J/OL]. Journal of Applied Communication Research, 2011 (39). DOI:10. 1080/00909882. 2010. 536844.

[205] Lattner S, Meyer M E, Friederici A D. Voice perception: sex, pitch, and the right hemisphere[J/OL]. Human Brain Mapping, 2005, 24 (1): 11-20. DOI:https://doi. org/10. 1002/hbm. 20065.

[206] Laursen B, Veenstra R. Toward understanding the functions of peer influence: A summary and synthesis of recent empirical research[J]. Journal of Research on Adolescence, 2021, 31 (4): 889-907.

[207] Leary M R, Kowalski R M. Impression management: a literature review and two-component model[J/OL]. Psychological Bulletin, 1990, 107 (1): 34-47. DOI:10. 1037/0033-2909. 107. 1. 34.

[208] Lee H C B, Ba S, Li X, et al. Salience bias in crowdsourcing contests[J/OL]. Information Systems Research, 2018, 29 (2): 401-418. http://pubsonline. informs. org/doi/10. 1287/isre. 2018. 0775. DOI:10. 1287/isre. 2018. 0775.

[209] Lee J K, Lee W N. Country-of-origin effects on consumer product evaluation and purchase intention: The role of objective versus subjective knowledge[J]. Journal of International Consumer Marketing,

2009, 21（2）: 137-151.

[210] Lee J, Kim Y K. Online reviews of restaurants: expectation-confirmation theory[J/OL]. Journal of Quality Assurance in Hospitality & Tourism, 2020, 21（5）: 582-599. DOI:10. 1080/1528008X. 2020. 1712308.

[211] Lei Z, Yin D, Zhang H. Focus within or on others: the impact of reviewers' attentional focus on review helpfulness[J/OL]. Information Systems Research, 2021, 32（3）: 801-819. DOI:10. 1287/isre. 2021. 1007.

[212] Leong L Y, Hew T S, Ooi K B, et al. Understanding trust in ms-commerce: The roles of reported experience, linguistic style, profile photo, emotional, and cognitive trust[J/OL]. Information and Management, 2021, 58（2）: 103416. DOI:10. 1016/j. im. 2020. 103416.

[213] Lerner J S, Tetlock P E. Accounting for the effects of accountability[J]. Psychological Bulletin, 1999, 125（2）: 255-275.

[214] Levina N, Arriaga M. Distinction and status production on user-generated content platforms: Using Bourdieu's theory of cultural production to understand social dynamics in online fields[J]. Information Systems Research, 2014, 25（3）: 468-488.

[215] Li G. Exploring users' motivation to contribute in online platforms[C]. PACIS, 2018: 325.

[216] Li H, Shankar R, Stallaert J. Invested or indebted: ex-ante and ex-post reciprocity in online knowledge sharing communities[J/OL]. ACM Transactions on Management Information Systems, 2020, 11（1）: 1-26. DOI:10. 1145/3371388.

[217] Li H, Wang X, Wang S, et al. The power of numbers: An examination

of the relationship between numerical cues in online review comments and perceived review helpfulness[J]. Journal of Research in Interactive Marketing, 2023, 17 (1): 126-139.

[218] Li L. Reputation, trust, and rebates: How online auction markets can improve their feedback mechanisms[J]. Journal of Economics & Management Strategy, 2010, 19 (2): 303-331.

[219] Li L I, Xiao E. Money talks? An experimental study of rebate in reputation system design[J]. Management Science, 2014, 60 (8): 2054-2072.

[220] Li X, Zhang J, Zhang J. From free to paid : effect of knowledge differentiation on market performance of paid knowledge products[J/OL]. Information Processing and Management, 2023, 60 (2): 103239. DOI:10.1016/j.ipm.2022.103239.

[221] Li Z, Cheng Y. From free to fee: exploring the antecedents of consumer intention to switch to paid online content[J]. Journal of Electronic Commerce Research, 2014, 15 (4): 281.

[222] Li Z, Huang K W, Cavusoglu H. Can we gamify voluntary contributions to online Q&A communities? Quantifying the impact of badges on user engagement[C]. Proc. of 2012 Workshop on Information Systems and Economics (WISE), 2012.

[223] Liang T P, Liu C C, Wu C H. Can social exchange theory explain individual knowledge-sharing behavior? A meta-analysis[C]. International Conference on Information Systems, 2008: 171.

[224] Lichtenstein D R, Bearden W O. Contextual influences on perceptions of merchant-supplied reference prices[J]. Journal of Consumer research, 1989, 16 (1): 55-66.

[225] Lin T C, Pursiainen V. The round number heuristic and entrepreneur

crowdfunding performance[J/OL]. Journal of Corporate Finance, 2021, 68 (February 2020): 101894. https://doi. org/10. 1016/j. jcorpfin. 2021. 101894. DOI:10. 1016/j. jcorpfin. 2021. 101894.

[226] Liu D, Santhanam R, Webster J. Toward meaningful engagement: a framework for design and research of gamified information systems[J/OL]. MIS Quarterly, 2017, 41 (4): 1011-1034. DOI:10. 25300/MISQ/2017/41. 4. 01.

[227] Liu J, Belkin N J. Personalizing information retrieval for multi-session tasks: examining the roles of task stage, task type, and topic knowledge[J]. Journal of the Association for Information Science and Technology, 2015, 66 (1): 58-81.

[228] Liu T X, Yang J, Adamic L A, et al. Crowdsourcing with all-pay auctions: a field experiment on taskcn[J]. Management Science, 2014, 60 (8): 2020-2037.

[229] Liu X, Croft W B, Koll M. Finding experts in community-based question-answering services[C]. Proceedings of the 14th ACM international conference on Information and knowledge management, 2005: 315-316.

[230] Liu X, Feng J. Research on the influencing factors of the willingness to pay for knowledge consumers in the knowledge payment platform[C]. WHICEB, 2018: 124-131.

[231] Liu X, Schuckert M, Law R. Online incentive hierarchies, review extremity, and review quality: empirical evidence from the hotel sector[J/OL]. Journal of Travel & Tourism Marketing, 2016, 33 (3): 279-292. DOI:10. 1080/10548408. 2015. 1008669.

[232] Liu Z, Hatton M R, Kull T, et al. Is a large award truly attractive to solvers? The impact of award size on crowd size in innovation contests[J].

Journal of Operations Management, 2021, 67（4）: 420-449.

[233] Lomonaco B L, Helweg-Larsen M. Queuing among U2 fans: reactions to social norm violations[J]. Journal of Applied Social Psychology, 2008: 2378-2393.

[234] Longoni C, Bonezzi A, Morewedge C K. Resistance to medical artificial intelligence[J]. Journal of Consumer Research, 2019, 46（4）: 629-650.

[235] Lou J, Fang Y, Lim K H, et al. Contributing high quantity and quality knowledge to online Q & A communities[J]. Journal of the American Society for Information Science and Technology, 2013, 64（2）: 356-371.

[236] Lu J, Bradlow E T, Hutchinson J W. Testing theories of goal progress in online learning[J]. Journal of Marketing Research, 2022, 59（1）: 35-60.

[237] Luca M. Reviews, reputation, and revenue: the case of Yelp. com[J/OL]. SSRN Electronic Journal, 2016: 1-40. DOI:10. 2139/ssrn. 1928601.

[238] Luca M, Zervas G. Fake it till you make It: reputation, competition, and Yelp review fraud[J/OL]. Management Science, 2016, 62（12）: 3412-3427. http://businessinnovation. berkeley. edu/WilliamsonSeminar/luca092613. pdf. DOI:10. 2139/ssrn. 2293164.

[239] Luo N, Guo X, Lu B, et al. Can non-work-related social media use benefit the company? A study on corporate blogging and affective organizational commitment[J/OL]. Computers in Human Behavior, 2018（81）: 84-92. DOI:10. 1016/j. chb. 2017. 12. 004.

[240] Luo X, Tong S, Fang Z, et al. Frontiers: machines vs. humans: the impact of artificial intelligence chatbot disclosure on customer purchases[J]. Marketing Science, 2019, 38（6）: 937-947.

[241] Ma D, Li S, Du J T, et al. Engaging voluntary contributions in online review platforms: the effects of a hierarchical badges system[J/OL]. Computers in Human Behavior, 2022, 127: 107042. DOI:10. 1016/j. chb. 2021. 107042.

[242] Ma M, Agarwal R. Through a glass darkly: information technology design, identity verification, and knowledge contribution in online communities[J]. Information systems research, 2007, 18（1）: 42-67.

[243] Macy M W. Chains of cooperation: threshold effects in collective action[J]. American Sociological Review, 1991: 730-747.

[244] Mallory E B, Miller V R. A possible basis for the association of voice characteristics and personality traits[J/OL]. Speech Monographs, 1958, 25（4）: 255-260. DOI:10. 1080/03637755809375240.

[245] Malodia S, Singh P, Goyal V, et al. Measuring the impact of brand-celebrity personality congruence on purchase intention[J/OL]. Journal of Marketing Communications, 2017, 23（5）: 493-512. DOI:10. 1080/13527266. 2017. 1322125.

[246] Markel N N. Relationship between voice-quality profiles and MMPI profiles in psychiatric patients. [J/OL]. Journal of Abnormal Psychology, 1969, 74（1）: 61-66. DOI:10. 1037/h0027068.

[247] Mayer R C, Davis J H, Schoorman F D. Model of trust theory[J]. The Academy of Management Review, 1995, 20（3）: 709-734.

[248] Mayhew G E, Winer R S. An empirical analysis of internal and external reference prices using scanner data[J]. Journal of Consumer Research, 1992, 19（1）: 62-70.

[249] McCroskey J C, Mehrley R S. The effects of disorganization and nonfluency on attitude change and source credibility[J/OL]. Speech Monographs, 1969, 36（1）: 13-21. DOI:10. 1080/

03637756909375604.

[250] McKnight D H, Choudhury V, Kacmar C. Developing and validating trust measures for e-commerce: an integrative typology[J/OL]. Information Systems Research, 2002, 13（3）: 334-359. DOI:10. 1287/isre. 13. 3. 334. 81.

[251] Michels J. Do unverifiable disclosures matter? Evidence from peer-to-peer lending[J/OL]. The Accounting Review, 2012, 87（4）: 1385-1413. DOI:10. 2308/accr-50159.

[252] Mikels J A, Maglio S J, Reed A E, et al. Should I go with my gut? Investigating the benefits of emotion-focused decision making[J/OL]. Emotion, 2011, 11（4）: 743-753. DOI:10. 1037/a0023986.

[253] Milinski M, Semmann D, Krambeck H J. Reputation helps solve the 'tragedy of the commons'[J/OL]. Nature, 2002, 415（6870）: 424-426. DOI:10. 1038/415424a.

[254] Min J H J, Chang H J J, Jai T M C, et al. The effects of celebrity-brand congruence and publicity on consumer attitudes and buying behavior[J/OL]. Fashion and Textiles, 2019, 6（1）. DOI:10. 1186/s40691-018-0159-8.

[255] Moqri M, Mei X, Qiu L, et al. Effect of "following" on contributions to open source communities[J/OL]. Journal of Management Information Systems, 2018, 35（4）: 1188-1217. https://doi. org/10. 1080/07421222. 2018. 1523605. DOI:10. 1080/07421222. 2018. 1523605.

[256] Morschheuser B, Hamari J, Koivisto J, et al. Gamified crowdsourcing: conceptualization, literature review, and future agenda[J]. International Journal of Human-Computer Studies, 2017（106）: 26-43.

[257] Mudambi S M, Schuff D. What makes a helpful online review? A study of customer reviews on Amazon. com[J]. MIS Quarterly, 2010, 34（1）: 11.

[258] Muehling D D. The availability and use of internal reference prices in evaluating advertised deals: a conceptual foundation[J]. Journal of Promotion Management, 1999, 5(1): 1-14.

[259] Murray K B, Schlacter J L. The impact of services versus goods on consumers' assessment of perceived risk and variability[J]. Journal of the Academy of Marketing science, 1990(18): 51-65.

[260] Nerbonne J. The secret life of pronouns. what our words say about us[J/OL]. Literary and Linguistic Computing, 2014, 29(1): 139-142. DOI:10.1093/llc/fqt006.

[261] Niebuhr O, Voße J, Brem A. What makes a charismatic speaker? A computer-based acoustic-prosodic analysis of Steve Jobs tone of voice[J/OL]. Computers in Human Behavior, 2016(64): 366-382. DOI:10.1016/j.chb.2016.06.059.

[262] Nov O, Ye C, Kumar N. A social capital perspective on meta-knowledge contribution and social computing[J]. Decision Support Systems, 2012, 53(1): 118-126.

[263] ODonovan J, Kang B, Meyer G, et al. Credibility in context: an analysis of feature distributions in Twitter[C/OL]. International Conference on Privacy, Security, Risk and Trust and 2012 International Confernece on Social Computing, 2012: 293-301. DOI:10.1109/SocialCom-PASSAT.2012.128.

[264] Oliver R L. Satisfaction: A behavioral perspective on the consumer[M]. London: Routledge. 2014.

[265] Olsen L L, Johnson M D. Service equity, satisfaction, and loyalty: from transaction-specific to cumulative evaluations[J]. Journal of Service Research, 2003, 5(3): 184-195.

[266] Pal A, Harper F M, Konstan J A. Exploring question selection bias to

identify experts and potential experts in community question answering[J]. ACM Transactions on Information Systems (TOIS), 2012, 30 (2): 1-28.

[267] Pan Y, Zhang J Q. Born unequal: a study of the helpfulness of user-generated product reviews[J]. Journal of Retailing, 2011, 87 (4): 598-612.

[268] Pandelaere M, Briers B, Lembregts C. How to make a 29% increase look bigger: the unit effect in option comparisons[J]. Journal of Consumer Research, 2011, 38 (2): 308-322.

[269] Park J G, Lee J. Knowledge sharing in information systems development projects: explicating the role of dependence and trust[J/OL]. International Journal of Project Management, 2014, 32 (1): 153-165. DOI:10.1016/j.ijproman.2013.02.004.

[270] Parmar D, Olafsson S, Utami D, et al. Looking the part: the effect of attire and setting on perceptions of a virtual health counselor[C/OL]. Proceedings of the 18th International Conference on Intelligent Virtual Agents, 2018: 301-306. DOI:10.1145/3267851.3267915.

[271] Patil S, Lee K. Detecting experts on Quora: by their activity, quality of answers, linguistic characteristics and temporal behaviors[J]. Social Network Analysis and Mining, 2016 (6): 1-11.

[272] Pauwels K, Srinivasan S, Franses P H. When do price thresholds matter in retail categories?[J]. Marketing Science, 2007, 26 (1): 83-100.

[273] Pearce W B, Conklin F. Nonverbal vocalic communication and perceptions of a speaker[J/OL]. Speech Monographs, 1971, 38 (3): 235-241. DOI:10.1080/03637757109375715.

[274] Pena-Marin J, Bhargave R. Lasting performance: round numbers activate associations of stability and increase perceived length of product

benefits[J/OL]. Journal of Consumer Psychology, 2016, 26（3）: 410-416. DOI:10. 1016/j. jcps. 2015. 11. 004.

[275] Peng C H, Yin D, Zhang H. More than words in medical question-and-answer sites: a content-context congruence perspective[J]. Information Systems Research, 2020, 31（3）: 913-928.

[276] Peng L, Cui G, Chung Y, et al. The faces of success: beauty and ugliness premiums in e-commerce platforms[J/OL]. Journal of Marketing, 2020, 84（4）: 67-85. DOI:10. 1177/0022242920914861.

[277] Pennebaker J W, King L A. Linguistic styles: language use as an individual difference. [J/OL]. Journal of Personality and Social Psychology, 1999, 77（6）: 1296-1312. DOI:10. 1037/0022-3514. 77. 6. 1296.

[278] Pennebaker J W, Mehl M R, Niederhoffer K G. Psychological aspects of natural language use: our words, our selves[J/OL]. Annual Review of Psychology, 2003, 54（1）: 547-577. DOI:10. 1146/annurev. psych. 54. 101601. 145041.

[279] Pirolli P, Card S. Information foraging. [J/OL]. Psychological Review, 1999, 106（4）: 643-675. DOI:10. 1037/0033-295X. 106. 4. 643.

[280] Plant R. Online communities[J/OL]. Technology in Society, 2004, 26（1）: 51-65. DOI:10. 1016/j. techsoc. 2003. 10. 005.

[281] Pope D, Simonsohn U. Round numbers as goals: evidence from baseball, SAT takers, and the lab[J/OL]. Psychological Science, 2011, 22（1）: 71-79. DOI:10. 1177/0956797610391098.

[282] Pötzsch S, Wolkerstorfer P, Graf C. Privacy-awareness information for web forums: Results from an empirical study[C]. Proceedings of the 6th Nordic Conference on Human-Computer Interaction: Extending Boundaries, 2010: 363-372.

[283] Qiao D, Lee S Y, Whinston A B, et al. Financial incentives dampen altruism in online prosocial contributions: a study of online reviews[J/OL]. Information Systems Research, 2020 (October). DOI:10. 1287/isre. 2020. 0949.

[284] Qiao D, Rui H. Text performance on the Vine stage? The effect of incentive on product review text quality[J/OL]. Information Systems Research, 2023, 34 (2): 676–697. DOI:10. 1287/isre. 2022. 1146.

[285] Qiao D, Whinston A B, Lee S yang. Incentive provision and pro-social behaviors[C]. 50th Hawaii International Conference on System Sciences. 2017: 5599–5608.

[286] Qiu L, Kumar S. Understanding voluntary knowledge provision and content contribution through a social-media-based prediction market: A field experiment[J]. Information Systems Research, 2017, 28 (3): 529–546.

[287] Ray G B. Vocally cued personality prototypes: an implicit personality theory approach[J/OL]. Communication Monographs, 1986, 53 (3): 266–276. DOI:10. 1080/03637758609376141.

[288] Rehman S U, Nietert P J, Cope D W, et al. What to wear today? Effect of doctor's attire on the trust and confidence of patients[J/OL]. American Journal of Medicine, 2005, 118 (11): 1279–1286. DOI:10. 1016/j. amjmed. 2005. 04. 026.

[289] Richter G, Raban D R, Rafaeli S. Studying gamification: the effect of rewards and incentives on motivation[M]. Berlin: Springer. 2015.

[290] Richter M, Gendolla G H E, Wright R A. Three decades of research on motivational intensity theory: what we have learned about effort and what we still don't know[J]. Advances in motivation science, 2016 (3): 149–186.

[291] Roberts J A, Hann I H, Slaughter S A. Understanding the motivations, participation, and performance of open source software developers: a longitudinal study of the Apache projects[J/OL]. Management Science, 2006, 52(7): 984-999. http://pubsonline. informs. org/doi/abs/10. 1287/mnsc. 1060. 0554. DOI:10. 1287/mnsc. 1060. 0554.

[292] Robinson J, McArthur L Z. Impact of salient vocal qualities on causal attribution for a speaker's behavior[J/OL]. Journal of Personality and Social Psychology, 1982, 43(2): 236-247. DOI:10. 1037/0022-3514. 43. 2. 236.

[293] Rosch E. Cognitive reference points[J/OL]. Cognitive Psychology, 1975, 7(4): 532-547. DOI:10. 1016/0010-0285(75)90021-3.

[294] Rosen D L, Olshavsky R W. The dual role of informational social influence: Implications for marketing management[J/OL]. Journal of Business Research, 1987, 15(2): 123-144. DOI:https://doi. org/10. 1016/0148-2963(84)90044-4.

[295] Rosenthal R, DePaulo B M. Sex differences in eavesdropping on nonverbal cues[J/OL]. Journal of Personality and Social Psychology, 1979, 37(2): 273-285. DOI:10. 1037/0022-3514. 37. 2. 273.

[296] Rui H, Whinston A. Information or attention? An empirical study of user contribution on Twitter[J]. Information Systems and e-Business management, 2012(10): 309-324.

[297] Ruth R D. Conversation as a source of satisfaction and continuance in a question-and-answer site[J]. European Journal of Information Systems, 2012, 21(4): 427-437.

[298] Ryan R M, Deci E L. Intrinsic and extrinsic motivations: classic definitions and new directions[J/OL]. Contemporary Educational Psychology, 2000a, 25(1): 54-67. DOI:10. 1006/ceps. 1999. 1020.

[299] Ryan R M, Deci E L. Self-determination theory and the facilitation of intrinsic motivation, social development, and well-being. [J]. American Psychologist, 2000b, 55（1）: 68-78.

[300] Salehan M, Kim D J. Predicting the performance of online consumer reviews: A sentiment mining approach to big data analytics[J]. Decision Support Systems, 2016（81）: 30-40.

[301] Sampson E. Dressing for success[J/OL]. Women in Management Review, 1990, 5（4）. DOI:10. 1108/09649429010139931.

[302] Santana S, Thomas M, Morwitz V G. The role of numbers in the customer journey[J/OL]. Journal of Retailing, 2020, 96（1）: 138-154. DOI:10. 1016/j. jretai. 2019. 09. 005.

[303] Saunderson S P, Nejat G. Persuasive robots should avoid authority: The effects of formal and real authority on persuasion in human-robot interaction[J]. Science Robotics, 2021, 6（58）: eabd5186.

[304] Schaedel U, Clement M. Managing the online crowd: motivations for engagement in user-generated content[J]. Journal of Media Business Studies, 2010, 7（3）.

[305] Scharlemann J P W, Eckel C C, Kacelnik A. The value of a smile: Game theory with a human face[J]. Journal of Economic Psycholgoy, 2001, 22（5）: 617-640.

[306] Schlenker B R, Weigold M F, Doherty K. Coping with accountability: self-identification and evaluative reckonings[M]. Handbook of Social and Clinical Psychology: The Health Perspective. Pergamon Press. 1991.

[307] Scholar H. Dressing the part? The significance of dress in social work[J/OL]. Social Work Education, 2013, 32（3）: 365-379. DOI:10. 1080/02615479. 2012. 667798.

[308] Schoorman F D, Mayer R C, Davis J H. An integrative model of

organizational trust: past, present, and future[J/OL]. Academy of Management Review, 2007, 32（2）: 344-354. DOI:10. 5465/amr. 2007. 24348410.

[309] Shah C, Oh S, Oh J S. Research agenda for social Q&A[J/OL]. Library & Information Science Research, 2009, 31（4）: 205-209. DOI:10. 1016/j. lisr. 2009. 07. 006.

[310] Shan Y, Chen K J, Lin J S. When social media influencers endorse brands: the effects of self-influencer congruence, parasocial identification, and perceived endorser motive[J/OL]. International Journal of Advertising, 2020, 39（5）: 590-610. DOI:10. 1080/ 02650487. 2019. 1678322.

[311] Shankar R. Online reputational loss aversion: empirical evidence from StackOverflow. com[J/OL]. Decision Support Systems, 2022, 158（August 2021）: 113793. https://doi. org/10. 1016/j. dss. 2022. 113793. DOI:10. 1016/j. dss. 2022. 113793.

[312] Shariff S M, Zhang X, Sanderson M. On the credibility perception of news on Twitter: readers, topics and features[J/OL]. Computers in Human Behavior, 2017（75）: 785-796. DOI:10. 1016/j. chb. 2017. 06. 026.

[313] Sharma J, Sharma A. The impact of workplace attire on employees' efficiency in the service industry[J]. Journa of Critical Reviews, 2021, 08（3）: 833-838.

[314] Sharma P, Sivakumaran B, Marshall R. Exploring impulse buying in services: toward an integrative framework[J]. Journal of the Academy of Marketing Science, 2014（42）: 154-170.

[315] Sharot T. The optimism bias[J]. Current Biology, 2011, 21（23）: R941-R945.

[316] Shen K N, Yu A Y, Khalifa M. Knowledge contribution in virtual communities: accounting for multiple dimensions of social presence through social identity[J]. Behaviour & Information Technology, 2010, 29 (4): 337-348.

[317] Shen W, Hu Y J, Ulmer J R. Competing for attention: an empirical study of online reviewers' strategic behavior[J]. MIS Quarterly, 2015, 39 (3): 683-696.

[318] Shenhav A, Musslick S, Lieder F, et al. Toward a rational and mechanistic account of mental effort[J]. Annual Review of Neuroscience, 2017 (40): 99-124.

[319] Shi X, Zheng X, Yang F. Exploring payment behavior for live courses in social Q & A communities: an information foraging perspective[J/OL]. Information Processing and Management, 2020, 57 (4): 102241. DOI:10. 1016/j. ipm. 2020. 102241.

[320] Shoham M, Moldovan S, Steinhart Y. Mind the gap: how smaller numerical differences can increase product attractiveness[J]. Journal of Consumer Research, 2018, 45 (4): 761-774.

[321] Shoham M, Munichor N. Numerical feedback roundness affects the choice of the self vs. others as a reference point[J/OL]. Frontiers in Psychology, 2021, 12 (November): 1-8. DOI:10. 3389/fpsyg. 2021. 758990.

[322] Sijtsema J J, Lindenberg S M. Peer influence in the development of adolescent antisocial behavior: Advances from dynamic social network studies[J]. Developmental Review, 2018 (50): 140-154.

[323] Simmons R A, Gordon P C, Chambless D L. Pronouns in marital interaction: what do "you" and "I" say about marital health?[J/OL]. Psychological Science, 2005, 16 (12): 932-936. DOI:10. 1111/j.

1467-9280. 2005. 01639. x.

[324] Slusser E B, Santiago R T, Barth H C. Developmental change in numerical estimation[J]. Journal of Experimental Psychology: General, 2013, 142 (1): 193.

[325] Srinivasan R, Sarial-Abi G. When algorithms fail: consumers' responses to brand harm crises caused by algorithm errors[J]. Journal of Marketing, 2021, 85 (5): 74-91.

[326] Staw B M. Knee-deep in the big muddy: a study of escalating commitment to a chosen course of action[J/OL]. Organizational Behavior and Human Performance, 1976, 16 (1): 27-44. DOI:10. 1016/0030-5073 (76) 90005-2.

[327] Stephen A, Bart Y, Du Plessis C, et al. Does paying for online product reviews pay off? The effects of monetary incentives on content creators and consumers[J]. ACR North American Advances, 2012, 40 (5): 228-231.

[328] Stigler G J. The economics of information[J]. Journal of Political Economy, 1961, 69 (3): 213-225.

[329] Straub T, Gimpel H, Teschner F, et al. How (not) to incent crowd workers: payment schemes and feedback in crowdsourcing[J]. Business & Information Systems Engineering, 2015 (57): 167-179.

[330] Strickland L H. Surveillance and trust. [M/OL]. Journal of Personality. United Kingdom: Blackwell Publishing, 1958. DOI:10. 1111/j. 1467-6494. 1958. tb01580. x.

[331] Su H, Comer L B, Lee S. The effect of expertise on consumers' satisfaction with the use of interactive recommendation agents[J]. Psychology & Marketing, 2008, 25 (9): 859-880.

[332] Su L, Zhang R, Li Y, et al. What drives trust in online paid

knowledge? The role of customer value[C]. PACIS, 2018: 38.

[333] Subirats L, Reguera N, Bañón A, et al. Mining facebook data of people with rare diseases: a content-based and temporal analysis[J/OL]. International Journal of Environmental Research and Public Health, 2018, 15 (9): 1877. DOI:10. 3390/ijerph15091877.

[334] Sullivan Y W, Fosso Wamba S. Moral judgments in the age of artificial intelligence[J]. Journal of Business Ethics, 2022, 178 (4): 917-943.

[335] Sun C, Adamopoulos P, Ghose A, et al. Predicting stages in omnichannel path to purchase: a deep learning model[J/OL]. Information Systems Research, 2021 (February 2022). DOI:10. 1287/isre. 2021. 1071.

[336] Sun J, Fu X, Cai S, et al. Dynamic optimal pricing strategies for knowledge-sharing platforms[C]. PACIS, 2018: 272-287.

[337] Sun M. How does the variance of product ratings matter?[J]. Management Science, 2012, 58 (4): 696-707.

[338] Sun Y, Dong X, McIntyre S. Motivation of user-generated content: social connectedness moderates the effects of monetary rewards[J/OL]. Marketing Science, 2017, 36 (3): 329-337. DOI:10. 1287/mksc. 2016. 1022.

[339] Tafesse W. Communicating crowdfunding campaigns: how message strategy, vivid media use and product type influence campaign success[J/OL]. Journal of Business Research, 2021, 127 (May 2020): 252-263. DOI:10. 1016/j. jbusres. 2021. 01. 043.

[340] Tan S, Adebayo J, Inkpen K, et al. Investigating human+ machine complementarity for recidivism predictions[J]. arXiv preprint arXiv:1808. 09123, 2018.

[341] Tan X, Wang Y, Tan Y. Impact of live chat on purchase in electronic

markets: the moderating role of information cues[J/OL]. Information Systems Research, 2019, 30（4）: 1248-1271. DOI:10. 1287/isre. 2019. 0861.

[342] Terwiesch C, Xu Y. Innovation contests, open innovation, and multiagent problem solving[J]. Management science, 2008, 54（9）: 1529-1543.

[343] Tetlock P E, Boettger R. Accountability: a social magnifier of the dilution effect[J/OL]. Journal of Personality and Social Psychology, 1989, 57（3）: 388-398. DOI:10. 1037/0022-3514. 57. 3. 388.

[344] Thomas M, Morwitz V. Penny wise and pound foolish: the left-digit effect in price cognition[J]. Journal of Consumer Research, 2005, 32（1）: 54-64.

[345] Thornton G R. The effect upon judgments of personality traits of varying a single factor in a photograph[J/OL]. The Journal of Social Psychology, 1943, 18（1）: 127-148. DOI:10. 1080/00224545. 1943. 9921704.

[346] Todorov A. The irresistible influence of first impressions[M/OL]. Princeton: Princeton University Press. DOI:doi:10. 1515/97814008 85725.

[347] Toi M, Batson C D. More evidence that empathy is a source of altruistic motivation. [J/OL]. Journal of Personality and Social Psychology, 1982, 43（2）: 281-292. DOI:10. 1037/0022-3514. 43. 2. 281.

[348] Tong S, Jia N, Luo X, et al. The janus face of artificial intelligence feedback: deployment versus disclosure effects on employee performance[J]. Strategic Management Journal, 2021, 42（9）: 1600-1631.

[349] Trimboli F. Changes in voice characteristics as a function of trait and state personality variables [D]. US: ProQuest Information & Learning, 1973.

[350] Trujillo A. Assessing peer award diversification on Reddit[C]. Nordic Human-Computer Interaction Conference, 2022: 1-8.

[351] Turetken O, Sharda R. Development of a fisheye-based information search processing aid (FISPA) for managing information overload in the web environment[J/OL]. Decision Support Systems, 2004, 37 (3): 415-434. DOI:10. 1016/S0167-9236 (03) 00047-2.

[352] Van Kleef G A, Wanders F, Stamkou E, et al. The social dynamics of breaking the rules: Antecedents and consequences of norm-violating behavior[J/OL]. Current Opinion in Psychology, 2015 (6): 25-31. DOI:10. 1016/j. copsyc. 2015. 03. 013.

[353] Vance A, Lowry P B, Eggett D. Using accountability to reduce access policy violations in information systems[J/OL]. Journal of Management Information Systems, 2013, 29 (4): 263-290. http://www.tandfonline. com/doi/full/10. 2753/MIS0742-1222290410. DOI:10. 2753/MIS0742-1222290410.

[354] Vance A, Lowry P B, Eggett D. Increasing accountability through user-interface design artifacts: A new approach to addressing[J]. MIS Quarterly, 2015, 39 (2): 345-366.

[355] Venables L, Fairclough S H. The influence of performance feedback on goal-setting and mental effort regulation[J/OL]. Motivation and Emotion, 2009, 33 (1): 63-74. DOI:10. 1007/s11031-008-9116-y.

[356] Von Rechenberg T, Gutt D, Kundisch D. Goals as reference points: empirical evidence from a virtual reward system[J]. Decision Analysis, 2016, 13 (2): 153-171.

[357] Vuori V, Okkonen J. Knowledge sharing motivational factors of using an intra-organizational social media platform[J/OL]. Journal of Knowledge Management, 2012, 16 (4): 592-603. DOI:10. 1108/

13673271211246167.

[358] Wan J, Lu Y, Wang B, et al. How attachment influences users' willingness to donate to content creators in social media: a socio-technical systems perspective[J]. Information & Management, 2017, 54 (7): 837-850.

[359] Wang H, Song Y, Chang M W, et al. Learning to extract cross-session search tasks[C]. Proceedings of the 22nd International Conference on World Wide Web, 2013: 1353-1364.

[360] Wang L, Gunasti K, Shankar R, et al. Impact of gamification on perceptions of word-of-mouth contributors and actions of word-of-mouth consumers[J/OL]. MIS Quarterly, 2020, 44 (4): 1987-2011. DOI:10.25300/MISQ/2020/13726.

[361] Wang X, Wong Y D, Chen T, et al. Adoption of shopper-facing technologies under social distancing: a conceptualisation and an interplay between task-technology fit and technology trust[J/OL]. Computers in Human Behavior, 2021, 124 (June): 106900. DOI:10.1016/j.chb.2021.106900.

[362] Wang Y, Guo X, Chen G. Will you "dashang"? Effects of social signals in online pay-what-you-want[C]. ICIS, 2019: 1-9.

[363] Wang Y S, Yeh C H, Liao Y W. What drives purchase intention in the context of online content services? The moderating role of ethical self-efficacy for online piracy[J]. International Journal of Information Management, 2013, 33 (1): 199-208.

[364] Wang Z, Mao H, Li Y J, et al. Smile big or not? Effects of smile intensity on perceptions of warmth and competence[J/OL]. Journal of Consumer Research, 2017, 43 (5): 787-805. DOI:10.1093/jcr/ucw062.

[365] Wash R. The value of completing crowdfunding projects[C/OL]. ICWSM, 2013: 631-639. http://www.aaai.org/ocs/index.php/ICWSM/ICWSM13/paper/viewPDFInterstitial/6003/6403.

[366] Wasko M M, Faraj S. Why should I share? Examining social capital and knowledge contribution in electronic networks of practice[J]. MIS Quarterly, 2005, 29（1）: 35-57.

[367] Wei X, Zhang Z, Zhang M, et al. Combining crowd and machine intelligence to detect false news on social media[J]. MIS Quarterly, 2022, 46（2）: 977-1008.

[368] Wieseke J, Kolberg A, Schons L M. Life could be so easy: the convenience effect of round price endings[J/OL]. Journal of the Academy of Marketing Science, 2016, 44（4）: 474-494. DOI:10.1007/s11747-015-0428-7.

[369] Williams K, Harkins S, Latane B. Indentifiability as a deterrent to social loafing: two cheering experiments[J/OL]. Journal of Personality and Social Psychology, 1981, 40（2）: 303-311. DOI:10.1037/0022-3514.40.2.303.

[370] Wooten J O, Ulrich K T. Idea generation and the role of feedback: evidence from field experiments with innovation tournaments[J]. Production and Operations Management, 2017, 26（1）: 80-99.

[371] Wright R A, Brehm J W. Energization and goal attractiveness[J]. Goal Concepts in Personality and Social Psychology, 1989: 169-210.

[372] Xia M, Huang Y, Duan W, et al. Research note—to continue sharing or not to continue sharing? An empirical analysis of user decision in peer-to-peer sharing networks[J]. Information Systems Research, 2012, 23（1）: 247-259.

[373] Xu B, Li D. An empirical study of the motivations for content contribution

and community participation in Wikipedia[J]. Information & management, 2015, 52（3）: 275-286.

[374] Xu L, Nian T, Cabral L. What makes geeks tick? A study of stack overflow careers[J/OL]. Management Science, 2020, 66（2）: 587-604. DOI:10. 1287/mnsc. 2018. 3264.

[375] Xue J, Wang L, Zheng J, et al. Can ChatGPT kill user-generated Q&A platforms?[J/OL]. SSRN Electronic Journal, 2023. DOI:10. 2139/ssrn. 4448938.

[376] Yalcin G, Lim S, Puntoni S, et al. Thumbs up or down: consumer reactions to decisions by algorithms versus humans[J]. Journal of Marketing Research, 2022, 59（4）: 696-717.

[377] Yam K C, Bigman Y E, Tang P M, et al. Robots at work: people prefer—and forgive—service robots with perceived feelings[J]. Journal of Applied Psychology, 2021, 106（10）: 1557.

[378] Yan D. Numbers are gendered: The role of numerical precision[J/OL]. Journal of Consumer Research, 2016, 43（2）: 303-316. DOI:10. 1093/jcr/ucw020.

[379] Yan D, Pena-Marin J. Round off the bargaining: the effects of offer roundness on willingness to accept[J/OL]. Journal of Consumer Research, 2017, 44（2）: 381-395. DOI:10. 1093/jcr/ucx046.

[380] Yan R N, Yurchisin J, Watchravesringkan K. Does formality matter? Effects of employee clothing formality on consumers' service quality expectations and store image perceptions[J/OL]. International Journal of Retail and Distribution Management, 2011, 39（5）: 346-362. DOI:10. 1108/09590551111130775.

[381] Yang J, Counts S, Morris M R, et al. Microblog credibility perceptions: comparing the United States and China[J/OL]. 2013: 575-586. DOI:10.

1145/2441776. 2441841.

[382] Yang X, Song S, Zhao X, et al. Understanding user behavioral patterns in open knowledge communities[J/OL]. Interactive Learning Environments, 2018, 26（2）: 245-255. DOI:10. 1080/10494820. 2017. 1303518.

[383] Yang X, Ye H J. Commercialized content on social media platforms: exploring the drivers of the viewership of paid Q&A[C]. Proceedings of the 52nd Hawaii International Conference on System Sciences, 2019: 2709-2718.

[384] Yang Y, Chen P yu, Pavlou P. Open innovation: strategic design of online contests[C]. International Conference on Information Systems, 2009: 1-16.

[385] Ye H J, Kankanhalli A. Investigating the antecedents of organizational task crowdsourcing[J]. Information & Management, 2015, 52（1）: 98-110.

[386] Ye S, Gao G, Viswanathan S. Strategic behavior in online reputation systems: evidence from revoking on eBay[J]. MIS Quarterly, 2014, 38（4）: 1033-1056.

[387] Yoon V Y, Hostler R E, Guo Z, et al. Assessing the moderating effect of consumer product knowledge and online shopping experience on using recommendation agents for customer loyalty[J]. Decision Support Systems, 2013, 55（4）: 883-893.

[388] Young A D, Monroe A E. Autonomous morals: inferences of mind predict acceptance of AI behavior in sacrificial moral dilemmas[J]. Journal of Experimental Social Psychology, 2019（85）: 103870.

[389] Yu C P, Chu T H. Exploring knowledge contribution from an OCB perspective[J]. Information & management, 2007, 44（3）: 321-331.

[390] Yu G, Zou D. A referral rewards incentive dedign on travel consumer-

generated content[C]. Proceedings of the 15th International Conference on Electronic Business, 2015: 30-39.

[391] Zeng X, Wei L. Social ties and user content generation: evidence from Flickr[J/OL]. Information Systems Research, 2013, 24 (1): 71-87. DOI:10. 1287/isre. 1120. 0464.

[392] Zhang J, Ackerman M S, Adamic L. Expertise networks in online communities: structure and algorithms[C]. Proceedings of the 16th international conference on World Wide Web, 2007: 221-230.

[393] Zhang J, Li X, Zhang J, et al. Effect of linguistic disfluency on consumer satisfaction: evidence from an online knowledge payment platform[J/OL]. Information & Management, 2023, 60 (1): 103725. DOI:10. 1016/j. im. 2022. 103725.

[394] Zhang J, Zhang J, Zhang M. From free to paid: customer expertise and customer satisfaction on knowledge payment platforms[J/OL]. Decision Support Systems, 2019, 127 (March): 113140. https://doi. org/10. 1016/j. dss. 2019. 113140. DOI:10. 1016/j. dss. 2019. 113140.

[395] Zhang K Z K, Zhao S J, Cheung C M K, et al. Examining the influence of online reviews on consumers' decision-making: a heuristic-- systematic model[J]. Decision Support Systems, 2014 (67): 78-89.

[396] Zhang M, Luo L. Can consumer-posted photos serve as a leading indicator of restaurant survival? Evidence from Yelp[J]. Management Science, 2023, 69 (1): 25-50.

[397] Zhang M, Wei X, Zeng D D. A matter of reevaluation: incentivizing users to contribute reviews in online platforms[J/OL]. Decision Support Systems, 2020, 128 (March 2019): 113158. https://doi. org/10. 1016/j. dss. 2019. 113158. DOI:10. 1016/j. dss. 2019. 113158.

[398] Zhang M, Zhang Y, Zhao L, et al. What drives online course sales?

Signaling effects of user-generated information in the paid knowledge market[J/OL]. Journal of Business Research, 2020, 118 (July): 389-397. DOI:10. 1016/j. jbusres. 2020. 07. 008.

[399] Zhang Y, Liao Q V, Bellamy R K E. Effect of confidence and explanation on accuracy and trust calibration in AI-assisted decision making[C]. Proceedings of the 2020 Conference on Fairness, Accountability, and Transparency, 2020: 295-305.

[400] Zhao L, Detlor B, Connelly C E. Sharing knowledge in social Q&A sites: the unintended consequences of extrinsic motivation[J]. Journal of Management Information Systems, 2016, 33 (1): 70-100.

[401] Zhao P, Ma J, Hua Z, et al. Academic social network-based recommendation approach for knowledge sharing[J]. ACM SIGMIS Database: the DATABASE for Advances in Information Systems, 2018, 49 (4): 78-91.

[402] Zhao Y, Liu Z, Song S. Why should I pay for the knowledge in social Q&A platforms?[M/OL]. Transforming Digital Worlds: 13th International Conference. Springer International Publishing, 2018. DOI:10. 1007/978-3-319-78105-1_64.

[403] Zhao Y, Peng X, Liu Z, et al. Factors that affect asker's pay intention in trilateral payment-based social Q&A platforms: from a benefit and cost perspective[J/OL]. Journal of the Association for Information Science and Technology, 2020, 71 (5): 516-528. DOI:10. 1002/asi. 24262.

[404] Zhao Y, Xu X, Wang M. Predicting overall customer satisfaction: big data evidence from hotel online textual reviews[J/OL]. International Journal of Hospitality Management, 2019, 76 (March 2018): 111-121. DOI:10. 1016/j. ijhm. 2018. 03. 017.

[405] Zhao Y, Zhao Y, Yuan X, et al. How knowledge contributor

characteristics and reputation affect user payment decision in paid Q&A? An empirical analysis from the perspective of trust theory[J/OL]. Electronic Commerce Research and Applications, 2018 (31): 1-11. DOI:10. 1016/j. elerap. 2018. 07. 001.

[406] Zheng Y, Zhang X, Xiao Y. Making the most cost-effective decision in online paid Q&A community: an expert recommender system with motivation modeling and knowledge pricing[C]. Companion Proceedings of the The Web Conference, 2018: 365-372.

[407] Zhou J, Wang S, Bezemer C P, et al. Bounties on technical Q&A sites: a case study of Stack Overflow bounties[J]. Empirical Software Engineering, 2020 (25): 139-177.

[408] Zhou M, Dresner M, Windle R J. Online reputation systems: design and strategic practices[J/OL]. Decision Support Systems, 2008 (44): 785-797. DOI:10. 1016/j. dss. 2007. 10. 001.

[409] Zhou S, Li T, Yang S, et al. What drives consumers' purchase intention of online paid knowledge? A stimulus-organism-response perspective[J/OL]. Electronic Commerce Research and Applications, 2022 (52): 101126. DOI:10. 1016/j. elerap. 2022. 101126.

[410] Zhu F, Zhang X. Impact of online consumer reviews on sales: the moderating role of product and consumer characteristics[J]. Journal of Marketing, 2010, 74 (2): 133-148.

[411] Zhu L, Yin G, He W. Is this opinion leader's review useful? Peripheral cues for online review helpfulness[J]. Journal of Electronic Commerce Research, 2014, 15 (4): 267-280.